中央高校基本业务费专项资金资助项目"语文课程视野下的中华优秀传统文化教育体系建构"(项目编号：2021NTSS29)的研究成果

小学语文课程中的
中华优秀传统文化教育

吴欣歆　侯杰颖　张　悦　编著

首都师范大学出版社
CAPITAL NORMAL UNIVERSITY PRESS

图书在版编目(CIP)数据

小学语文课程中的中华优秀传统文化教育/吴欣歆，侯杰颖，张悦编著. —北京：首都师范大学出版社，2024.3

ISBN 978-7-5656-8080-9

Ⅰ. ①小… Ⅱ. ①吴… ②侯… ③张… Ⅲ. ①中华文化－教学研究－小学 Ⅳ. ①G623.202

中国国家版本馆 CIP 数据核字(2024)第 040767 号

XIAOXUE YUWEN KECHENGZHONG DE ZHONGHUA YOUXIU
CHUANTONG WENHUA JIAOYU

小学语文课程中的中华优秀传统文化教育

吴欣歆　侯杰颖　张　悦　编著

责任编辑　王　晶

首都师范大学出版社出版发行

地　　址　北京西三环北路 105 号
邮　　编　100048
电　　话　68418523(总编室)　68982468(发行部)
网　　址　http://cnupn.cnu.edu.cn
印　　刷　北京印刷集团有限责任公司
经　　销　全国新华书店
版　　次　2024 年 3 月第 1 版
印　　次　2024 年 3 月第 1 次印刷
开　　本　710mm×1000mm　1/16
印　　张　17.5
字　　数　326 千
定　　价　45.00 元

前　言

　　2014 年，教育部印发了《完善中华优秀传统文化教育指导纲要》[①]，强调开展中华优秀传统文化教育，要以弘扬爱国主义精神为核心，以家国情怀教育、社会关爱教育和人格修养教育为重点，着力完善青少年学生的道德品质，培育理想人格，提升政治素养。强调分学段有序推进中华优秀传统文化教育，把中华优秀传统文化教育系统融入课程和教材体系，全面提升中华优秀传统文化教育的师资队伍水平，着力增强中华优秀传统文化教育的多元支撑。

　　2017 年，中共中央办公厅、国务院办公厅印发《关于实施中华优秀传统文化传承发展工程的意见》，明确了实施中华优秀传统文化传承发展工程的总体目标：到 2025 年，中华优秀传统文化传承发展体系基本形成，研究阐发、教育普及、保护传承、创新发展、传播交流等方面协同推进并取得重要成果，具有中国特色、中国风格、中国气派的文化产品更加丰富，文化自觉和文化自信显著增强，国家文化软实力的根基更为坚实，中华文化的国际影响力明显提升。

　　2021 年，教育部印发了《中华优秀传统文化进中小学课程教材指南》，重点围绕中华优秀传统文化进中小学课程教材"进什么、进多少、如何进"的问题，强化顶层设计。在"进什么"问题上，要求处理好育人目标与内容形式的关系，从厚植中华文化底蕴、增强民族自豪感、坚定文化自信、做堂堂正正的中国人等育人目标出发，遴选蕴含核心思想理念、中华人文精神和中华传统美德的中华优秀传统文化内容和载体形式。在"进多少"问题上，强调处理好共同基础与个性拓展的关系，注重面向全体学生，结合学生年龄特征，明确各学段学生学习中华优秀传统文化的基础要求，同时为学生提供基于兴趣爱好拓展延伸的空间。在"怎么进"问题上，注重处理好总体要求和学科特点的关系，将中华优秀传统文化进课程教材的总体要求分解安排到中小学各学科。

---

　　① 　中华人民共和国教育部：《完善中华优秀传统文化教育指导纲要》，http：//www.moe.gov.cn/srcsite/A13/s7061/201403/t20140328_166543.html。

语文是落实中华优秀传统文化教育的核心课程，要全面体现中华优秀传统文化蕴含的核心思想理念、人文精神和传统美德，引导学生理解和热爱国家通用语言文字，体悟中华优秀传统文化中蕴含的爱国情怀、中华精神、荣辱观念，提高审美情趣，厚植中华文化底蕴，坚定文化自信。主要载体为汉字、书法、成语、古诗词、古代散文、古典小说、神话传说、民间故事、历史故事、寓言故事、格言警句、风俗习惯、传统节日等。

2019 年，笔者依托相关课题研究相对全面地分析了中小学语文教材中华优秀传统文化要素，初步拟定了语文学科中华优秀传统文化教育课程图谱；在全国 6 个省市自治区调研中华优秀传统文化教学现状，了解真实的教育情境中存在的问题。在此基础上，确定了融入式课程、提炼式课程和体验式课程的设计思路与实施策略，计划以"大概念"为载体推进课程统整，实现语文课程视野下传统文化教育的综合性、实践性、跨学科发展。

2021 年，笔者申请了研究课题"语文课程视野下的中华优秀传统文化教育体系建构"，在广泛阅读文献、整理前期研究资料的基础上，初步拟定了语文课程中开展中华优秀传统文化教育的内容结构和呈现方式。选择北京石油学院附属小学、北京上地实验小学开展教学实践，开发了一批融入单篇课文的教学案例、立足主题式单元综合实践活动的教学案例，设计了利用课后延时服务的传统文化工作坊。经过两个轮次的教学实践，教学案例已经处于相对成熟的状态，具备了扩大教学范围的基本条件。

2021 年暑期，浙江敦和慈善基金会和上海真爱梦想公益基金会联系笔者，希望能够联合设计中华优秀传统文化的课程并在"梦想学校"推广教学应用。彼时，笔者已经完成了一批成熟的案例，跟两个基金会的合作加快了课程开发与实施的节奏，但不至于打乱原有的研究计划。启动合作后，课程结构和规格需要三方协商，除了呈现方式外，我们课题组的主张、成果在课程设计中体现得更为充分。"真爱梦想"提出在"梦想教师"中采用合作开发课程的形式提高培训深度，商定选择部分课程由课题组成员和"梦想教师"共同完成开发任务。

《小学语文课程中的中华优秀传统文化教育》呈现了课题组开发的两类案例——单篇融入式课程和单元实践式课程，能够为老师们提供教学设计与实施的基本思路。

阅读本书，建议大家先整体浏览，了解两类教学实践的基本思路，然后选择自己任教年级的课文开展教学尝试。每篇教学案例均全面分析了教学内容、学生情况，制定了科学的教学目标，设计了融入中华优秀传统文化的教学活动，根据教学活动的特点提供了学习工具与学习评价方案。学习工具能够呈现整体的活动设计思路，帮助学生了解活动目的，按部就班完成活动过程，明确学习成果的基本标准。学习评价方案通常选择比较重要的学习活动提供评价标准，便于师生开展评价活动。在教学尝试的过程中，请老师们注意收集教学的过程性资料和学生的表现性资料，明确下次实践需要调整的内容和方式。多次实践后，老师们需要根据本校学生传承中华优秀传统文化的真实状况设计学习活动，拓展单元学习主题。如此，从模仿、调适到创新，探索本校语文教学中的中华优秀传统文化教育路径。

本书的编写人员如下：

北京石油学院附属小学侯杰颖、向昆、樊微微、朴英兰、刘莹、周艳、赵鑫馨、卢慧娟、李琢文、许亚南、尹晨妍、刘琳、尚海燕。

北京上地实验小学赵颖、弓如月、高珊、马戈、孙一文、吴琼、施佳辰、王海月。

"梦想学校"教师：黑龙江省佳木斯市第十一小学赵丹、甘肃省酒泉市敦煌市东街小学吉永生、山西省临汾市汾西县下团柏小学郝敏、唐山师范学院附属小学李瑞宇、酉阳土家族苗族自治县桃花源小学校张翠容、唐山市古冶区实验小学张丹、吉林省孤儿职业学校任威、黑龙江省双鸭山市宝清县第一小学闫立志、山西省临汾市隰县第三小学李霞、福建省南平市顺昌县实验小学谢芳、黑龙江省双鸭山市宝清县实验学校周静。

北京师范大学杨磊、刘锦华，北京一六一中学张悦。

感谢各位老师在教学设计、实施、反思，教学案例撰写等方面付出的努力，期待本书能够进一步推进小学语文教学中的中华优秀传统文化教育，促进义务教育阶段语文课程培训的核心素养的整体发展。

吴欣歆

2022 年 7 月于北京

目　录

上编　单篇融入式课程

下编　单元实践式课程

上编

单篇融入式课程

第一章　生活景观类单篇融入式课程

语文是"一门学习国家通用语言文字运用的综合性、实践性课程"，兼顾工具性和人文性的特点。语文学习活动源自生活，为了生活。日常生活情境是家庭、学校、社会、自然等生活景观转化而成的语文学习资源，指向真实具体的社会生活，关注学生在生活场景中的语言实践，凸显语言交际活动的对象、目的和表述方式。生活景观类案例从生活中的文化现象出发，引导学生关照生活，用文化的眼光看待生活，挖掘文化现象背后文化内涵，理解人与自然、社会与自然和谐统一的关系。

生活景观中的各类文化现象均可归于对自然的反映：风俗礼仪通过固化的社会行为反映自然，文学意象通过艺术化的审美形象反映自然。学生通过观察、感受、分析日常生活情境中的风俗礼仪、文学意象，"感受大自然的美景与变化""表达自己热爱自然、珍爱生命的情感""体会人与自然和谐相处的意义"[1]。

【传统文化核心概念】

• 风俗：节日风俗、地域风俗、礼仪风俗。
• 意象：柳意象、山水田园意象。

风俗指历代相沿积久而成的风尚、习俗，是社会生活的一面镜子。《毛诗序》有云："先王以是经夫妇，成孝敬，厚人伦，美教化，移风俗。"风俗可以反映社会风尚、公序良俗、道德水准，受到社会各阶层的共同影响。"风"多指民间自然形成的风尚，"俗"多受统治者意志主导，即"凡民函五常之性，而其刚柔缓急，音声不同，系水土之风气，故谓之风；好恶取舍，动静亡常，随君上之情欲，故谓之俗"[2]。

节日风俗是众多风俗中流传度最高、影响力最大的一类，与人们的生活息息相关。中华传统节日发端于农耕社会，人们为了更好地从事农业生产活动，十分关注自然气候规律。在长期的观察积累中逐渐建立起"天文历象"说，在特定的时节进行特定的活动，表达对天时的顺应和对规律的遵从。节日风

---

[1]　中华人民共和国教育部：《义务教育语文课程标准（2022年版）》，北京：北京师范大学出版社，2022年，第25页。

[2]　周振鹤：《汉书地理志注释》，合肥：安徽教育出版社，2006年，第493页。

俗承载着人们对自然的敬畏以及对美好生活的向往，具体表现为各类物质、行为、精神、文化活动。

俗话说"十里不同俗"，区域地理环境和生活习惯的差异决定地域风俗的差异。我国地大物博、历史悠久，不同空间范围人们的生活习惯与环境相融合，让风俗打上了强烈的地域烙印。不同地域的方言、饮食、信仰、建筑风格等特色文化经历了漫长的形成和发展过程，在一定阶段具有相对的稳定性，构成地域风俗的差异性和传统风俗的多样性。

礼仪指礼节和仪式，"礼节"即"表示尊敬、祝颂、哀悼之类的各种惯用形式"，多指个人行为；"仪式"是"典礼秩序形式"，多指集体活动。人与人在长期的交往活动中逐渐形成的一些约定俗成的习惯，久而久之，这些习惯固化成了交往规范，被人们自觉遵守，代代相传。礼仪作为人类文明的基本特征，共同构成人在社会生活中的基本行为要求。郭沫若在《十批判书·孔墨的批判》中将礼的起源归于祭祀："礼之起，起于祀神，故其字后来从示，其后扩展而为对人，更其后扩展而为吉、凶、军、宾、嘉的各种仪制。"①祭祀源自天地共生的信仰理念，源自对自然的崇拜与敬畏。

节日风俗、地域风俗、礼仪文化都是自然环境影响和塑造下产生的社会风貌。学生在体验、感受、探究生活景观中的文化现象过程中，能够逐渐理解个体与自然、社会与自然的密切关系。

如果说风俗礼仪是尊重自然的行为表现，那么文学意象就是人们感受自然的艺术表达。意象即审美意象，是人们对自然生活景观的艺术投射和反映，属于中国古代美学范畴。审美意象是人在头脑中将对象的感性形象同自己的情意状态相融合而创造的心象。是审美感知的物象同主体思想、情感相融合并经概括、加工而形成的意中之象或象中寓意。形成审美意象的心理因素有感知、思维、想象、联想和情感。刘勰在《文心雕龙·神思》中提到"独照之匠，窥意象而运斤"。目光独到的工匠能够依照心中的形象挥动斧子，文学家同样能够运用物质材料和艺术技巧将头脑中的形象物化，借"意象"连接艺术与生活。

杨柳是古诗词中的常见意象。《诗经》开言柳先河，处于借物抒情的初级阶段。《小雅·采薇》中"昔我往矣，杨柳依依。今我来思，雨雪霏霏"，借杨柳表达士兵的思乡恋亲之情。柳易种好活且与"留"谐音，可以表示挽留之意，寓示远行之人落地生根，随遇而安，有折柳相送的风俗。除此之外，"柳意象"还可以象征不同的人格气质。带有"柳意象"的诗词数以千计，之所以各有

---

① 郭沫若：《十批判书》，北京：东方出版社，1996年，第96页。

妙处，让"柳意象"内涵丰富，是因为诗人以不同的审美心境关照客体，让柳蕴含了不同的艺术内涵和情感关联。

"山水田园诗"是古代诗歌的一种，起源于南北朝时期的谢灵运和晋代陶渊明，以唐代王维、孟浩然，宋代杨万里为代表诗人。山水田园诗诗风淡雅自然，诗境隽永优美，语言清丽洗练，多用白描手法。山水田园作品以自然风光、农村景物、隐居生活为主要描写对象。渔夫、樵夫、农夫、隐士等人物，空山、溪水、清泉、古寺、菊花、鸡犬等景物都是山水田园诗中常见的意象。诗人借此表达对自然山水的赞美、享受田园的欢愉、了却尘俗的渴望、孤寂苦闷的排解。"山水田园意象"是理解作家内心感受和探究创作背景的关键。

生活景观活动设计遵循由表及里的逻辑，旨在培养学生敏锐善感的文化意识，建构挖掘文化现象背后文化内涵的探究路径。实际教学中应关注以下三点。

一、充分考虑学段特征和阶段认知水平

《完善中华优秀传统文化教育指导纲要》明确提出要分学段有序推进中华优秀传统文化教育，"小学低年级，以培养学生对中华优秀传统文化的亲切感为重点，开展启蒙教育，培养学生热爱中华优秀传统文化的感情"[①]，"小学高年级，以提高学生对中华优秀传统文化的感受力为重点，开展认知教育，了解中华优秀传统文化的丰富多彩"[②]。由"亲切感"到"感受力"，由"启蒙"到"认知"，充分体现了学段进阶的特点，也充分尊重了学生在不同成长阶段的认知水平和生活经验积累水平。以《透过意象看深情——从〈古诗二首〉中"柳"意象的说起》和《山水田园意象中的乐与思——探寻〈清平乐·村居〉中的田园情结》为例，两个案例均聚焦"意象"。考虑到二年级、四年级学生的古诗词学习经验和学习目标的差异，"柳意象"案例活动设计围绕培养意象意识展开，"山水田园意象"活动设计呈现意象提取、分类、探究、运用的全过程。生活景观类案例关注日常生活，对生活景观中的传统文化现象的挖掘受限于学生生活经验和文化感受力。因此，核心概念深度、活动设计难度、文化解读精度、拓展资源广度等均需关照学段特征和实际学情。

二、统筹安排各核心概念的分布及落实

以传统节日风俗为例，统编版语文教材1—6年级12册书中包含大量与

---

① 中华人民共和国教育部：《完善中华优秀传统文化教育指导纲要》，http://www.moe.gov.cn/srcite/A13/s7061/201403/t20140328_166543.html。

② 同上。

传统节日有关的诗歌与文章，涉及 10 个传统节日。这些篇目分布于不同的年级、分册，与不同的篇目组合成各自的学习单元。活动设计要统筹安排，纵览不同传统文化核心概念在各分册的分布情况，结合单元主题明确单篇教学重点，避免出现机械化的重叠和欠统筹的碰撞。以一年级下册的《端午粽》和六年级下册的《北京的春节》案例为例，两篇文章均涉及传统节日习俗、节日饮食文化等核心概念。活动设计结合篇章特点、单元要点、学段特色，分别聚焦节日风俗由来和地域风俗差异，引导学生从时间维度追溯节日风俗的由来，从空间维度探讨节日风俗的差异。

三、设计能够产生共鸣的日常生活情境

生活景观类案例从学生实际生活中选择恰当的文化现象，需要设计恰当的日常生活情境，挖掘文化内涵，打通传统文化核心概念与学生实际生活的联系。以《升国旗的意义——在〈升国旗〉仪式中培养爱国主义情怀》为例，活动情景源自日常生活中的升旗仪式，通过挖掘仪式中蕴含的爱国情怀，引导学生理解仪式的内涵和价值，将这份理解化作行动，融入每一次升旗仪式中，将对国家和民族的情感通过仪式中的一言一行表达出来。活动设计旨在引导学生用文化的眼光看待生活，将活动中的情感收获和习得的探究路径应用于生活中的文化现象中。实现日常生活和语文实践的融通，从情感体验和文化探究角度理解个体与社会、自然的密切关系。

案例1　追溯端午缘起，讲述风俗故事
——借《端午粽》探寻端午风俗的由来

【学生认知】

端午节、春节、清明节和中秋节并称为中国四大传统节日，是学生最为熟悉的传统节日之一。2006年，国务院将端午节列入首批国家级非物质文化遗产名录；2008年，端午节被列为国家法定节假日；2009年，联合国教科文组织正式批准将其列入《人类非物质文化遗产代表作名录》，端午节也成为中国首个入选世界"非遗"的节日。由于端午节的自身影响力和社会对于端午文化的重视，学生积累了一定端午风俗的生活经验——吃粽子、划龙舟、纪念屈原等，需要在此基础上理解端午风俗的文化内涵。

一、追本溯源，了解端午节的由来，丰富文化积淀

关于端午节的起源，中国各地自古以来就流传着一些传说，最为人熟知的是端午起源于屈原的说法。汉末《太平御览》卷三十一引东汉末应劭《风俗通》曰："五月五日以五彩丝系臂者，辟兵及鬼，令人不病温（瘟），亦因屈原。"除此之外，还有许多民间传说将端午的起源归于伍子胥、曹娥、勾践等人。现代学者致力于从对端午节发生时间和风俗习惯探讨端午节的真实起源，"公共卫生说""祭龙说""季节适应说"等都是人们为了顺应自然、祈求美好生活创造出的风尚习俗。

中华传统节日是我们民族宝贵的财产，需要继承和发展。一年级的学生刚刚适应小学的生活，处于价值观初步形成的关键时期，积累了一定的传统节日生活经验，需要将已有经验转化为传统节日文化的认识。通过活动体验感受传统节日风俗的趣味性和多样性，初步体会节日风俗中蕴含的民族精神与文化传统，为树立价值观念、民族观念、文化自信奠定良好基础。

二、开阔视野，拓宽对端午风俗的认识，丰富文化底蕴

《端午粽》选自一年级下册，从学生最为熟悉的端午习俗入手，引导学生了解风俗的缘起。作者围绕端午粽，以儿童的口吻从外婆的粽子说起，讲述吃粽子、分享粽子、了解吃粽子原因的经历。端午节吃粽子的习俗源远流长，《太平御览》卷三十一引晋、周处《风土记》："仲夏端午。端，初也。俗重五日与夏至同。先节一日，又以菰叶裹粘米，以栗枣灰汁煮，令熟，即日啖。煮肥龟，令极熟，去骨加盐豉秋蓼，名曰俎龟粘米，一名粽，一名角黍。盖取

阴阳包裹未（分）之象也。龟表肉里，阳内阴外之形，所以赞时也。"

端午节的风俗远不只吃粽子，风俗大致可分为七类：广泛采用菖蒲、艾蒿；缠挂各种端午索；用符图驱邪；饮用药酒，主要是蒲酒和雄黄酒；吃粽子；划龙舟或赛龙舟；姻亲交往。多样的民俗传统和习俗活动对一年级学生来说是非常好的学习资源，一年级的学生具备一定的节日生活经验和习俗知识，需要开阔视野，形成对传统节日习俗更为全面的了解，在了解民俗传统，讲述民俗故事的过程中积累中国传统节日的相关知识，丰富文化底蕴。

【教学目标】

传统节日是中华民族悠久历史文化的重要组成部分。2005 年，中共宣传部、中央文明办、教育部、民政部、文化部联合印发的《关于运用传统节日弘扬民族文化的优秀传统的意见》中指出："中华传统节日，凝结着中华民族的民族精神和民族情感，承载着中华民族的文化血脉和思想精华，是维系国家统一，民族团结和社会和谐的重要精神纽带，是建设社会主义先进文化的宝贵资源。"对传统节日的保护和传承，不能只靠国家政策和法律制度层面的重视，更需要加强青少年对传统节日的深入了解。引导青少年体会传统节日的文化内涵和精神力量，浸润文化素养，培育民族自豪感。

一年级的学生思维发展多数处于较为浅显的直观思维层面，学习语文往往关注的是表象，对其内在的文化底蕴和精神内核缺乏关注或难于理解。虽然积累了一定传统节日生活经验，但缺乏对其文化内涵的深入理解。本案例从学生已有的对端午节的感性经验出发，通过体验式的学习活动，引导学生追本溯源，开阔视野，丰富对端午风俗的认识，理解风俗背后的文化缘起，建立由文化现象到文化内涵的探究意识。

基于此，将活动目标确定如下：

1. 通过采访，收集整理端午节的风俗，借助分类表完成端午风俗分类。

2. 通过端午节别名连线，了解端午别名的由来及其背后的风俗故事。

3. 查阅资料，制作端午风俗卡，介绍端午风俗的由来，提出推广建议。

【教学过程】

活动一：我做"非遗小记者"，端午民俗我知晓

1. 前期准备：采访家人朋友，收集端午习俗

请以"非遗小记者"的身份，采访家人或朋友，谈谈他们知道的端午习俗，以文字或图画或贴图的方式记录下来你的采访收获。

表 1-1-1 非遗小记者采访稿

小记者	受访者 1 年龄：籍贯：	受访者 2 年龄：籍贯：
请问你对端午节有哪些了解？请简单说明。		
你了解家乡的端午节习俗吗？请具体谈谈。		
你今年端午节参与了哪些活动？请谈谈感受。		

2. 小组合作：梳理端午习俗，给习俗归类别

请以四人为一小组，根据采访内容汇总习俗，将它们归入端午节七大习俗中，并以小组为单位进行汇报。活动过程中请注意四人分工：一人汇报采访结果，一人汇报汇总结果，其他两人补充。

表 1-1-2 小组端午节习俗采访汇总

端午节习俗分类	内容	图示
第一类	广泛采用菖蒲、艾蒿。（挂艾蒿、菖蒲，儿童佩带艾虎）	 
第二类	缠挂各种端午索。（佩戴或悬挂五色丝或其他端午索）	 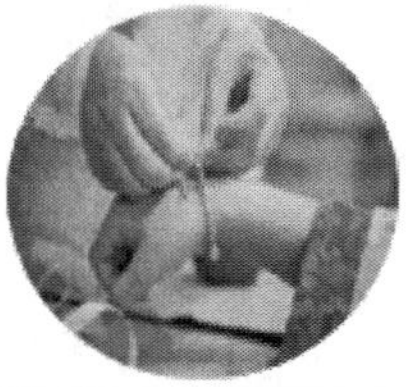
第三类	用符图驱邪。（悬钟馗像，贴五毒葫芦或其他符图）	 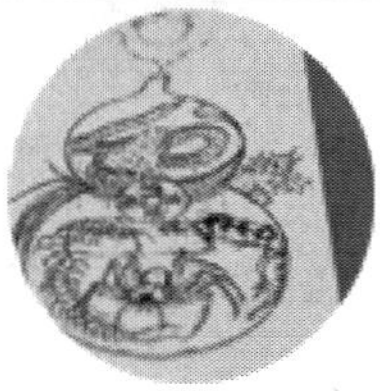

端午节习俗分类	内容	图示
第四类	饮用药酒。（主要是蒲酒和雄黄酒）	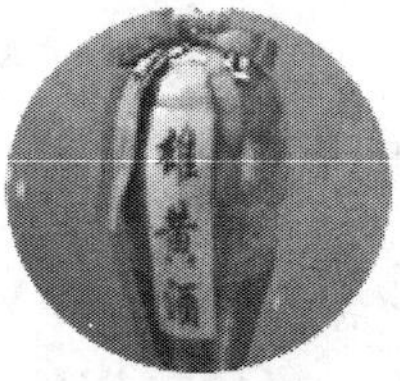
第五类	吃粽子。（原名"角黍"）	
第六类	划龙舟或赛龙舟。	 
第七类	姻亲交往。（回娘家，互赠礼物）	

活动二：我做"非遗小达人"，端午习俗从哪来

1. 据统计，端午节的名称在我国所有传统节日中叫法达二十多个，堪称节日别名之最。请你读一读相关与端午节名称有关的资料，圈画习俗关键词，尝试找到与之对应的端午节别名。连线过程中积累与端午起源相关的知识，尝试为上个活动中提到的七个习俗找到根源。

仲夏登高，顺阳在上，五月正是仲夏。它是第一个午日，正是登高顺阳天气好的日子。	解粽节
	重阳节
午，属十二地支，农历五月为午月，五、午同音，五、五相重。	浴兰节
	端阳节
午日太阳行至中天，达到最高点，午时尤然。	端礼节
	女儿节
端午时值仲夏，是皮肤病多发季节，古人以兰草汤沐浴去污为俗。	天中节
	龙舟节

古人端午吃粽时，各人解下粽叶的长度作比较，长者为胜的游戏。

宛俗自五月初一至五月初五，饰小闺女，尽态极妍。出嫁女亦各归宁。

湘南地区沿用古俗，"五月初五"在门上挂艾叶，完成用艾叶洗澡驱蚊的一个洗礼。

赛龙舟是端午节的一项重要活动，中国南方十分流行，尤其是广东地区，称为扒龙船。

图 1-1-1 端午节习俗连线

2. 弟弟妹妹不了解端午节的由来、风俗和别名，因为端午节的特色食物是粽子，习惯用"粽子节"称呼端午节。请结合补充资料，向弟弟妹妹解释"粽子节"别名的由来和端午节的由来。

资料 1

相传春秋时期，楚国人伍子胥带领吴军灭越国，越国国王勾践将自身作为人质押在吴国，伍子胥劝谏吴王夫差杀勾践，夫差不听。后夫差听信太宰伯嚭谗言，派人送一把宝剑给伍子胥，令其自杀。伍子胥死前对邻舍人说："我死后，将我眼睛挖出悬挂在吴京之东门上，以看越国军队入城灭吴。"吴王夫差听后大怒，令人在五月五日将伍子胥的尸体沉于钱塘江中。当地百姓为了纪念他，便在这一天包粽子、赛龙舟。

资料2

相传曹娥是东汉上虞人，她的父亲溺于江中，曹娥寻找多日后，仍未找到其父，于是在五月五日的那一天，14岁的曹娥投江寻父。几天后，曹娥抱着父亲的尸体走出江。后人为了纪念曹娥的孝道，于是便将每年的五月五日作为节日纪念曹娥。

资料3

屈原是战国时期楚国的诗人、政治家。少年时受过良好的教育，博闻强识，志向远大。屈原早年受楚怀王信任，兼管内政外交大事。后因遭贵族排挤诽谤，被流放他乡。楚国郢都被秦军攻破后，自沉于汨罗江，以身殉国。屈原投江后，当地百姓闻讯马上划船捞救——但却再也没有捞到屈原的尸体。传说为了寄托哀思，人们荡舟江河之上，此后逐渐发展成为龙舟竞赛。百姓们又怕江河里的鱼吃掉他的尸体，就纷纷回家拿来米团投入江中，以免鱼虾糟蹋屈原的尸体，后来就成了吃粽子的习俗。

活动三：我做"非遗小讲师"，习俗故事共传扬

自行查阅相关资料，给第一个环节采访出的端午习俗建立习俗卡片，讲述与之相关的风俗故事或风俗由来，并提出一条在当下社会中推广这个风俗的建议。

表 1-1-3　端午节习俗卡

采访习俗	习俗配图	风俗故事	推广建议
端午习俗 1			
端午习俗 2			

【教学评价】

评价"活动三：我做'非遗小讲师'，习俗故事共传扬"。

评价标准：

表 1-1-4 评价标准

层次	评价标准
前结构层次	不能选择端午节的风俗或符合时代价值的端午风俗，不能完整、流畅地讲述风俗故事和文化内涵。
单点结构层次	能够选择端午节的风俗或符合时代价值的端午风俗，能够基本完整、流畅地讲述风俗故事和文化内涵，但不能提出合理有效的推广建议。
多点结构层次	能够选择端午节的风俗或符合时代价值的端午风俗，能够基本完整、流畅、生动地讲述风俗故事和文化内涵，并且结合生活实际和风俗特点提出合理有效的推广建议。

成果样例：

表 1-1-5 成果样例

采访习俗	习俗配图	风俗故事	推广建议
戴五彩绳		人们将红、绿、黄、白、黑色的粗丝线搓成彩色线绳，系在孩子手臂或颈项上。五色代表五行，传说佩戴五彩绳能够辟邪，兼有祈福纳吉的美好寓意。	录制五彩绳编织教程视频，介绍五彩绳的编织方法和文化内涵。发布在个人社交平台，让更多的人参与到五彩绳的编织中，体验端午风俗，了解端午文化。

案例2 探究节日民俗的地域特色
——为《北京的春节》制作地域风俗日历

【学生认知】

《北京的春节》收录于统编版小学语文教材六年级下册第一单元,文中围绕北京的春节,以腊八到正月十九的时间为序,描写了腊八、小年、除夕、春节、元宵节等传统节日中包含的丰富的民俗活动。文中介绍的春节民俗既有普遍性,也有地域特色。传统节日民俗的地域差异与地理环境、人文精神和文化交流都有着密切的关系。学生经历了六年的语文学习,积累了一定传统节日的学习经验和生活经验,需要对感性经验进行对照和提炼,形成对于传统节日更为深入的认识。立足时间,追根溯源,探究节日源起及习俗由来;定格空间,聚焦当下,了解节日风俗的地域差异。

一、了解传统节日的多样性,储备文化常识

经过千百年的积累和沉淀延续至今的传统节日风俗,不仅是传承优秀历史文化的重要载体,还具有彰显民族特色、凝聚历史文化认同感的重要作用。传统节日中的风俗活动让人们的情感得到了表达,体现着中华民族长久以来的传统美德和情感追求。我国作为多民族国家,地大物博、历史悠久,传统节日风俗具有多样性。学生对于传统文化的已有认知多建立在生活经验上,缺乏对不同地域节日风俗的了解,需要拓宽视野,丰富文化常识,了解传统节日的多样性。

二、认知多样性背后的包容性,增强文化自信

民族文化是立足于世界之林的根本,保护和传承传统文化就是保护本民族的利益。学习传统节日民俗,了解节日风俗的多样性,感受中华文化的包容性,探求背后蕴含的中华民族的情感追求,能够帮助学生增强文化自信,肩负起弘扬中华优秀传统节日文化,传承民族精神品质的使命。

在全球一体化逐渐加强的今天,外来文化盛行,大量国外文化涌入并不断冲击着国民的思想。小学六年级学生处在身心发展的关键时期,好奇心较重,极易受到周围环境的影响,更需要充分了解传统节日民俗背后的中华民族情感追求,在思想上意识到我国传统节日文化的价值,增强文化底蕴和文化自信。

【教学目标】

2014年3月,教育部印发了《完善中华优秀传统文化教育指导纲要》,文件第三点"分学段有序推进中华优秀传统文化教育"中明确提出"小学低年级,以培育学生对中华优秀传统文化的亲切感为重点,开展启蒙教育,培养学生热爱中华优秀传统文化的感情；了解一些爱国志士的故事，知道中华民族重要传统节日"，"小学高年级，以提高学生对中华优秀传统文化的感受力为重点，开展认知教育，了解中华优秀传统文化的丰富多彩；知道重要传统节日的文化内涵和家乡生活习俗变迁"。了解传统节日的文化内涵能够更好地感受我国传统节日民俗活动背后蕴含的精神追求，增加传统风俗知识积累，提高对中华优秀传统文化和传统美德的感受力。

传统节日民俗活动是学生感兴趣的话题，六年级学生相对于低年级学生，对于传统节日已经积累了丰富的知识经验和生活经验。同时在前期的学习过程中，学生已经掌握了一定的搜集资料和整理资料的方法，随着知识面的拓展和知识量的增加，学生的思维能力有了很大的提高，求知欲也会增加，为探究传统节日民俗背后的精神追求和文化意蕴提供了知识上的基础。

基于此，将活动目标确定为：

1. 依照民俗时间点梳理《北京的春节》中提到的北京春节风俗，探寻春节风俗活动的源起，制作"北京春节民俗日历"。

2. 仿照北京春节风俗日历做法，探访自己家乡最有特色的春节风俗及其形成原因，探究民俗背后的中华民族情感追求。

3. 比较南北方春节风俗的差异，分析产生差异的原因，制作南北方春节民俗对照表。

【教学过程】

活动一：制作北京民俗日历

1. 请阅读《北京的春节》，圈画文中提到的重要的民俗时间点，依次标注在本年度日历的相应位置，请注意：民俗时间点都是用农历日期标明的，绘制日历时要注意农历日期和公历日期的对照。

图 1-2-1　2022 年春节农历与公历日期对照图

2. 完成后重读课文，整理腊月初八、初九、腊月二十三、除夕、正月初一、正月初六、元宵节、正月十九民俗时间点的民俗活动，制作8张单页的春节民俗小贴士，包含相应习俗节点的年份、月份、星期、日期的农历、公历以及相应的民俗活动及配图。对照"春节民俗日历"和"春节民俗小贴士"复述课文，讲述北京的春节民俗。

3. "春节民俗小贴士"中提到了很多重要的春节民俗，相信同学们对这些习俗多多少少有一些了解。请阅读"拓展资料"并以相应民俗为关键词查阅资料，在小贴士的背面用简练的文字介绍这种民俗。包括民俗由来、涉及地区、传说故事、民族情感及美好祝愿、流传度及影响力等内容。

图 1-2-2　小贴士模板

春节民俗拓展资源

【腊八粥】

腊八节源于腊祭。汉朝以前已经有腊祭仪式，腊祭是当年快要结束之时祭祀百神的日子，意在感谢这一年百神的庇佑，希望能够平安告别旧年，迎接新年。腊八节为什么要做腊八粥呢？民间认为，腊八粥也和腊祭有关。腊八粥在腊祭时的用途很多，据有关资料显示，腊八粥具有食用、赠送、贴门神画、祭祀祖先和祭祀神五个用途。

【祭灶王】

腊月二十三民间叫"小年"，是祭灶的日子。灶神是家庭的灶火的保护神。以前，几乎每个家庭在灶间都有灶神像或有贴在墙上的灶神画。为了感谢灶神一年的保护，人们腊月二十三向他祭祀。祭祀活动很简单，只需要在神像前燃灯、贴上一幅新的灶神画。

灶神俗称灶君、灶王、灶王爷、灶王公等，是我国民间普遍信仰的神灵，在我国缘起较早。它和土地、井、门户、道路等一样，因与人们的饮食起居关系密切而成为人类早期自然崇拜的一部分。灶神从火神演变而来是一种比较古老的说法，火神崇拜源于原始人"万物有灵"的观念，火的发现和使用作为人类生存和生活中最基本的条件，火神成为原始人顶礼膜拜的对象，在原始自然崇拜体系中是一位比较重要的神灵。无论原始的穴居时代，还是人类有了固定的房屋组成以家庭为生活单位以后，适应社会发展的需要，灶自然而然成了火的居所，火神也逐步成了灶神。

祭灶风俗的起源与人们"祀灶可得福"的观念是分不开的。许多民间故事中都告诉人们祭灶可以得到灶神保护，免除灾祸。因此，崇拜灶神也就成为诸多拜神活动中的一项重要内容了。

【贴春联】

春联即春帖，是由桃符演化而成，后来逐渐趋于丰富完善。桃符是写有或刻有字迹或图形的桃木板，被古人悬挂在门上以达到驱邪之目的。我国第一副春联出于五代后蜀国君孟昶（chǎng）之手。公元965年的除夕，孟昶在桃木板上写下"新年纳余庆，嘉节号长春"之语，并将之悬挂于宫掖之门，孟昶在桃木板上所题的句子成为中国历史上的第一副春联。这极大地拓展了桃符的内涵，使桃符在驱邪之外增加了吉祥喜庆、祈福祝愿的内容，促进了桃符向对联的转变进程。王安石的《元日》中所写"千门万户曈曈日，总把新桃换旧符"证明，在桃木板上写对联在宋代就是一种极为常见的现象。到了明代，"桃符"改称为"春联"，春联逐渐从桃符中分离出来，书写春联的桃木板逐渐被象征着吉祥喜庆的红纸所取代。如今，每到除夕岁首，几乎家家户户都会在门上贴春联。春联已经成为人们用来表达辞旧迎新，祈求喜庆吉祥的符号。

【放鞭炮】

鞭炮起源于我国古代的爆竹活动，有着悠久的历史。《荆楚岁时记》有正月初一"鸡鸣而起，先于庭前爆竹，以辟山臊恶鬼"的记载。春节放爆竹是为了驱逐山臊恶鬼，其中寄寓驱邪纳祥、辞旧迎新之意。据史料记载，我国最早的爆竹其实是天然的竹子。点燃竹子后，竹节里面的空气因受热而迅速膨胀最终导致竹子爆裂并发生巨大的响声，由此有了爆竹的称谓。竹子生长在我国南方，所以燃放爆竹的习俗首先在我国南方兴起，后流传到全国各地。

唐代开始出现了用火药制作的爆竹。人们在竹节里面装上火药并点燃，伴随着一声巨响竹子被"蹦"上高空百十丈，为春节带来了无穷的欢乐。宋代爆竹发生了改良，装火药的竹节逐渐被纸卷所取代，现在通用的鞭炮横空出世。

现今，因保护环境的需要，各地施行了禁止燃放烟花爆竹的政策，以保护人们生活的环境质量。电子鞭炮又应运而生，因具有节能环保、无污染、可重复使用等优点而成为传统火药鞭炮的理想替代品。

【贴年画】

年画是在门神的基础上发展出来的装饰品。门神最早的形式是东汉时代挂的桃木梗。相传怪兽出入人世的地方有棵桃树，吃那棵树的桃子会变成神仙。怪兽听到这个消息，都想去吃那边的桃子。不过桃树那边有两个负责守卫桃树的兄弟神荼、郁垒。怪兽来的时候，兄弟使出全力阻止怪兽吃桃子，从而拯救人类。通过门上挂桃木梗，人们希望可以接受神荼、郁垒两个兄弟的维护，抵挡坏事。唐宋时加强了艺术性，要在桃木板上写上兄弟的名字或者画上两个人形。

后来人们希望通过贴年画可以实现春节时所祈求的愿望。年画上经常有自然的山水、植物、动物、戏曲的人物与民间传说。财神也是年画中常常出现的人物，表示中国人对幸福的未来的希望。此外还常见鸡，因为"鸡"与"吉"谐音，人们希望以此可以给自己的家庭带来幸运。

【守岁】

守岁，即在除夕之夜，通宵守夜、辞旧迎新的一种习俗。守岁早在隋唐之前就出现了。而且在隋唐时期最为兴盛。史料记载，隋唐宫廷中的皇宫贵族们除夕守岁时，要整夜燃烧檀香篝火，皇帝常常设下宴席招待群臣，文人才子献诗庆贺，非常的隆重。在民间寻常百姓家中，除夕之夜，家人相聚守岁，欢宴共饮，点燃灯烛，或烧红火焰，通宵达旦，来迎接新年的到来。除夕夜守岁的习俗发展到宋代，有"守冬爷长命，守岁娘长命"的俗语，孝顺的儿女们常常为给父母亲添福添寿，通宵守岁。除夕守岁之夜，百姓们为了尽情享受这种合家团聚，围炉而坐的夜晚，往往每家每户都精心准备了各种香甜美味的夜宵果子，即果脯和点心之类的食品。

【年夜饭】

中国的春节有祖先祭祀活动。祭祀活动起源于原始宗教，但是通过农耕的发达与氏族的亲密感情变成了祖先祭祀，表示中国人对祖先的尊重和敬意。祭祖在儒家思想的出现之后受到了强调：儒家思想非常看重的一个原则是"孝"，而祭祖就是孝的表现。除夕这天晚上，要做饭菜提供给祖先，表达对祖先的尊敬和感恩。祖先所收到的食物一定要比一家人平日里吃得多，也要比平日里吃得好，所以除夕晚上，要准备丰盛可口的饭菜。

吃年夜饭的时候，一家人要多说吉利话，如多、余、好、发；晦气话则是禁忌，如死、没了、不够、吃不饱、破。相传除夕那天所说的吉利话会被祖先神灵听到，这样就能吸引好运，说晦气话则会导致厄运。

【吃元宵】

元宵节是中国古代的一个传统节日，正月为元月，古人称"夜"为"宵"，而十五日又是一年中第一个月圆之夜，所以称正月十五为元宵节。又称为"上元节"。

民间有一种食物，由糯米制成，或实心，或带馅。馅有豆沙、白糖、各类果料等，食用时可以煮、煎、蒸、炸。人们把这种食物叫作"汤团"或"汤圆"，后来由于"汤圆"跟"团圆"字音相近，带有团圆之意。正月十五是一年中第一个月圆之夜，人人都希望家人团团圆圆，阖家幸福，因此，人们就在元宵节以此表达希望未来与家人团圆生活的美好愿望。

【看花灯】

唐宋时期，在正月十五日夜，无论是宫廷还是民间都有盛大的观灯会。尤其宋代，元宵观灯已经是宋人正月十五最主要的娱乐活动。唐宫廷中，皇帝观灯的场面盛大。到了唐玄宗时期元宵灯火更是盛况空前。不仅制作灯轮、灯树，还出现了更为壮观的"灯楼"。制灯之风由皇帝而兴，王公贵族们争相效仿，争奇斗艳。

后来，元宵节至唐宋已经渐渐演变成大众狂欢的节日。无论是宫廷，还是民间，各地百姓都极为重视元宵节活动。而且由于统治者的大力推崇，上行下效，民间灯会的热闹程度丝毫不逊色于宫廷。许多皇帝喜欢举行各种赏灯的活动或者出宫观灯会，在元宵佳节与民同乐，与文武百官同乐。

活动二：制作家乡民俗日历

请仿照制作"北京春节民俗"日历的方法，制作自己家乡的民俗日历。

1. 采访爸爸妈妈和爷爷奶奶两辈人，请他们说说相应的民俗时间点和自己家乡过春节的习俗，制作家乡春节民俗月历。

2. 选择两个你最感兴趣的家乡特色春节习俗，制作家乡民俗日历页。日历页要包含以下内容。

(1)民俗活动描述：查阅资料、采访长辈。

(2)民俗场面再现：依照民俗特征，根据民俗活动起源的拓展资料，结合生活经历，为这一地方特色民俗活动配图。请你设计几幅图片，并为它们配上文字说明和图中每个元素的画外音。

(3)民俗历史渊源：请以地域名称和民俗名称为关键词检索资料，了解这一民俗的历史渊源，用300字以内的文字简要介绍。

(4)民族情感探源：春节民俗无外乎团聚和对未来生活的期许，请结合这一民俗的特色、地域特征和历史渊源，说说这一民俗寄托了怎样的民族情感。

活动三：制作南北方春节民俗对照表

俗话说"十里不同俗"，节日民俗有着非常强烈的地域特色，即使春节这样传统节日也不例外。请查阅资料，了解以下春节习俗属于南方还是北方，将它们填入南北方春节习俗对照表中，标明相应习俗蕴含美好寓意的异同。整理完对照表后说说你对不同地域春节习俗有了哪些新认识，与同学分享你的感受。

表 1-2-1　南北方春节民俗对照表

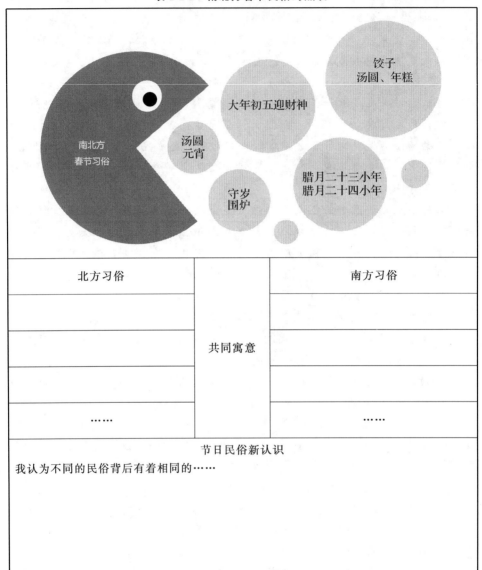

北方习俗	共同寓意	南方习俗
……		……

节日民俗新认识

我认为不同的民俗背后有着相同的……

【教学评价】

评价"活动一：制作北京民俗日历"。

评价标准：

表 1-2-2　评价标准

层次	评价标准
前结构层次	不能对照课文和日历整理 8 个节日的民俗活动，不能依照要求提取有关信息，出现匹配错误或信息遗漏，不能对照小贴士复述课文。
单点结构层次	能够对照课文和日历整理并标注 8 个节日的民俗活动，能够依照小贴士准确、完整地提取节日信息并制作卡片。能够对照小贴士复述课文，但以信息朗读为主，复述不够流畅自然。
多点结构层次	能够对照课文和日历整理并标注 8 个节日的民俗活动，能够依照小贴士准确、完整地提取节日信息并制作卡片。能够对照小贴士复述课文，流畅自然，基本脱稿。

成果样例：

图 1-2-3　成果样例

案例3　升旗仪式为何庄严肃穆
——在《升国旗》仪式中践行爱国情怀

【学生认知】

《升国旗》收录于统编版语文教材一年级上册第五单元，第五单元属于本册书的第二个识字单元，以认识会意字为主，进一步了解汉字偏旁表意的构字特点。第五单元包含《画》《大小多少》《小书包》《日月明》《升国旗》五篇课文和语文园地五，将识字寓于情境之中，内容浅显，内涵丰富，形式多样；渗透对比识字，会意识字，归类识字等多种识字方法。《升国旗》凝练地表达了关于国旗的知识及升旗仪式蕴含的爱国情深，是学生在生活中学习汉字，在生活中理解礼仪的优质语言材料。

一、体验汉字与生活的紧密联系

刚入一年级的学生思维发展多数处于浅显的直观思维层面，学习过程中往往关注文字或者图像本身，对汉字内在的文化或者精神内涵缺乏关注和理解。因此，需要通过基于实际生活经验的活动学习汉字，在真实生活情境中理解汉字，体验汉字与生活的紧密联系。《升国旗》取材于日常生活中的升旗仪式，介绍升旗仪式的基本礼仪和礼仪背后的爱国情怀。课文中"国旗""五星红旗""国歌"等名词是生活中各类爱国主义教育的载体，属于学生已有生活经验储备，可以通过讲解字源建立二者联系；"升起""飘扬""立正""敬礼"等动作是升国旗活动中熟悉的动作，可以通过连词成句建立二者联系；"徐徐""美丽"等形容词、副词能够表达爱国情感，可以通过组词等方式加深情感体验。一年级学生缺乏相应的识字基础和识字经验，需要建立汉字学习和实际生活的连接桥梁，以此拓宽汉字学习路径、积累汉字学习方法、增加自身汉字储备。

二、践行礼仪与理解礼仪相促进

升旗仪式是爱国教育的重要环节，是爱国情怀的重要载体：天安门广场每天伴随太阳冉冉升起的国旗是北京的象征，是全国人民的向往；国际赛事颁奖仪式的升旗仪式是运动员赛场拼搏的原动力，是每一次比赛的目标；中小学每周一的升旗仪式能够让学生了解国旗的神圣所在，形成升国旗仪式感。一年级是学生接受爱国主义教育，形成正确的价值观的黄金时期。学生需要学习礼仪规范，需要在升国旗等爱国主义教育和礼仪文化中浸润家国情怀，通过理解礼仪背后的情怀由衷地遵守礼仪，将对祖国的热爱内化于心，外化于行。升旗仪式本身是庄严神圣的，一年级学生处于知其然不知其所以然的阶段，对此理解不够深刻，但能够从情感上体验到升旗仪式的庄严肃穆，被升旗仪式的神圣氛围所感染。良好的爱国教育氛围是学生需要的情感基础，不单纯地讲枯燥的礼仪规范，不空泛地讲宏大的爱国精神，借助《升国旗》，让践行和理解相促进、共提升，从而提高爱国认识，丰富爱国情感，加强家国观念，形成爱国行为。

【教学目标】

《中华人民共和国国旗法》第一条规定：为了维护国旗的尊严，规范国旗的使用，增强公民的国家观念，弘扬爱国主义精神，培育和践行社会主义核心价值观，根据宪法，制定本法。高举爱国主义旗帜，传播弘扬国旗文化。一年级学生对祖国、国旗、国歌的认知和理解有限，对于升旗仪式等爱国仪式的内涵缺乏深入理解。很少有思考自己与祖国的关系，更不了解升国旗的意义。通过本课的学习，学生需要知道祖国的全称"中华人民共和国"，国旗是"五星红旗"，国歌《义勇军进行曲》，了解国旗的意义，懂得周一学校（天安门广场每天）为什么要举行升旗仪式。对课文中"迎风飘扬，多么美丽"这句话有新的认识，理解"向着国旗，我们立正；望着国旗，我们敬礼"的真正内涵。

国旗和升旗仪式的象征性、符号性能够很好地培养学生形象思维能力和探究符号内涵的能力。通过体验式的学习活动，学生能够较深入了解国旗的象征意义，懂得升国旗的意义，提升思维的深入性，拓展关于升国旗知识阅读，拓宽思维的广度，思维的横向与纵向有效地得到提升。

基于此，将活动目标确定如下：

1. 通过连词成句，理解《升国旗》中关键词的逻辑关系。

2. 通过字理识字与扩词造组，理解"国""美"的字源。

3. 展示不同时代的升旗仪式场景，理解并践行升旗礼仪。

4. 向外国小朋友介绍国旗和升旗仪式，增强民族自豪感。

【教学过程】

活动一：连词成句

1. 请同学们认真朗读"中国""国旗""五星红旗"三个词，尝试用不同的方法将它们连成一句流畅、连贯、表意清晰的话。与小伙伴分享，看看这三个词有哪些不同的组合方式。

例：中国的国旗是五星红旗。

五星红旗是中国的国旗。

2. 如果在"中国""国旗""五星红旗"中加上"我们""祖国"两个词，还可以连成一个句子吗？请尝试在上一个句子的基础上加入"我们""祖国"两个词，如果不可以，将五个词重新组合，连成一个句子。

例：我们的祖国是中国，五星红旗是我们的国旗。

我们的祖国是中国，我们的国旗是五星红旗。

3. 朗读课文，读出语气和情感。

五星红旗，我们的国旗。

国歌声中，徐徐升起。迎风飘扬，多么美丽。

向着国旗，我们立正。望着国旗，我们敬礼。

活动二：字理识字与扩词

1. 再次朗读课文，将"国""美"二字规范地写在田字格中。

2. 汉字加减法。

请观察以下三个汉字加减法，发现规律，尝试完成"国""美"二字加减法。

地			土		也
她			女		也
固	=		古	+	口
国					
美					

3. 汉字源头卡。

浏览"国""美"二字的汉字源流卡片中字形流变和汉字图解，关注上一个环节"汉字加减法"拆分出的两部分在字形发展过程中的变化。

"国"字出现在商代。本意指疆域，地域。这个意思后来写作"域"。后来指国家，也指国都。"国"的象形字中能看到领地、兵器、守卫。意思就是这是我们生产生活的地方，不是这个领地的人没有使用权，如果强制要来，守卫这块土地的人就会把强制进来的赶出去。

"美"可以分成（羊＋大），有"羊大为美"的说法。不过，"美"字其实并不是羊大为美，而是由象形字演变来的。古人当时喜欢在头上戴羊角牛角之类的装饰品，用现代汉语说就是美的、漂亮的、威风的。所以"美"的象形字就是一个人，头上戴着一对牛角（羊角）或者多对牛羊角。"美"这个字在汉字的逐渐演变中就变成了现在的样子。现在"美"字本义指美好，可引申为"赞美""甘美"等。

 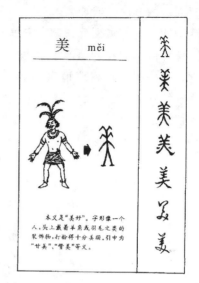

图 1-3-1 "国""美"二字源头卡

4．扩词造句。

请尽可能多地给"国"与"美"组词，构成"国""美"词库；尝试用"国""美"词库中的词语造句。

表 1-3-1 用"国""美"二字组词、造句

"国"词库	"美"词库	造句

活动三：观升旗，我践行

1．谈谈自己以前见到或者参加过的升旗仪式：

(1)升旗开始后，你看见了什么？听见了什么？

(2)你参加升旗仪式时都做了什么？

2．在中华人民共和国成立以前，没有升旗仪式。播放历年(1949 年到 2019 年 70 年间)国庆升旗仪式视频，观看后重读课文，交流新发现和新感受。

3．我践行，我承诺：了解升国旗的意义和价值后，相信同学们会更加注重每一次的升旗仪式，让我们一起践行，共同承诺。请用以下句式郑重承诺并阐明承诺的理由。

每周一的升旗，我要＿＿＿＿＿＿＿＿＿，因为＿＿＿＿＿＿＿＿＿＿。

活动四：升旗意义我知晓，分享介绍我自豪

一位外国小朋友即将来到我校参观，参加星期一的升旗仪式。请结合本课所学，查阅相关资料或请教老师、家长，获取有关升旗仪式的知识，为外国小朋友解说升旗仪式全过程。依次解说五星红旗的含义、升旗仪式的环节和升旗仪式的礼仪。

1. 解说五星红旗的含义。

图 1-3-2　五星红旗含义

2. 解说升旗仪式的环节。

图 1-3-3　升旗仪式环节

3. 解说升旗仪式的礼仪。

介绍在升旗仪式全过程中作为小学生的同学们要做什么、如何行礼，以及这样做的意义。

【教学评价】

评价"活动四：升旗意义我知晓，分享介绍我自豪"。

评价标准：

表 1-3-2　评价标准

评价角度	国旗含义				仪式流程			升旗礼仪		
	大星	小星	配色	来历	擎旗	展旗	升旗	衣着	动作	神态
信息准确无误										
要点完整全面										
表达清晰流畅										
考虑听众身份										
体现自豪感										

成果样例：

你好，下面由我向你介绍我们的国旗！

中国的国旗是五星红旗，你看那五颗黄色的五角星在红底色的映衬下光彩夺目。大的那颗五角星象征着中国共产党，旁边四颗小五角星象征着在中国共产党领导下的全国各族人民。老师告诉过我们，四颗小五角星象征着工人阶级、农民阶级、城市小资产阶级和民族资产阶级。你有没有发现，这四颗小五角星各有一只角正对着大五角星的中心，象征着共产党领导下的革命人民大团结。正是因为团结，我们的国家才会这么强大！

案例4 探访迎客礼仪背后的迎客文化

——赏《草原》自然美景，探中华迎客风俗

【学生认知】

统编版小学语文教材六年级上册第一单元围绕"走进大自然"编排了《草原》、《丁香结》、《古诗词三首》(《宿建德江》《六月二十七日望湖楼醉书》《西江月·夜行黄沙道中》)、《花之歌》四篇课文。引导学生把握课文的主要内容，感受大自然的奇妙与美丽；培养学生观察和想象的能力；激发学生热爱大自然、热爱祖国的情感。《草原》描写了大草原的自然风光和草原人民热情迎客、盛情待客、深情话别的人情美，通过草原上主、客交际的场面，体现了蒙古人民真挚、热情、纯朴的民族风俗，歌颂了蒙汉民族的团结友谊，从整个篇幅看来，"礼仪"蕴藏在本课的每一个场景之中。

"有朋自远方来，不亦乐乎。"孔子一语道出了中华民族千百年来的好客心理。我国是多民族国家，每个民族都有自己独特的风俗和习惯，虽历经千百年发展，但在现代社会的文明礼仪中，迎客、待客仍是重要的礼仪活动。各民族各具特色，保留了本民族的迎客礼仪和习俗，形成了多彩灿烂的迎客礼仪和迎客文化。六年级学生已经积累了较为丰富的社会生活经验，对一般的礼仪民俗和礼仪文化有一定的了解和体验，需要在此基础上扩大视野，理解不同地域文化中的礼仪习俗，掌握探究礼仪内涵的基本方法。

一、理解民族精神的不同礼仪表达

2022北京冬奥会的开闭幕式，让世界人民感受到了中国人的浪漫，迎客松、折柳送别等元素既体现了文明古国的厚重历史，也展现了中国人民的好客传统。我国的礼仪文化博大精深、源远流长、内涵丰富，表现形式多样。六年级的学生已经积累了一定的生活经验，对于传统礼仪有了一定的了解，需要在此基础上感受礼仪的丰富性，理解民族精神借助礼仪的不同表现形式。通过了解礼仪文化发展的脉络，学习不同时代礼仪文化的表现形式，感受礼仪形态与时代文化的关联；积累多方面的礼仪文化知识以及与之相关的历史知识、文化常识、民间习俗，感受不同地区、民族礼仪文化的表现形式。在丰富礼仪知识储备的同时，了解我国的传统文化历史悠久、博大精深的特点，于细微处彰显中国核心文化，中华民族热情好客，讲究礼尚往来，不同的民族有自己独特的待客方式。

二、掌握探究礼仪内涵的基本方法

中国传统礼仪涉及面较广，迎客待客礼仪文化是其中的组成部分。经过

近六年的学习与积累，小学六年级学生已经具备了一定的待人接物的礼仪风范。待人之道是社会生活的重要内容，也是民族思维与文化传统的重要表征。学生需要在学习礼仪外在形态的基础上，理解礼仪文化内在的道德品质，掌握探究礼仪内涵的能力，运用外在的礼仪形式来彰显自己的美德。探究礼仪内涵的方式多种多样：透过礼仪文化的表征探究礼仪文化背后的民族精神，是由具象到抽象逻辑思维能力的体现；分析不同地区、民族礼仪文化的差异，探究产生差异的原因，是特殊到一般、个别到普遍逻辑思维能力的体现；梳理不同时代礼仪文化的呈现方式，探究礼仪文化传承的民族精神，是由现象到本质逻辑思维能力的体现。学生需要在已有生活经验的基础上尝试多种探究方式，体会并践行中华传统美德和时代多元文化的内化与融合。

【教学目标】

中国素有"礼仪之邦"的美誉，礼仪是一个人、一个民族乃至一个国家文化修养和道德修养的外在表现形式，也是为人处世的基本要求。中国古代有"五礼"之说：祭祀之事为吉礼，冠婚之事为嘉礼，宾客之事为宾礼，军旅之事为军礼，丧葬之事为凶礼。其中的宾礼即我们常说的待客之礼，中国的待客之礼在古时候已经形成体系。从中国古代的"五礼"可以看出，中国传统礼仪蕴含着丰富的文化内涵，每种礼都传达了人的不同情感，外在的礼仪只是一种外在的表现形式。

蒙古族人民世居草原，历史悠久，是一个热情好客、讲究礼仪、胸怀坦荡的民族，至今保持着一套特有的民族礼仪。蒙古族人民的待客礼仪是有客必待，不分远亲还是近亲，不管是常客还是初来的人，均以满腔热情，真诚相待，并且有一套独特的待客礼仪。蒙古族自古以来就有各种迎宾礼节。预约的会客，不论是社会团体还是私人会面，主人总是远远地迎候着客人。有人会在路边等候，在隆重的场合还会分几个梯队迎接客人。蒙古族的待客之礼也颇有地域特色。主人首先给客人斟上新熬的奶茶，摆上奶食、糕点、炒米等茶食为客人压饥解渴，然后敬酒。由主人先用小酒杯向客人们每人敬一杯，这就是敬酒的开始；接着用大杯从客人中的年长者开始，依次敬酒；敬酒达一定杯数就要奏乐唱歌为客人们助兴；酒后用饭，招待客人的最高礼节为整羊宴。

基于此，将活动目标确定如下：

1. 将文中描绘的草原美景与图片匹配，分析关键语句，感受草原的迎客文化。

2. 制作"家乡迎客文化卡片"，探访各地迎客礼仪，理解中华文化迎客的多样性。

3. 模拟任务场景，撰写迎宾方案，展现各地迎客文化及其中蕴含的民族文化传统。

4. 提取北京冬奥会开闭幕式的迎客文化元素，理解中华民族真诚待人的传统美德。

【教学过程】

活动一：为草原照片命名

1. 请以小组为单位配乐《我的草原我的家》，自由读《草原》。

2. 如果你跟着作者游览草原，看见了美丽的大草原，又目睹了蒙古族人民的好客，抓拍了一些颇具草原特色的照片。旅途归来，整理照片，说一说这些照片依次让你想到了《草原》中的哪些语句。

3. 好的文字背后是一幅幅栩栩如生的画面，请为以下精选出来的照片取一个切合的名字。建议结合文章内容和阅读感受，从文中选择恰当的词语，说一说你的命名理由及名字背后的意义。

语句：	语句：
命名：	命名：
理由：	理由：

语句：	语句：
命名：	命名：
理由：	理由：

活动二：制作"迎客文化"卡片

1. 观看草原美景及草原骑马迎客视频，再一次领略草原的自然之美和人情之美。

2. 作为游客来到大草原，受到了蒙古族老乡的盛情款待。礼尚往来，如果邀请蒙古族老乡去你的家乡做客。那该怎样介绍自己家乡的自然风光和风土人情呢？请模仿文中的写作顺序和方法，介绍自己家乡的自然风光和风土人情。

(1)请参照以下句式介绍家乡风俗：我的家乡在_____。这里自然风光秀丽，有_____。我的家乡不仅景色迷人，还有_____的习俗。

(2)组内交流，汇总大家对家乡自然风光和风土人情的介绍，整理介绍家乡信息库。

表 1-4-1　我们的家乡介绍信息库

自然风光	风土人情

3. 阅读拓展资料，了解不同地区、民族的迎客文化。了解自己家乡的迎客习俗，制作"家乡迎客文化卡片"，卡片要包含习俗名称、习俗地域、习俗介绍、习俗内涵、习俗配图等内容。

图 1-4-1　我的家乡迎客习俗卡片

拓展资源

【献哈达】

献哈达是蒙古族牧民迎送客人和日常交往中使用的礼节。献哈达时，主人张开双手捧着哈达，吟唱吉祥如意的祝词或赞词，渲染敬重的气氛，同时将哈达的折叠口向着接受哈达的宾客。宾客要站起身面向献哈达者，倾听祝词并接受敬酒。接受哈达时，宾客应微向前躬身，献哈达者将哈达挂于宾客颈上。宾客应双手合掌于胸前，向献哈达者表示谢意。

【以酒待客】

斟酒敬客，是蒙古族待客的传统方式。他们认为美酒是食品之精华，五谷之结晶，拿出最珍贵的食品敬献，是表达草原牧人对客人的敬重和爱戴。通常主人是将美酒斟在银碗、金杯或牛角杯中，托在长长的哈达之上，唱起动人的蒙古族传统的敬酒歌。

彝族待客"有酒便是宴"，他们说："地上没有走不通的路，江河没有流不走的水，彝家没有错喝了的酒！"彝族男女老幼都喜欢饮酒，招待客人，可以无菜，不可无酒，酒是不可缺少的。有人来家里玩，主人定会端来白酒表示欢迎，并希望客人能够多喝，客人能一饮而尽，主人就会很高兴，客人如果酒量不好也要喝一小口，主人才会满意。

【待客食物】

彝族待客烹煮肉食时，喜欢切成大块煮、烤，因肉块似砣故曰"砣砣肉"，这也充分体现了彝族"大块吃肉，大碗喝酒"的豪放性格。云南彝族迎宾待客一定要杀牲，因为彝族多居住在山区，养的羊比较多，所以杀羊是最经常的。

维吾尔族要请客人坐在上席，摆上馕、各种糕点、冰糖等，夏天还要摆上一些瓜果，先给客人倒茶水或奶茶。待饭做好后再端上来。

活动三：有朋自远方来

学校即将迎来友好学校的游学团，你所在的班级分配到了接待任务。请结合本课所学和前几个环节学习成果，制定一套迎客方案。方案要包含校园介绍、参观路线安排、迎宾仪式设计、礼物选择、体验活动选择等，突出传统文化和地域特色。旨在表达欢迎热情、彰显魅力校园、展现中国文化。

活动四：奥运会开闭幕式的迎客文化

1. 请重温 2008 北京奥运会和 2022 北京冬奥会开闭幕式盛况，感受中华民族真诚待人、热情好客的传统美德。记录开闭幕式展现的迎客礼仪和迎客元素，查阅资料，了解礼仪文化背后的内涵，撰写观看感受和探究体验。

表 1-4-2 奥运会开闭幕式的迎客文化

仪式名称	迎客礼仪		迎客元素		观看感受及探究体验
	礼仪	内涵	元素	内涵	
2008 奥运会开幕式					
2008 奥运会闭幕式					
2022 冬奥会开幕式					
2022 冬奥会闭幕式					

2. 结合本节课的学习体验，说说你还想为奥运会开幕式或闭幕式增加哪些创意元素和环节，让全世界感受到中华民族热情好客的传统文化精神。

【教学评价】

评价"活动一：为草原照片命名"。

评价标准：

表 1-4-3 评价标准

层次	评价标准
前结构层次	不能描述画面之美，不能建立文字和画面的联系。
单点结构层次	能够用自己的语言描绘画面之美，但只能进行简单抄写，缺少分析和个性化理解，命名不恰当。
多点结构层次	能够用自己的语言描绘画面之美，能够准确找到画面和课文相关语句的联系，运用自己的语言加以描述，并为画面选取合适的名字。

成果样例：

语句：忽然，像被一阵风吹来似的，远处的小丘上出现了一群马，马上的男女老少穿着各色的衣裳，群马疾驰，襟飘带舞，像一条彩虹向我们飞过来。这是主人来到几十里外欢迎远客。见到我们，主人们立刻拨转马头，欢呼着，飞驰着，在汽车左右与前面引路。

命名：迎客"彩虹"

理由：图片中的男女老少策马奔腾，他们穿着五颜六色的衣服，朝着相同的方向飞奔而去。特色的民族服装随风飘动，在蓝天白云和青青草原的映衬下分外耀眼。就像文中作者说的"像一条彩虹向我们飞过来"，作者用了夸张和比喻的手法，让这支热情的迎客队伍跃然纸上，仿佛还能见他们的欢呼声、马儿的嘶鸣声。因此我给这幅草原照片起名为"迎客彩虹"。

案例5　透过意象看深情

——从《古诗二首》(《村居》《咏柳》)中的"柳意象"说起

【学生认知】

作为审美意象的柳，在古典诗词中频繁出现。因柳的多义性和复杂性，文人骚客们在它身上倾注了极多的情感寄托。人们对柳的审美认识经历了一个由简单到复杂，从形似到神似的过程，"柳意象"因此被赋予了丰富的内涵。"柳意象"可表现生机勃勃的春日风光，可抒发惜别、思乡等复杂情感，可象征人格品质。

《古诗二首》(《村居》《咏柳》)收录于统编版语文教材二年级下册第一单元，将两首描写柳的古诗放在一起，"柳意象"突出，内涵明确，是了解意象中作者情感，体会古诗中含蓄之美的学习资源。二年级学生的古诗词学习经验不够丰富，需要在已有感性经验基础上，以意象为线索阅读相关古诗词，建构意象意识，迁移赏析方法，丰富古诗词的知识储备和经验积累。

一、建构意象意识，培养意象捕捉敏感度

二年级学生的古诗词学习经验较少，以诵读感受和了解基本内容的浅层学习和感性经验为主。为了增加诗词储备，提升古诗词感能力和解读能力，需要建构意象意识，有意识地捕捉诗词中的意象。以意象为切入点深入古诗内容和作者情感，将形象思维向抽象思维转化，理解并分析古诗美在哪里，为何美。通过对"柳意象"的分析加深理解和感悟，意识到古诗中的"柳意象"不只是自然界中的柳树，而且是经过诗人独特的情感活动创造出的艺术形象，是作者表达情感的重要方式，凝练着古代文人的审美追求。

二、以意象为单位，丰富诗词阅读经验

《古诗二首》中的"柳意象"是春日生机的象征，在理解寓情于景写法的基础上，补充包含"柳意象"的其他古诗词，丰富对意象内涵的认识。以意象为单位学习古诗词，不仅能够围绕意象增加诗词储备，还能在相同意象作品的比较中理解意象的多重内涵，提升古诗词鉴赏能力。二年级的学生已经学过一些古诗词，接触过一些常见意象，比如月、酒、燕等。为丰富古诗词阅读经验，需要在已有储备的基础上从意象角度看待作品，将掌握的分析方法迁移到其他意象的分析中。

【教学目标】

《完善中华优秀传统文化教育指导纲要》要求小学低年级"诵读浅近的古诗，获得初步的情感体验，感受语言的优美"。"意象"是帮助低年级学生打开古典诗词大门的钥匙。"意"是作者抽象的内在情感，需要借助"象"表达；"象"承载作者情感的外在具体物象，是"意"的具体化和形象化。"意象"之"象"能够唤醒低年级学生的生活经验，激发他们与作品的情感共鸣，进而理解作家心中之"意"，获得真实的阅读体验。

中华文化源远流长、灿烂辉煌，改革开放后，我国文化逐渐走向世界，同时世界各国文化也不断涌入我国，形成了多元文化，在多元文化的冲击下，小学生的思想观念受到极大影响。对于低年级学生而言，培养对中华传统文化的兴趣与爱国爱家的情怀，增强文化自信，势在必行。古诗朗朗上口、韵律十足，二年级学生已经接触过一些古诗词，主要以背诵积累为主，这两首描写"柳"的古诗都是通过"柳"的意象赞美春天勃勃生机。二年级学生需要借助意象感受作品的思想价值，在古诗学习中体会中华优秀传统文化的源远流长、丰富多彩，进而消除与古诗中传统文化的距离感，提升学习兴趣，拓展学习视野，坚定文化自信。

基于此，将活动目标确定如下：

1. 通过画配诗活动，对比两首古诗的关键语句，了解"柳意象"在诗中的内涵。

2. 通过诗配画活动，理解"柳意象"对全诗意境的影响，体会意象的审美价值。

3. 拓展阅读"柳意象"古诗，体会意象蕴含的复杂情感及文化内涵。

4. 仿照"柳意象"探究过程，分析"月"意象，体会意象的丰富，感受传统文化的魅力。

【教学过程】

活动一：画配诗，并说明理由

请朗读《村居》《咏柳》两首古诗，依照自己的理解将其中的诗句与图片匹配。为下面两幅图片，配上合适的诗句，并说明理由。

村居

[清]高鼎

草长莺飞二月天，拂堤杨柳醉春烟。

儿童散学归来早，忙趁东风放纸鸢。

诗句：_____

理由：_____

咏柳

[唐]贺知章

碧玉妆成一树高，万条垂下绿丝绦。

不知细叶谁裁出，二月春风似剪刀。

诗句：_____

理由：_____

活动二：为本诗配一张柳树的图片，阐述你选择这张图片的原因

请你选择两首古诗中的一首，抄录这首古诗并为其配上柳树的图片，可以是网上选择图片，也可以自己绘制图片，说说你选择的理由，或者这样画的理由。

表 1-5-1　古诗配画

抄录古诗	图片	阐明理由

活动三：拓展阅读，探究古人心中的"柳"意象

1. 阅读以下诗句及其对应图片，找找跟我们今天学习的诗句有什么关系。

送元二使安西

[唐]王维

渭城朝雨浥轻尘，

客舍青青**柳**色新。

劝君更尽一杯酒，

西出阳关无故人。

凉州词二首·其一

[唐]王之涣

黄河远上白云间，

一片孤城万仞山。

羌笛何须怨杨**柳**，

春风不度玉门关。

早春呈水部张十八员外·其一

[唐]韩愈

天街小雨润如酥，

草色遥看近却无。

最是一年春好处，

绝胜烟**柳**满皇都。

共同点：_____

不同点：_____

2. 小组合作：结合创作背景，探究几首诗中"柳"意象表达情感不同的原因。

拓展资源

《送元二使安西》创作背景：此诗是王维送朋友去西北边疆时作的诗，后有乐人谱曲，名为"阳关三叠"，又名"渭城曲"，大约作于安史之乱前。其送行之地是渭城。诗人送友人元二远赴安西都护府，从长安一带送到渭城客舍，到了最后分手之地，作这首七绝送别。

《凉州词二首·其一》创作背景：根据王之涣墓志铭可知，唐玄宗开元十四年(726)王之涣辞官，过了十五年的自由生活。《凉州词二首》当作于其辞官居家的十五年期间，即开元十五年(727)至二十九年(741)间。

《早春呈水部张十八员外·其一》创作背景：此诗作于唐穆宗长庆三年(823)早春。当时韩愈已经56岁，任吏部侍郎。虽然时间不长，但此时心情很好。此前不久，镇州(今河北正定)藩镇叛乱，韩愈奉命前往宣抚，说服叛军，平息了一场叛乱。穆宗非常高兴，把他从兵部侍郎任上调为吏部侍郎。

在文学方面，他早已声名大振。同时在复兴儒学的事业中，他也卓有建树。因此，虽然年近花甲，却不因岁月如流而悲伤，而是兴味盎然地迎接春天。此诗是写给当时任水部员外郎的诗人张籍的。张籍在兄弟辈中排行十八，故称"张十八"。大约韩愈约张籍游春，张籍因以事忙年老推辞，韩愈于是作这首诗寄赠，极言早春景色之美，希望触发张籍的游兴。

活动四：拓展其他意象，积累应用

对于诗人来说，除了"柳"这一形象，还有许许多多其他的事物，可以寄托情感，我们一起来看看吧！

1. 说一说这幅图中，你看到了什么，感受到了什么。请你给它配一句古诗。

图中元素：_____

我的感受：_____

一句古诗：_____

2. 诗中的"月"也是诗人常用于寄托情感的事物，你还知道哪些有关"月"的诗句吗？查阅资料，了解创作背景，结合诗句内容和创作背景说一说它们背后寄托了诗人怎样的情感。

表 1-5-2　月意象诗句积累

与"月"有关的诗句	出处及创作背景	寄托诗人情感

【教学评价】

评价"活动二：为本诗配一张柳树的图片，阐述你选择这张图片的原因。"

评价标准：

表 1-5-3　评价标准

评价角度	评价标准	达成情况
图片	图片选择、绘制清晰。	
	柳树特点突出。	
	图片整体美观，感受出春天的美好。	
理由	能够结合古诗内容。	
	能够抓住柳树的特点表达。	
	能够结合整首古诗，表达情感。	
	语句通顺没有错别字。	

成果样例：

表 1-5-4　成果样例

抄录古诗	图片	阐明理由
村居 [清]高鼎 草长莺飞二月天， 拂堤杨柳醉春烟。 儿童散学归来早， 忙趁东风放纸鸢。		这首诗描绘的是诗人闲居乡村时看到的春日风光，展现了万物复苏、生机勃勃的春景图。画面以明丽的黄色为底色，既能给人春日暖阳的舒适感，又能衬托主要意象的色彩和活力。画面中柳树随风飘荡，摇曳生姿，很好地展现了"拂堤杨柳醉春烟"的"醉"字，仿佛柳树也为眼前的春景痴迷。儿童、东风、纸鸢为春意增添了几分灵动与活力，画面中两个放风筝的小朋友尽享放风筝的快乐，仿佛拽住了风筝线，就抓住了整个春天。

案例6　山水田园意象中的乐与思
——探寻《清平乐·村居》中的田园情结

【学生认知】

《清平乐·村居》出自四年级下册语文教材，是山水田园诗词的代表作。山水田园诗是古代诗歌作品的重要主题，以自然风光、农村景物以及安逸恬淡的隐居生活为主要描写对象。诗人借助山林田野中的丰富意象，表达对悠闲宁静田园生活的向往。中国是农业大国，除了广大农民之外，相当一部分士大夫阶层也与农村有着不解之缘：乡居生活往往是出仕的前奏；朝廷任职的官员休沐归省也大多返回农村；仕途失意或在激烈斗争中落败的人，常会把田园生活作为韬光养晦、东山再起的心灵避难所。田园诗词是我国文学作品的重要题材，它是我国千年农业积淀的真实反映，更是士大夫文人心灵的"桃花源"。我国的"田园之乐"有着独特的文人气韵，成为中国传统文化的阆苑仙葩，具有独特的文学价值和传承意义。对山水田园的向往就像刻在文化基因中的密码，可以超越时代，跨越地域。

四年级的学生已经具备了一定的生活经验和诗歌学习经验，对自然、社会、人生都有了一定的个性体验和心灵感受。阅读山水田园诗作品需要在原有基础上关注并有意识地积累山水田园意象群，结合生活经验和阅读感受理解作品情感，和诗人进行跨越古今的心灵对话。

一、关注并有意识地积累意象群

四年级学生开始转变思维方法，由过去笼统的印象转变为具体的分析，这样的思维方法不是一蹴而就的，而是在阅读一篇篇由易到难的文章、思考一个个由简单到复杂的问题、建立单个事物之间的关系等过程中锻炼出来的。在学习《清平乐·村居》这篇词作时，学生需要通过一系列简单清晰的意象组合将作品还原成一幅生机勃勃的田园生活图景，透过这幅恬淡图景感受背后田园生活的美好与平和，在广泛阅读的基础上形成对中国诗词史歌颂田园、皈依田园这一基本倾向的初步了解与认知。在此之前，学生通过课内外的古诗词阅读积累了一定解读单个意象的学习经验，能够理解意象是诗人情感在外在景物身上的投射，是连接主观与客观的桥梁。比如，看到带"月""柳"字的诗句，能够意识到这不仅是诗人对自然景物的描绘，还寄托着作者的情感，并结合诗句理解思乡怀人、依依惜别等情感。在原有经验基础上需要促进思维水平由低阶向高阶、从具体到抽象螺旋上升式发展。由关注单个意象到关注并有意识地积累意象群，理解意象群内部意象组合对于表达情感和营造意境的作用。

二、调用生活经验理解作品情感

"对于中国人来讲，他们让心灵站在一个超越性的制高点上去整合物象世界，目的不是脱离大地去复乐园，而是充满思乡之情地去回望大地上的故乡。"①田园诗词正是寄寓了这样一种回归的情绪。在这个永恒的家园里，生命的美好与庄严，自然的平和与肃穆，使创作者在审美体验中不由自主地生发出某种情感与意绪，这种独特的情感体验能够让他们暂时抛却尘世杂务，将自我的生命皈依、消泯于看似烦琐的田园生活当中。诗人、词人们长久处于尘世生活之中，往往将田园作为清净、诗意的栖息地，"归田园居"一定程度上也代表着他们对于回归精神家园的强烈渴望。

四年级的学生已经积累了较为丰富的生活经验和阅读经验，需要在诗词鉴赏的过程中尝试和诗人共情，借助类似的情感体验和背景材料感受流淌在民族血脉中的审美倾向。学生需要将诗人描绘的山川美景和眼前祖国的大好河山联系起来，寄情山水，打开心扉，逐步培养起健康向上的生活情趣；将田园诗词描绘的朴素生活和现有家庭、校园生活对照，唤醒欣赏劳动之美、感受田园生活的审美体验，更好地理解并继承人与自然和谐相处的传统观念。

【教学目标】

四年级的学生已经有了一定古诗积累，具有一定的古诗词阅读鉴赏经验，但是还没有正式学习"词"这种文学体裁，缺乏对"词"的全面认识，缺乏用文学史的视角审视诗词作品的意识。诗的发展以唐代为巅峰，整体上呈现出风韵十足的特点；而词起源于民间、于宋代发展壮大，承袭了民间俗而雅致、白而精巧的气质。《清平乐·村居》是让学生了解我国词作传统风格取向、价值取向的范本之一，能够培养学生用历史的观点看待单篇的作品，帮助学生发现"词"的歌曲性特点，借助山水田园意象的角度理解作品，为高年级学习更多词作打下基础。

基于此，将活动目标确定如下：

1. 梳理《清平乐·村居》的山水田园意象，结合创作背景理解作品情感基调。

2. 拓展阅读山水田园诗，汇总山水田园意象，探究历代文人渴望田园的原因。

3. 通过意象判断山水田园诗作，通过改写和创作表达对山水田园诗人的理解。

---

① 刘成纪：《物象美学：自然的再发现》，郑州：郑州大学出版社，2002年，第243页。

【教学过程】

活动一：绘田园剪影，品田园之美

1. 请为《清平乐·村居》配图，并说明理由。

(1)朗读《清平乐·村居》，圈画其中的山水田园意象。

(2)在每幅图上圈画诗句中出现的意象，并将相应的诗句标注在画面与之相对的位置上。

(3)结合你的圈画和标注选择恰当的配图并阐明理由。

清平乐·村居

[宋]辛弃疾

茅檐低小，溪上青青草。醉里吴音相媚好，白发谁家翁媪？　　大儿锄豆溪东，中儿正织鸡笼。最喜小儿亡赖，溪头卧剥莲蓬。

（1）　　　　　　　　　　　　　　　　（2）

（3）　　　　　　　　　　　　　　　　（4）

（5）

图 1-6-1　《清平乐·村居》选择配图

2. 鉴赏词作，补充信息。

（1）如果用颜色代表你对这首词的印象，你认为这首词是什么颜色的？请在色卡中选择一种颜色并说说哪些意象影响了你的判断。

（2）请借助背景知识了解这首词的作者及写作背景的相关介绍，用自己的话说一说他在创作《清平乐·村居》时的生活状况和写作心态。选择一种颜色代表你对这首词的新感受，集体讨论对这首词的印象是否发生了一些变化。

初读配色及理由：_____

再读配色及理由：_____

拓展资源 1

《清平乐·村居》背景知识介绍

辛弃疾，字幼安，别号稼轩，南宋官员、将领、文学家，豪放派词人。他出生时山东已为金人所占，这使得辛弃疾在青少年时期就养成了燕赵奇士的侠义之气。他擒杀叛徒张安国，献《美芹十论》《九议》等，与党怀英一同受学于刘瞻，并称"辛党"。虽有出色的才干，但他豪迈倔强的性格和执着北伐的热情，却使他屡遭劾奏，数次起落，最终退隐山居，抱憾病逝，享年六十八岁。

《清平乐·村居》创作于辛弃疾闲居期间。与理想渐行渐远的他更加关注闲适的田园生活，描绘了一幅幅乡间风景画和风俗画，以此排遣胸中的没落与惆怅。

辛弃疾一生始终没有动摇恢复中原的信念，把难酬的壮志寄托于词作中。其词艺术风格多样，以豪放为主，风格沉雄豪迈又不乏细腻柔美之处，题材广阔又善化用典故入词，抒写力图恢复国家统一的爱国热情，倾诉壮志难酬的悲愤。

起义反金，步入仕途：

绍兴三十一年（1161），金主完颜亮大举南侵，二十一岁的辛弃疾聚集了两千人，参加了由耿京领导的一支声势浩大的起义军，并担任掌书记。在起义军中的表现，以及惊人的勇敢和果断，使辛弃疾名重一时。宋高宗便任命他为江阴签判，从此开始了他在南宋的仕宦生涯，时年二十三岁。

在他南宋任职的前期，曾写了不少有关抗金北伐的建议，如《美芹十论》《九议》等。尽管这些建议书在当时深受人们称赞，广为传颂，但朝廷却反应冷淡，只对辛弃疾在建议书中所表现出的实际才干很感兴趣，先后把他派到江西、湖北、湖南等地担任转运使、安抚使一类重要的地方官职，负责治理荒政、整顿治安。现实对辛弃疾是残酷的。他虽有出色的才干，但他的豪迈倔强的性格和执着北伐的热情，却使他难以在官场上立足。

赋闲廿年：

淳熙七年(1180)，四十一岁的辛弃疾再次任隆兴(今江西南昌)知府兼江西安抚使。淳熙八年，由于受弹劾，官职被罢，带湖新居正好落成，辛弃疾回到上饶，开始了他中年以后的闲居生活。此后二十年间，他除了有两年一度出任福建提点刑狱和福建安抚使外，大部分时间都在乡闲居。理想的破灭，使他在隐居中更加关注农村生活，写下了大量的闲适词和田园词。这首《清平乐·村居》就是其中之一。

壮志难酬：

嘉泰三年(1203)，主张北伐的韩侂胄起用主战派人士，已六十四岁的辛弃疾被任为绍兴知府兼浙东安抚使，年迈的辛弃疾精神为之一振。他先后被起用为绍兴知府、镇江知府等职。任镇江知府时，曾登临北固亭，感叹对自己报国无门的失望，凭高望远，抚今追昔，于是写下了《永遇乐·京口北固亭怀古》这篇传唱千古之作。

在人生最后的四年中，辛弃疾的仕途几经起落，但才能始终没有机会真正施展，政治观点鲜明激进的他成为派系争斗的靶子。开禧三年(1207)秋，朝廷再次起用辛弃疾为枢密都承旨，令他速到临安(今浙江杭州)府赴任。但诏令到铅山时，辛弃疾已病重卧床不起，只得上奏请辞。同年九月初十，辛弃疾仙逝，享年六十八岁。据说他临终时还大呼"杀贼！杀贼！"。

活动二：赏田园佳作，透过诗词悟人生

1. 小组合作，阅读其他田园佳作及背景资料，圈画其中的山水田园意象，汇总山水田园意象，说说它们对表达诗人情感起到了怎样的作用。

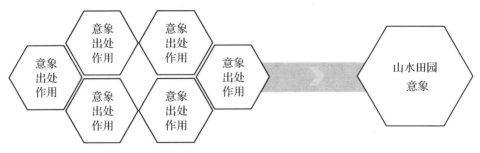

图1-6-2 山水田园意象图

拓展资源2

归田园居·其一

陶渊明

少无适俗韵①，性本爱丘山。误落尘网中②，一去三十年③。

羁鸟恋旧林④，池鱼思故渊⑤。开荒南野际⑥，守拙归园田⑦。
方宅十余亩⑧，草屋八九间。榆柳荫后檐⑨，桃李罗堂前⑩。
暧暧远人村⑪，依依墟里烟⑫。狗吠深巷中，鸡鸣桑树颠。
户庭无尘杂⑬，虚室有余闲⑭。久在樊笼里⑮，复得返自然⑯。

注释：

①少：指少年时代。适俗：适应世俗。韵：本性、气质。一作"愿"。

②尘网：指尘世，官府生活污浊而又拘束，犹如网罗。这里指仕途。

③三十年：有人认为是"十三年"之误（陶渊明做官十三年）。一说，此处是三又十年之意（习惯说法是十又三年），诗人意感"一去十三年"音调嫌平，故将十三年改为倒文。

④羁(jī)鸟：笼中之鸟。恋：一作"眷"。

⑤池鱼：池塘之鱼。鸟恋旧林、鱼思故渊，借喻自己怀恋旧居。

⑥野：一作"亩"。际：间。

⑦守拙(zhuō)：意思是不随波逐流，固守节操。

⑧方宅：宅地方圆。一说，"方"通"旁"。

⑨荫(yīn)：荫蔽。

⑩罗：罗列。

⑪暧暧(ài)：昏暗，模糊。

⑫依依：轻柔而缓慢地飘升。墟里：村落。

⑬户庭：门庭。尘杂：尘俗杂事。

⑭虚室：空室。余闲：闲暇。

⑮樊(fán)笼：蓄鸟工具，这里比喻官场生活。樊：藩篱，栅栏。

⑯返自然：指归耕园田。

写作背景：

陶渊明从二十九岁起开始出仕，任官十三年，一直厌恶官场，向往田园。他在义熙元年(405)四十一岁时，最后一次出仕，做了八十多天的彭泽县令即辞官回家。以后再也没有出来做官。据《宋书·陶潜传》和萧统《陶渊明传》云，陶渊明归隐是出于对腐朽现实的不满。当时郡里一位督邮来彭泽巡视，官员要他束带迎接以示敬意。他气愤地说："我不愿为五斗米折腰向乡里小儿！"陶渊明天性酷爱自由，而当时官场风气又极为腐败，谄上骄下，胡作非为，廉耻扫地。一个正直的士人，在当时的政治社会中决无立足之地，更谈不上实现理想抱负。陶渊明经过十三年的曲折，终于彻底认清了这一点。陶渊明品格与政治社会之间的根本对立，注定了他最终的抉择——归隐。从此他结束了时隐时仕、身不由己的生活，终老田园。归来后，作《归园田居》诗一组。

江村

杜甫

清江一曲抱村流①，长夏江村事事幽②。
自去自来梁上燕③，相亲相近水中鸥④。
老妻画纸为棋局⑤，稚子敲针作钓钩⑥。
但有故人供禄米⑦，微躯此外更何求⑧？

注释：

①清江：清澈的江水。江：指锦江，岷江的支流，在成都西郊的一段称浣花溪。曲：曲折。抱：怀拥，环绕。

②长夏：长长的夏日。幽：宁静，安闲。

③自去自来：来去自由，无拘无束。

④相亲相近：相互亲近。

⑤画纸为棋局：在纸上画棋盘。

⑥稚子：年幼的儿子。

⑦禄米：古代官吏的俸给，这里指钱米。但有故人供禄米，一说为"多病所须惟药物"。

⑧微躯：微贱的身躯，是作者自谦之词。

写作背景：

唐肃宗上元元年(760)夏，诗人杜甫在朋友的资助下，在四川成都郊外的浣花溪畔盖了一间草堂，在饱经战乱之苦后，生活暂时得到了安宁，妻子儿女同聚一处，重新获得了天伦之乐。这首诗正作于这期间。

杜甫，字子美，自号少陵野老，世称"杜工部""杜少陵"等，唐代伟大的现实主义诗人，杜甫被世人尊为"诗圣"，其诗被称为"诗史"。他忧国忧民，人格高尚，他的1400余首诗被保留了下来，诗艺精湛，在中国古典诗歌中备受推崇，影响深远。

村行

王禹偁

马穿山径菊初黄，信马悠悠野兴长①。
万壑有声含晚籁②，数峰无语立斜阳。
棠梨叶落胭脂色③，荞麦花开白雪香④。
何事吟余忽惆怅？村桥原树似吾乡⑤。

注释：

①信马：骑着马随意行走。野兴：指陶醉于山林美景，怡然自得的乐趣。

②晚籁：指秋声。籁，大自然的声响。

③棠梨：杜梨，又名白梨、白棠。落叶乔木，木质优良，叶含红色。

④荞麦：一年生草本植物，秋季开白色小花，果实呈黑红色三棱状。

⑤原树：原野上的树。原，原野。

写作背景：

宋太宗淳化二年(991)，王禹偁得罪了宋太宗，贬官商州，任商州团练副使。在王禹偁的"商山五百五十日"里，曾写下200余首诗，占其全部诗作的三分之一，许多艺术水平较高的诗都作于此时。王禹偁的代表作《村行》便是这一时期的产物，作于淳化三年。

四时田园杂兴·梅子金黄杏子肥

范成大

梅子金黄杏子肥，麦花雪白菜花稀。

日长篱落无人过，惟有蜻蜓蛱蝶飞。

写作背景：

《四时田园杂兴》是诗人退居家乡后写的一组大型的田家诗，共六十首，描写农村春、夏、秋、冬四个季节的景色和农民的生活，同时也反映了农民遭受的剥削以及生活的困苦。

范成大，字至能，号称石湖居士。从江西派入手，后学习中、晚唐诗，继承了白居易、王建、张籍等诗人新乐府的现实主义精神，终于自成一家。风格平易浅显、清新妩媚。诗题材广泛，以反映农村社会生活内容的作品成就最高。他与杨万里、陆游、尤袤合称南宋"中兴四大诗人"。

2. 田园生活表面上看是一种闲适、平静的生活方式，实际上是诗人、词人的精神家园，是他们自我疗愈的精神栖息地。当他们在生活中或仕途上遭遇挫折后，在社会生活的旋涡中迷失自己时，往往倾向于选择一种更加平淡、朴素的生活，从中获得心灵的安宁。请阅读背景资料，归纳作者相似的经历，思考历代诗人词人渴望田园生活的原因。以"世间纷扰……，田园风光……"开头，为田园诗作者补写一段内心独白。

田园诗人相似的经历：_____。

田园诗人的内心独白：_____。

世间纷扰……_____

田园风光……_____。

活动三：我笔下的山水田园意象

1. 阅读下列作品，依照你对山水田园诗的理解判断哪些诗作属于山水田园诗，查阅诗人经历、创作背景信息阐明理由。并选择其中一首你喜欢的山水田园诗，将它们改写为一篇文风质朴、闲散优美的散文，要求保留其中的山水田园意象。

表 1-6-1 判断山水田园诗

古诗	需完善资料
山居秋暝 [唐] 王维 空山新雨后，天气晚来秋。明月松间照，清泉石上流。 竹喧归浣女，莲动下渔舟。随意春芳歇，王孙自可留。	• 查阅资料简述诗人经历： • 查阅资料简述创作背景： • 判断：是　否 • 判断理由：
破阵子·为陈同甫赋壮词以寄之 [宋] 辛弃疾 　醉里挑灯看剑，梦回吹角连营。八百里分麾下炙，五十弦翻塞外声。沙场秋点兵。 　马作的卢飞快，弓如霹雳弦惊。了却君王天下事，赢得生前身后名。可怜白发生！	• 查阅资料简述诗人经历： • 查阅资料简述创作背景： • 判断：是　否 • 判断理由：
过故人庄 [唐] 孟浩然 故人具鸡黍，邀我至田家。绿树村边合，青山郭外斜。 开轩面场圃，把酒话桑麻。待到重阳日，还来就菊花。	• 查阅资料简述诗人经历： • 查阅资料简述创作背景： • 判断：是　否 • 判断理由：
西江月·夜行黄沙道中 [宋] 辛弃疾 　明月别枝惊鹊，清风半夜鸣蝉。稻花香里说丰年，听取蛙声一片。 　七八个星天外，两三点雨山前。旧时茅店社林边，路转溪桥忽见。	• 查阅资料简述诗人经历： • 查阅资料简述创作背景： • 判断：是　否 • 判断理由：
送元二使安西 [唐] 王维 渭城朝雨浥轻尘，客舍青青柳色新。 劝君更尽一杯酒，西出阳关无故人。	• 查阅资料简述诗人经历： • 查阅资料简述创作背景： • 判断：是　否 • 判断理由：
选择改写《古诗》	

2. 对山水田园的渴望不仅属于古人，生活在当代的我们也会对山水自然、田园美景充满期待和向往。请尝试使用 2—3 个从上个活动梳理出的山水田园意象，可参照山水田园诗人对该意象的使用和赋予它的情感，自创一首简单的山水田园现代诗。

表 1-6-2　据意自创田园诗

山水田园意象库	山水田园现代诗 （请为这首小诗起一个名字）
意象　意象　意象　意象　意象　意象	

【教学评价】

评价"活动二：赏田园佳作，透过诗词悟人生。"

评价标准：

表 1-6-3　评价标准

层次	评价标准
前结构层次	不能将图画中的自然景物与山水田园意象对应，不能分析意象的情感。
单点结构层次	能够在图画中找作品中对应的山水田园意象，能够结合作品内容，基本理解作品情感，但不能准确分析出情感和景物之间建立的联系，不能发现规律。
多点结构层次	能够在图画中找作品中对应的山水田园意象，能够借助拓展资料准确地理解意象的内涵及表达的情感，归纳不同作品中山水田园意象的内涵。

成果样例：

"村庄"是山水田园诗意象，能够帮助诗人洗涤心灵，缓解心绪。诗人通过描绘宁静祥和的村庄表达对悠闲安逸田园生活的喜爱。三首诗都出现了"村庄"的意象：陶渊明《归园田居》中"暧暧远人村"，杜甫《江村》中的"清江一曲抱村流，长夏江村事事幽"，王禹偁《村行》中"村桥原树似吾乡"。村庄是田园生活的代表，既有远离官场的平和安逸，也有颇具烟火气的淳朴真挚。诗人经历了世俗的洗礼，更加喜爱田园生活的美好。清新山林美景和淳朴的农家生活，让诗人获得暂时的心灵解放。

第二章　人文精神类单篇融入式课程

"人文"一词最早见于《易》的《贲·象传》："刚柔交错，天文也。文明以止，人文也。观乎天文，以察时变。观乎人文，以化成天下。"[①]其中"天文"指的是自然变化的规律，"人文"指的是人类创造的文化成果，即人类文明。人文精神是人类最高道德品质和美好人性的体现，也是中华民族代代相传、世代承袭的优秀文化传统。

《义务教育语文课程标准(2022年版)》在学段目标中明确指出"注重理解中华优秀传统文化蕴含的核心思想理念、中华人文精神和传统美德，表达自己作为中华民族一员的归属感和自豪感"。人文精神是民族前行的原动力，也是语文学科践行立德树人根本任务的重要教学内容，教学中要借助教学资源和生活资源"弘扬有利于促进社会和谐、鼓励人们向上向善的中华人文精神"，凸显语文课程工具性和人文性统一的基本特点。

《关于实施中华优秀传统文化传承发展工程的意见》将人文精神定义为"中华优秀传统文化积淀着多样、珍贵的精神财富，如求同存异、和而不同的处世方法，文以载道、以文化人的教化思想，形神兼备、情景交融的美学追求，俭约自守、中和泰和的生活理念等，是中国人民思想观念、风俗习惯、生活方式、情感样式的集中表达，滋养了独特丰富的文学艺术、科学技术、人文学术，至今仍然具有深刻影响"。艺术、科学、人文也是一个人精神世界的三大支柱，它们均受到源自传统文化的优秀人文精神滋养。

"中华人文精神的内容很多，她的精髓可以归之于民族精神和创造精神这两点。"[②]民族精神是中华民族屹立于世界民族之林的关键所在。先民在与自然的抗争中发展了艰苦奋斗、人定胜天的人文精神，在面对国家危难、民族存亡时表现出了心系天下的责任担当，在人与人、国与国相处的社交际关系和国家关系面前表现出了和而不同的包容并蓄：这些民族精神都是人文精神的不同表现形式。创造精神表现在几千年来依靠集体智慧创造出的文明成果，表现在手艺人们专注投入、倾尽心力的匠人精神，同样展现了人文精神的精髓。

---

① 杨天才、张善文译注：《周易》，北京：中华书局，2011年，第207页。
② 张岂之：《中国人文精神》，西安：西北大学出版社，1997年，第162页。

【传统文化核心概念】

• 民族精神：事在人为、责任担当、和而不同。

• 创造精神：工匠精神。

"事在人为"指事情要靠人去做，特别是面临恶劣、艰难的自然环境时，人们艰苦探索、砥砺奋斗的精神品质很大程度上决定着事情的成败。农耕社会，人们靠天吃饭，在繁复多样的自然变化面前，人力显得单薄而柔弱。因此人们崇敬自然、敬畏自然，认为有一个主宰一切的巨大神力支配一切，敬鬼神，祈平安。"天人相分""天人感应""天人合一"等学说都是人们渴望了解自然、认识自然，寻求与自然相处的不同模式，反映了中国人文精神的深度和广度。

神话中保留了大量天人关系的记载。神话是中华民族历史的源头，为中华文化提供了长久的滋养，沉淀了中华文化的精神基因，造就了中国人的精神气质和国民性格。"在神话的深层结构中，深刻地体现着一个民族的早期文化，并在以后的历史进程中积淀在民族精神的底层，转变为一种自律性的集体无意识，深刻地影响和左右着文化整体的全面发展。"①盘古、精卫、后羿等神话人物身上均展现了先民在探索自然、创造自然过程中体现的中华人文精神：中华民族在险恶的自然环境面前不退缩、不屈服，不畏任何艰难险阻，尽力应对大自然中出现的各种灾难和危险，将大自然改造得更适合人类生存。到了现代社会，坚忍不拔的中华儿女又打造了红旗渠、万仙山郭亮村挂壁公路、塞罕坝人造林等人工奇迹。远古神话传说赋予中华民族的强大精神基因造就了一个个改造自然的成果，体现了事在人为人文精神的代代相传。

"责任担当"是中华人文精神中以天下为己任历史使命感的最佳体现。"责任"即"应尽的义务；分内应做的事"，使人担当起某种职务和职责，做好分内应做的事。"担当"即"担负；承当"，指承担并负责任，具有承担责任的能力和魄力。责任担当意识以符合伦理正义要求为根本，以主体自觉主动为前提，以勇敢无畏气概为支撑，以负责任能落实为基础。从责任担当的具体对象看，能够体现中华人文精神的责任担当大致可以分为家庭的责任担当、职业的责任担当、国家社会的责任担当等层面。

"家，居也"②，"国，邦也"③。凝家成国，家国一体，因此称之为"国家"。在《现代汉语词典》中"家"指"家庭的住所"，"国"指"国家"。"家"是个体

---

① 何新：《诸神的起源》，北京：北京工业大学出版社，2007年，第58页。

② 许慎：《说文解字》，北京：中华书局，1963年，第129页。

③ 许慎：《说文解字》，北京：中华书局，1963年，第150页。

与群体生活的最小单位，是家庭成员的情感源泉，也是家国情怀的逻辑起点。"国"是在一定范围内的人群所形成的共同体形式，领土是国家和民族的历史、文化、宗教记忆的一部分，是国家的象征。有国才有家，在中国人心目中，家与国是永远不分离，永远息息相关的。中国人永远将个人荣辱、家族前途与国家命运紧密联系起来，家国责任担当是几千年传统文化的精髓所在，也是我们这个民族长远发展的基石。国家社会的责任担当是最高层面的人文精神，中华人文精神更重视和强调整体利益，强调对社会、民族、国家的责任意识和奉献精神。这种整体至上、公利优先的价值取向，使得传统中国知识分子一直以来具有强烈的社会责任感和担当意识。在责任担当精神的熏陶和浸润下，诞生了无数不畏艰险、矢志为国为民奋战的英雄人物。为了整体利益，他们勇于奉献。为了国家和广大人民的利益，他们不怕艰难困苦，不怕流血牺牲，坚韧不拔，勇往直前，不谋私利，心怀家国百姓，以为国为民为行动准备。过去，全国各族人民在中国共产党的领导下，凭着革命英雄主义精神，打败了国内外的强大敌人，战胜了各种难以想象的困难，赢得了最终胜利。新时期，对家国的责任担当体现在各行各业奋斗者爱岗敬业、奉献祖国的家国情怀上。

中华人文精神是一种文化贯通和兼容并包的精神，主张"和而不同"，寻求多样性的统一，反对单调的一致。正是这种和而不同的人文精神促使古代灿烂文化不仅融合各民族文化，还吸收并消化外来优秀文明成果。文化观念上的博采众长和文化行动上的兼收并蓄是中华人文精神的优良传统。

"和"指和谐、和平、祥和；"同"指相同，一致。《国语·郑语》记载东周时期郑桓公与史伯对"和""同"的对话，史伯认为周朝最大的弊端在于"去和而取同"，"和实生物，同则不继"。"和"就像八音的和谐，高下、长短、缓急不同的音符组成一首和美的曲子；"同"就像机械地重复和单调的复沓，缺乏新鲜感和碰撞感。如孔子所言"君子和而不同，小人同而不和"。君子以"和"为处世准则，听取不同的声音，不附和、不盲从，百家争鸣；小人以"同"为目标，为求同而忽略原则和立场。"和而不同"是指君子在人际交往中能够与他人保持一种和谐友善的关系，但在对具体问题的看法上却不必苟同于对方。要做到尊重差别、求同存异，就需要加强自身修养，锤炼道德品质，涵养宏阔的胸怀，寻求自身的内在和谐。在社会交往中主张"以和为贵"，《论语·学而》中提到"礼之用，和为贵"，墨家主张"兼相爱，交相利"，道家倡导"不争"，这些都是"和而不同"人文精神的具体表现，被历朝历代的政治家、思想家所推崇，是中华民族重要的对内、对外交往理念。

"工匠精神"是在具体器物的生产制作过程中，制作者所秉持的爱岗敬业、崇实务实、认真细致、精益求精、锲而不舍、勇于创新、吃苦耐劳的价值取向和意志品质，以及在这种过程中所达成的审美和精神境界。尽管"工匠精神"是在现代工业社会规模化生产的背景下提出的，但究其起源，这一"现代"精神都孕育、萌芽于遥远的传统手工业时代。

《说文解字》中记载："工，象人有规矩也。""匠，木工也。"工匠是对所有手工艺人的称呼，如石匠、木匠、铁匠、铜匠和篾匠等。《墨子》《周礼》《庄子》《荀子》《韩非子》《吕氏春秋》《山海经》等文化典籍中均记载有各行各业优秀工匠的事迹和传说。不是所有手艺人都能成为"工匠"，专注于某一领域，能够全身心投入，精益求精、一丝不苟地完成整个工序的每一个环节并能产出优秀产品的人堪称"工匠"。工匠精神的内涵主要包括对技能和产品的精益求精，对工作的专注和敬业，以及对超越技术层次的追求。

人文精神活动设计注重人文精神的传承和发扬，依照由古到今的探究线索，从中华人文精神宝库中选取典型人文精神载体，引导学生理解人文精神丰富内涵，分析人文精神的多样表现形式，感受到人文精神从古至今的一脉相承。旨在培养学生对人文精神的传承意识和践行能力，理解传统美德的时代价值和人文精神的现实体现。从而形成民族自豪感，向当代人文精神践行楷模和身边的平凡英雄致敬，用行动传承并展现人文精神的时代价值。7个活动案例的设计思路是从传统美德到时代精神，聚焦人文精神在中华民族延绵发展过程中重要的历史价值和现实意义。实际教学中应关注以下三点：

第一，较为准确理解中华人文精神的丰富内涵。

中华人文精神内涵丰富，博大精深。张岂之《中华人文精神》一书将人文精神分为创造精神、辩证精神、艰苦探索精神、道德人文精神、责任精神等。教学实践中不必拘泥于名词和概念，应重视中华人文精神内涵的理解。人文精神是最优秀民族精神的凝练，不同精神相关的名词存在交叉和重叠。以"和"的精神为例，"传统文化核心概念"选择"和而不同"这一称呼，与"和""和合"等文化概念指向相同。"和"文化贯穿整个中华民族发展的历程，见诸各个历史时期、各家学派为人修身、立身处世、治国安邦的观念和主张之中，经过长期发展，其内涵扩展到自然、社会、人文、政治等各个领域。"和"文化可以包含天人合一的自然观、和而不同的价值观和以和为贵的社交观。再如"责任担当"精神可以包含对家庭、职业、国家社会的担当，对职业的担当表现可以理解为"工匠精神"。因此，活动设计前教师要深挖概念，精准理解，活动过程中不必过多涉及概念界定，围绕核心概念选取恰当的人文精神载体，帮助学生理解人文精神内涵。

第二，挖掘载体的丰富多变和精神的一脉相承。

人文精神有着深刻的历史渊源，内涵丰富，表现多样，需要不同时代的精神载体加以传承。活动设计要关注一以贯之的人文精神主线，充分考虑不同时代背景下人文精神的不同表现形式，选择恰当的载体资源引导学生理解从古至今的血脉赓续。由庖丁、梓庆、佝偻丈人的工匠精神到刷子李的工匠精神，新时代大国重器制造者的工匠精神一脉相承，变的是工艺器皿，不变的是抱元守一；从后羿射日、盘古开天地、精卫填海、神农尝百草到袁隆平、屠呦呦、钟南山等共和国勋章获得者们对事在人为精神的践行，不同的是领域，相同的是坚毅；周总理为中华崛起而读书的担当意识、毛主席胸怀天下的学习追求、革命英烈为国为民的牺牲拼搏，有差别的是责任担当的具体表现形式和时代背景，没差别的是敢为天下先、心怀家国天下的责任担当信念。

第三，激发学生的自豪感和践行精神的强烈愿望。

文以载道，以文化人是语文学科承担立德树人责任的表现。事在人为、责任担当、和而不同、工匠精神等人文精神的价值在于传承和发扬。活动设计要通过对教材的深挖和拓展资源的补充，引导学生理解中华人文精神在不同时代的不同表现形式，活动设计落脚点在人文精神的时代价值。引导学生关注人文精神在实际生活中的存在形式，聚焦身边的时代英雄。大国工匠、感动中国人物、共和国勋章获得者、身边的劳动者、名校校训、北京冬奥会开闭幕式等素材的加入，都能激发学生此生无悔入华夏的民族自豪感，为当代中国有如此丰富的人文精神载体而骄傲。仰望星空的同时脚踏实地，主动参与实际生活中能够践行人文精神的活动中来，主动肩负起延绵中华人文精神血脉的责任和使命。

案例1　探寻神话中艰苦探索的民族精神

——《羿射九日》诠释人定胜天

【学生认知】

《羿射九日》出自统编版语文教材二年级下册，源自古时候天上的十个太阳给人类带来了深重的苦难，后羿为了帮助人们脱离苦海，历尽艰辛射下九个太阳的神话故事。故事充满神奇的想象，展现了人定胜天的人文精神，赞颂了中华民族刚毅有力、英勇无畏的民族精神，以及先民不畏艰险、勇敢改造自然环境的精神品质，具有神话故事独特的育人价值。

一、由点到面，有主题地丰富神话阅读面，产生神话阅读兴趣

二年级学生思维活跃，想象丰富，对世界充满好奇，处在思维低段到中段的过渡期，经历从具体形象思维向抽象逻辑思维的转化。神话是由人民集体口头创作，表现对超能力的崇拜、对理想的追求，属民间文学的范畴，具有较高的哲学性和艺术性。神话故事中大胆的想象、生动的人物、奇幻的描绘，能够对二年级的学生产生极大的阅读吸引力。激发阅读兴趣的同时，阅读神话能够提升概括主要内容、复述故事情节、分析人物形象等综合能力。以教材涉及的神话故事为原点，有主题、有方向、有意识地积累神话阅读经验，产生深入探究的兴趣。

神话和寓言类似，通过人物、情节阐明道理，展现精神内涵。二年级学生需要具备通过分析人物行为理解人物的精神品质的能力。后羿刚毅有力、英勇无畏的英雄形象体现了中华民族不畏艰险、勇敢改造自然环境的精神特质。这种品质在很多神话故事中均有体现，鲧禹治水、女娲补天、神农尝百草等神话充分体现了先民重视社会责任、爱惜百姓民生。面对自然挑战和生存危机，他们坚信人定胜天，凭一己之力勇于担当，甘于付出，不畏苦难，创造了一个又一个奇迹。阅读、比较同主题神话有助于提升思维品质，实现提取、概括到分析、探究的能力进阶。

二、从古至今，理解神话精神的一脉相承，感知神话基本特征

神话中饱含民族精神，民族精神是长期历史进程和积淀中形成的民族意识、民族文化、民族习俗、民族价值观念和价值追求等共同特质，是一个民族生命力、创造力和凝聚力的集中体现。"在神话的深层结构中，深刻地体现着一个民族的早期文化，并在以后的历史进程中积淀在民族的精神的底层，转变为一种自律性的集体无意识，深刻地影响和左右着文化整体的全面发展。"①学生积累了一定的神话阅读经验后，应该逐渐建构神话精神一脉相承的意识，感知神话的基本特征。

神话具备三个特征：第一，叙述人类原始时代或人类演化初期的单一事件或故事；第二，传承者对这些事件、故事必须信以为真；第三，必须是远古族群的人们集体创造并且流传下来，如果是个人创造，并且没有透过传承而且群众对其创造参与，这故事再怎么神奇均不属于神话。除此之外，神话原型也是后世文学作品的重要源头。千百年来神话一直是文人墨客与民间艺人艺术创作的不朽源泉，对后世文学作品影响深远。学生需要在了解神话特征的基础上，积累神话原型，为后续文学作品阅读和原型分析奠定阅读兴趣和阅读经验的基础。

【教学目标】

《中华优秀传统文化进中小学课程教材指南》文件中指出："中小学课程教材反映中华优秀传统文化的主要形式包括人文典故，主要指经过历史检验，被人们公认的有特点内涵的人、事、言，例如神话、传说等。"《羿射九日》是传统神话故事，想象丰富，人物形象突出，蕴含着中华民族自古以来勇于斗争、自强不息、爱国爱民的民族精神。积累神话故事，丰富知识储备，不仅能够激发传承伟大民族精神的动力，也能培养对国家、民族的热爱与民族自豪感。

远古神话蕴含着独具特色的民族文化精神，代表了华夏民族的价值追求和理想信念。中国古代神话所蕴含的精神特质奠定了中国传统民族文化精神的内涵。神话人物居安思危的忧患意识、厚生爱民的奉献精神、坚持不懈的抗争精神、开拓进取的创造精神等，延续到当代同样具有重要价值，激励着每一代中华儿女自强不息、奋斗不止。当恶劣的自然环境不复存在，当人民的物质生活达到幸福水平时，精神文明的继承和发展日益重要。引导学生阅读神话是坚定文化自信、树立民族信仰、传承与弘扬优秀传统文化的有效途径。

基于此，将活动目标确定如下：

1. 通过补白心理活动，了解后羿射下九个太阳的目的，感受人物精神。
2. 通过制作后羿的人物卡，认识后羿刚毅有力、英勇无畏的英雄形象。
3. 阅读人定胜天主题神话故事，通过对比分析，找到民族精神的共性。
4. 通过制作现代英雄的人物卡，理解人定胜天等民族精神的一脉相承。

---

① 何新：《诸神的起源》，北京：北京工业大学出版社，2007年，第58页。

【教学过程】

活动一：想象补白，了解故事

1. 畅所欲言：请重读课文《羿射九日》，说一说后羿射日时在想些什么，为何这么想。

2. 共同讨论：请从画面用色、形象设计、人物动作、周围环境等角度入手，说说课文配图传递给你怎样的力量，用贴标签的方式将你对整个神话故事的初步认识填在图画中。

3. 补写誓言：通过图片、音频等补充材料感受旱灾带来的危害，设身处地地想象十个太阳可能带给先民的灾难，体会后羿射日为社会为当时的人类带来的好处，理解后羿英雄行为背后厚生爱民的品质，以及中华文化中为民利民的社会责任意识。

为后羿撰写一句出战前的誓言：为了＿＿＿＿＿＿＿＿＿＿＿＿，我要射掉九个太阳！

活动二：制作后羿的人物卡

请以"后羿"为关键词检索资料，制作后羿人物卡。

1. 选择一张符合你心中后羿形象的图片，说说选择理由。

2. 了解后羿的传说，用自己的话向爸爸妈妈介绍后羿。

3. 说说你从后羿身上看到了哪些民族精神，将关键词填在卡片中。

表 2-1-1　后羿人物卡

人物图片	人物介绍	民族精神

活动三：神话英雄人物卡展览

1. 请查阅盘古开天辟地、神农尝百草、精卫填海等神话故事资料，尝试用自己的话给同学们讲述这个神话故事。从中选择一个喜欢的神话英雄制作人物卡。

表 2-1-2　神话英雄人物卡

人物图片	人物介绍	民族精神

2. 班级神话故事会，分享英雄卡片，讲述自己听过的中国神话故事。总结神话故事中的英雄的共同点，将四个故事中英雄的共性填在交叉的部分中。

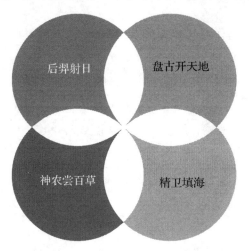

图 2-1-1 神话故事英雄共同点

活动四：制作共和国勋章获得者英雄卡

1. 时代英雄卡

请查阅资料，了解共和国勋章获得者——于敏、申纪兰、孙家栋、李延年、张富清、袁隆平、黄旭华、屠呦呦、钟南山的英雄事迹。从中选择最让你敬佩的三位共和国勋章获得者，说说他们体现了怎样的民族精神，为他们制作英雄卡。

表 2-1-3 共和国勋章获得者英雄卡

人物图片	人物介绍	民族精神

2. 致敬时代英雄

对比已完成的"神话英雄卡"和"共和国勋章获得者英雄卡"，找到卡片"人物介绍"和"民族精神"部分的共同点，感受民族精神的一脉相承。任选一位共和国勋章获得者，以小学生的口吻对他说一段话，提纲如下：

_____（共和国勋章获得者名字）爷爷/奶奶：您好！

在我心中，您和_____（某位神话英雄）一样伟大！感谢您_____（共和国勋章获得者感动你的主要事迹），让我看到了_____（神话英雄和共和国勋章获得者共同的民族精神)的一脉相承。我会_____(你的实际行动)向您学习！

【教学评价】

评价"活动二：制作后羿的人物卡"。

评价标准：

表 2-1-4　评价标准

评价角度	评价标准	达成情况
图片	清晰、有标志性，能体现人物特点。	
文字	人物的基本信息介绍完整。	
	人物所经历的神话故事具体、完整、清晰。	
	语句通顺、没有错别字，不会写的字可用拼音代替。	

成果样例：

表 2-1-5　后羿人物卡

人物图片	人物介绍	民族精神
	后羿的形象在《山海经》《淮南子》中有记载。《山海经》中的后羿是一位身材魁梧、半人半神的威武射官。他擅长射箭，手持红色神弓、白色羽箭保护百姓。他不仅射杀窫窳、凿齿、九婴、大风、封豨、修蛇等猛兽为民除害，还射下九个太阳，保一方平安。	英勇神武 敢于反抗 为国为民 不畏艰险 艰苦探索 敢于牺牲 抗争自然

案例2　感受儿歌中传递的家国责任担当
——读《家》培养归属感

【学生认知】

《家》在一年级上册的拼音单元，是一首浅显易懂、朗朗上口的儿歌。学生通过阅读文本畅谈"家"的特点，表达自己对"家"的感性认识。在此基础上联系生活，超越文本，通过对儿歌中"小鸟""白云""种子"家的描述，初步树立"家国"观念，感受"家国情怀"，并思考自己应该为"大家"做些什么，找到自身归属感，明白自己与国家、小家和大家之间不可分割的关系，从而树立"人人为我，我为人人"的行动导向。

儿歌以其篇幅短小、内容浅近、节奏明朗等特点深受儿童的喜爱，是儿童一生中最早接触到的一种文学样式。短小的儿歌不仅培养了儿童记忆力，而且对丰富词汇、发展其语言能力都是起着不可估量的作用。阅读浅显易懂的儿歌，对儿童感受力、思维力、价值感、道德感的塑造会产生积极影响。

一、借助儿歌，树立家国情怀，明确成长方向

一年级的学生刚刚步入小学，处于价值观初步形成的关键时期。学生关注的重点逐渐由自身、家庭转化为学校、社会。因此非常需要借助传统文化，从小根植家国情怀，理解责任担当，明确成长方向。由于一年级学生心智尚未成熟，学习过程中需要借助恰当的媒介和学习工具，在体验中逐渐形成勤于思考、乐于探究、善于表达的学习品质。

儿歌是每个儿童最早接触的文学形式，符合一年级学生认知水平，是渗透家国情怀的最佳媒介。儿歌因其音韵和谐、节奏欢快、情感真挚，受到广大儿童的欢迎，通过活动体验感受儿歌的趣味，初步体会小家和大家的概念和特点，为正确价值意识、自身归属感、家国观念的树立奠定良好基础。

二、借助字源，理解家国关系，强化归属感

归属感又称隶属感，是指个体与所属群体间的一种内在联系，是某一个体对特殊群体及其从属关系的划定、认同和维系。它是指一个个体或集体对一件事物或现象的认同程度，并对这件事物或现象发生关联的密切程度。归属感通常可分对人、对事、对家庭、对自然的归属感。对象不同，归属感的强烈程度不同；年龄不同，不同维度归属感的占比也不同。

一年级的学生处在从家庭走进学校的过渡时期，离开爸爸妈妈的贴身呵护，渐渐适应校园生活，学习和老师、同学相处，建立新的归属感。因此需要借助对家国关系的梳理和辨析，实现家庭归属感向集体、国家、社会归属感自然过渡。通过日常相处、课内学习等活动，将自己融入集体，学会为他人着想、为集体增光，增强归属感强度，丰富归属感维度。

【教学目标】

传统文化是中华民族留下的文化瑰宝，传统文化教育在小学语文阅读课堂中有着至关重要的地位。小学教育是学生接受文化教育的重要起点，语文作为小学教学的基础学科之一，对于提升小学生的文化素质和精神内涵有着非常重要的作用。语文课程丰富的人文内涵对学生精神领域的影响是深远的，学生对语文材料的反应又往往是多元的。因此，应该重视语文的熏陶感染作用，注意教学内容的价值取向，同时也应尊重学生在学习过程中的独特体验。

党的十八大以来，习近平总书记在多个场合谈到中国传统文化，表达了自己对传统文化、传统思想价值体系的认同与尊崇，其中包含文化自信。我们有博大精深的优秀传统文化，它能增强做中国人的骨气和底气，是我们最深厚的文化软实力，是我们文化发展的母体，积淀着中华民族最深沉的精神追求。"我为人人、人人为我"的价值取向则属于家国情怀中的一种，这一价值取向在中共中央第十七届五中全会通过的《关于制定国民经济和社会发展的第十二个五年规划的建议》①中被再次提出，"提倡修身律己、尊老爱幼、勤勉做事、平实做人，推动形成'我为人人、人人为我'的社会氛围"。其中既包含着中华民族的传统美德，也表现出社会进步的时代要求，必须大力弘扬，将这种精神贯穿在社会生活的各个方面，转化为人们的价值追求和自觉行动。

基于此，将活动目标确定如下：

1. 介绍全家福，说说自己的家里有哪些人，体会"小家"的归属感。

2. 给儿歌中的事物找家，描述它们的家，用自己的话归纳家的特点。

3. 借助汉字，理解"家""国"关系，感受祖国"大家"的归属感。

4. 结合生活，思考自己可以为"大家"做什么，表达对祖国的热爱。

【教学过程】

活动一：晒全家福，为家命名

1. 活动前安排学生带来一张自己的全家福，并把学生进行分组。

2. 活动时，让学生在小组内分享各自带来的全家福，并讨论为自己的家命名：_____之家。（PPT出示提示语：_____之家）

3. 讨论后，每组请1—2名学生到台前来介绍自己的全家福，并给自己的家起一个喜欢的名字。

---

① https://www.gov.cn/zhuanti/2011-03/16/conteen_2623428_2.htm.

活动二：我是"找家小能手"

1. 在黑板上贴上白云、小鸟、鱼儿、种子的彩色图片，请学生们通过阅读诗歌，依照自己的理解，找到事物对应的家的图片（提前准备好蓝天、树林、小河、泥土的彩色图片）并贴在对应实物图片的下面。

2. 让学生描述一下它们家都是什么样、家为它们的成长提供了什么。如"蓝天为白云提供了什么?""小鸟会在树林里做些什么?""泥土为种子到发芽提供了什么?"等。

3. 引导学生说出这些事物的家的特点：广阔、温暖、提供营养等。

活动三：探字源，说家国特点

1. 看图片，猜字谜（国、家）。

一玉口——（　　　）

一瓦顶成——（　　　）

2. 播放歌曲《国家》，齐读歌词的最后一段话，感受家国关系。

> 国是我的国 家是我的家
> 我爱我的国 我爱我的家
> 国是我的国 家是我的家
> 我爱我的国 我爱我的家
> 我爱我 国家

3. 了解"家""国"二字字源。

（1）"家"的来历：古时候，人们生活水平很低，为了贮备粮食防止挨饿，人们多在屋子里养猪，在房子里有小猪，意味着这就是"家"。

（2）"国"的来历：在古汉字中，"国"字的组成中有外面一个大口和里面一个小口，这两个口，意思是不一样的。外面的大"口"，表示的是国家有四方疆域，就像天空和大地一样，很广阔，里面的小"口"，表示的是人口、人们就住在"家"中；而"一"，则表示土地，我们就在广阔的土地上生活；此外，还要执有"戈"矛的军队来保卫国家的土地、人口和边疆。上述的大"口"、小"口"、"一"构成了"国"。

图 2-2-1　"家""国"字源

4. 在中国地图上找到自己的小家，对比小家和祖国大家，说说小家和大家的关系。

活动四：完成"祖国为我，我为祖国在行动"行动卡

祖国大家宽广、温暖、养育着我们，那我们能为祖国大家做些什么呢？请在"祖国为我，我为祖国在行动"行动卡片上写下你现在想为祖国大家做的事和 30 年后想为祖国大家做的事情。完成行动卡后班级交流，每名同学将行动卡张贴到黑板上，与同学们分享。

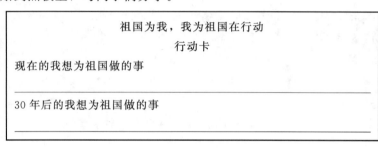

祖国为我，我为祖国在行动
行动卡

现在的我想为祖国做的事

_____

30 年后的我想为祖国做的事

_____

图 2-2-2　行动卡

【教学评价】

评价"活动三：猜字谜，说家国特点"。

评价标准：

表 2-2-1　评价标准

层次	评价标准
前结构层次	无法根据前面提示猜出字谜。
单点结构层次	能够通过小组讨论猜出字谜。
多点结构层次	能够通过小组讨论准确猜出字谜，并能够根据儿歌中家的特点，说出家国的一个特点。
关联结构层次	能够通过小组讨论准确快速猜出字谜，并能根据儿歌中家的特点，全面地说出祖国大家的特点。

成果样例：

谜底——国、家

国和家是不可分割的。国是由众多家组成的，没家难成国，没国也就没有家。国和家都有很强的包容性，家中有亲人，国中有小家。家与国的关系是相互依存，互为依托的。家是最小国，国是千万家，家是国的缩影，国是家的延续。作为小学生，我们爱家也要爱国，爱国就是爱家。

案例3 用志向表达对国家的责任担当
——读《为中华之崛起而读书》，培养心怀家国的担当意识

【学生认知】

《为中华之崛起而读书》是统编版语文教材四年级上册第七单元"成长的故事"中的文章，讲述周恩来少年时代耳闻目睹了中国人在外国租界里受洋人欺凌却无处说理，深刻体会到伯父说的"中华不振"的含义，从而立志要为振兴中华而读书，表现了少年周恩来的博大胸襟和远大志向。文章引导学生了解少年周恩来立志为振兴中华而读书的志向，思考自己读书的目的，激励学生将自己的学习生活与国家繁荣和民族振兴大业联系起来。

一、榜样引领成长，厚植家国情怀

四年级是小学生思维和意识成长的重要转折点，这一时期也是学生人生观、价值观形成的关键节点。学生开始转变思想方法，从过去笼统的印象判断转变为主观性的分析。随着交往范围的扩展和认知能力的发展，学生与社会的接触日益深入，开始对很多事情形成自己的想法，但是辨别是非的能力有限，当遇到许多自己难以明白的问题时，会产生很多不安和忧虑。处在这一阶段的学生不仅需要家长和老师正确的引导，还需要榜样人物的激励引领。能够引领成长的榜样可以是为国为民、胸怀天下的历史人物，也可以是爱岗敬业、无私奉献的时代楷模，他们用行动践行的中华人文精神和道德品质会帮助学生厚植家国情怀，感受责任担当。

学生在成长的关键期需要道德品质和理想信念的教育引导，但是过于抽象或生硬的德育教育不易于学生接受。榜样人物用激人奋进的典型行动和动人事迹诠释着中华人文精神，能够帮助学生形成对家庭、社会和国家的责任感，立足家国情怀明确的人生目标，意识到个人命运与国家命运的同频共振，理智地规划人生，形成担当意识。

二、理解时代价值，践行责任担当

"担当"最基本的含义就是负责任，是一种主动自觉、勇于承担责任的态度和行为，它隐含着符合道义、主动自觉、勇敢无畏、尽心尽责等方面的含义。担当意识以符合伦理正义要求为根本，以主体自觉主动为前提，以勇敢无畏气概为支撑，以负责任能落实为基础。

四年级学生具备一定的社会生活经验，对于历史上勇于担当国家责任的英雄事迹有一定积累，需要在此基础上提升认识水平和认识能力。用历史的眼光和发展的眼光理解对国家的责任担当不只存在于历史课本或是人物传记

中，同样存在于我们生活的时代。担当意识强调的是个体对整体的责任意识和为整体利益而勇于牺牲的奉献精神。想要理解对国家的责任担当不仅要看向周遭，通过了解时代楷模理解家国情怀的时代价值，更需要亲身践行，从小树立担当意识，用行动肩负时代使命。

【教学目标】

王宁教授在基于语文课程的特质中指出："语文核心素养要注重学生在语文学习活动中，获得思维的方法以及思维的品质，是学生的情感态度和价值观的综合体现。"语文的"深度学习"是学生思维萌发的重要形式。学生在深度学习中积极参与思考，辅以精准的导学，自觉地调整、检查或论证自己的思维过程，沿着"思维主线"向上生长。由了解当时的社会大背景后生出担忧之情到理解周恩来总理"为中华之崛起而读书"的伟大志向进一步在"润物细无声"中萌动为国担当的意识。

《为中华之崛起而读书》反映了我国第一任国务院总理周恩来在年少时期的宏伟志向，表现了他少年立志，为国担当的爱国精神。学生对于周总理本人并不陌生，但是缺少对于文本中的"中华不振"的理解以及有关历史事实的了解。需要多角度、多层面地知人论世，既要了解当时的社会环境、历史背景，又要了解周恩来的读书历程。学生需要查阅相关资料，全面了解一百多年前的中国历史，才能深刻理解周恩来立下志向的原因，才能知道"担当之责"的价值所在。在一系列的故事和史实中，让学生深知"知责任者，大丈夫之始也；行责任者，大丈夫之终也"。依托文本，挖掘教材资源宽度学习，不仅为学生思维能力的发展搭建出一个崭新的平台，而是真正把学生当成"全面发展的社会人"来培养，既提升了文本的价值，又彰显了语文学科的育人功能。

基于此，将活动目标确定如下：

1. 细读文本，对比人物的志向，体会周恩来的爱国情怀和担当意识。
2. 阅读历史上心怀家国的人物故事，讲述人物故事，学习人物精神。
3. 解读高校和自己学校的校训，分析校训中的家国情怀和担当精神。
4. 联系自身，谈谈自己的志向并设计立志章，增强为国担当的意识。

【教学过程】

活动一：感知总理的志向和责任担当

1. 初读文本，将文中人物的志向与总理的志向作对比，看看谁的志向高远，说说理由。

表 2-3-1　文中人物志向对比表

人物	志向	评价及理由
一位同学		
另一位同学		
第三位同学		
周恩来		

2. 再读文本，以情景再现的方式，从人物的所见、所闻、所感中分析总理为什么会有这样的志向，推测总理身上的爱国情怀和担当意识的由来。

表 2-3-2　文中重要信息梳理表

时间	地点	人物
十二岁那年	初到奉天	所闻：
一个星期天	在租界	所见： 所感：

活动二：制作心系家国英雄人物卡

在中国历史上，还有很多像总理这样关心国家的命运和安危，以国家民族的危亡为己任的人物。阅读并查阅相关资料，了解中国历史上那些为国担当的人物事迹。说说他们为国担当的具体表现，并推荐给你的同学。

拓展资源

少年毛泽东"胸怀天下"的学习追求

"志者，学之师也。"在韶山冲读私塾期间，毛泽东在读了一本关于帝国主义瓜分中国的小册子后，对国家前途感到担忧，开始意识到努力救国是每一个中国人的职责。在十七岁离家读书时，他抄写一首诗留给父亲，"男儿立志出乡关，学不成名誓不还。埋骨何须桑梓地，人生处处是青山"，以表达一心向学和志在四方的决心。

在东山小学学习期间，毛泽东十分喜欢中外历史、地理类的书籍。从一本《世界英杰传》里，读到拿破仑、叶卡捷琳娜女皇、彼得大帝、华盛顿、格莱斯顿、卢梭、孟德斯鸠和林肯等人的事迹后，毛泽东对同学萧植蕃说："中国也要有这样的人，我们应该讲求富国强兵之道，顾炎武说得好，天下兴亡，匹夫有责。"家庭的熏陶和现实的教育让青年时期的毛泽东就有胸怀天下、立己达人的气概。

青年时期的毛泽东和他的同学们都有着一种"奋斗的和向上的人生观"。他们多来自农村，了解民间疾苦，所以内心充满着以天下为己任的社会责任感，他们以"为人之学""为国人之学""为世界之学"作为自己学习的目的。1915年5月7日，日本向袁世凯提出灭亡中国的"二十一条"，而袁世凯为复辟帝制，准备接受这一不平等条约。消息传出，举国哗然。毛泽东和他的同学们将一些反对卖国条约的言论编印成册，取名《明耻篇》，并以激愤的心情在封面上写下誓言："五月七日，民国奇耻；何以报仇？在我学子！"1915年冬，在全国人民反对袁世凯复辟帝制的斗争高潮中，毛泽东和一些进步师生常去船山学社听反袁演说，并将有关不满袁世凯的文章编印成《汤康梁三先生之时局痛言》小册子，组织同学上街散发。

此时的毛泽东便把自己的人生目标和奋斗方向与国家、民族紧密相连，彰显了他立志以救国救民为己任的崇高志向和博大胸怀。

少年戚继光

幼年时期的戚继光，最感兴趣的是做军事游戏。他常常用泥巴砌成城墙，堰瓦砾为营垒，削竹剪纸做旗帜，自任"统帅"，排兵布阵，发号施令，率领同伴们操演战术，居然指挥得当，进退有方。亲戚乡里见了，称赞继光"所非童子中人也"。

父亲戚景通看到戚继光的举动，听到众乡邻的赞誉，心中自然欣慰。但是这个操守廉洁、文武双全的军人十分明白，想要让儿子有真才实学，应该从小开始进行严格规范的教育。戚景通尽心教导戚继光读书、写字、练习武艺。在父亲的熏陶教育下，少年戚继光就养成了勤奋好学的品质，可谓文武双全。他常常用"不求安饱，笃志读书"的箴言勉励自己。在戚继光十二岁时，父亲问及他的志愿时，戚继光明确地回答道："志在读书。"

嘉靖二十三年（1544）夏，戚景通病亡。他在弥留之际呼唤着进京办理袭职手续的儿子，重复着最后的嘱托："忠心报国，捍卫国土。"戚景通生前廉洁，给自己的后代只留下老屋一所以及自用的小扇一柄、卧床一张。这年冬天，十七岁的戚继光从京都归来，继承了父亲的遗志，担任登州卫指挥佥事，开始了他的军职生涯。

表 2-3-3　人物推荐卡

人物	主要事迹	我要向他学习

活动三：品读名校校训，感受责任担当

校训是一所学校核心精神的体现，很多知名高校的校训不仅激励莘莘学子勤勉治学、修身正己，还传递着心系祖国的责任担当。请查阅资料，了解以下名校校训的出处及内涵，说说你的理解。仿照以上形式，介绍自己学校的校训。

表 2-3-4　名校校训

名校	校训	出处	解读	理解
清华大学	自强不息，厚德载物			
中国人民大学	实事求是			
武汉大学	自强、弘毅、求是、拓新			
西安科技大学	祖国利益高于一切			
南开大学	允公允能，日新月异			
我校校训				

活动四：立志胸章——制作立志胸章

通过阅读，我们知道戚继光的志向是"忠心报国，捍卫国土"，毛泽东的志向是"为人之学""为国人之学""为世界之学"，周总理的志向是"为中华之崛起而读书"。相信这些人物身上所体现的担当精神一定深深地影响着每位同学，那么，和平年代的我们又应该树立怎样的志向呢？请联系自己的生活，说说自己的志向，并结合实际给自己制作一个立志章，想想应该怎样实现这个志向。

我的志向：_____。

为了实现这个志向，我要：_____。

【教学评价】

评价"活动一：感知总理的志向和责任担当"。

评价标准：

表 2-3-5　评价标准

层次	评价标准
前结构层次	能够找到时间、地点和人物。
单点结构层次	能够找到时间、地点和人物，准确地找到人物的所见所闻。
多点结构层次	能够准确找到人物的所见所闻所感，大致概括人物的品质。
关联结构层次	能够在课文中准确找到人物的所见所闻所感，充分理解周总理的人物品质。

成果样例：

表 2-3-6　成果样例

时间	地点	人物
十二岁那年	初到奉天	（所闻）伯父说："奉天有些地方被外国人占据了，不要随便去，有事也要绕着走，免得惹出麻烦，没地方说理。"少年周恩来疑惑不解，问道："被外国人占据，为什么呢？"
一个星期天	在租界	（所见）（中国妇女受欺负）中国巡警（不惩处、不训斥）围观的中国人（紧握拳头、又不敢怎么样、只能劝慰女人）（所感）真正体会到"中华不振"的沉重分量。

因为有初到奉天时，总理听到伯父所说的"中华不振"，再到自己亲眼看到中国妇女在被外国人占据的地方受外国人欺凌却无处说理的情景，从中深刻感受到伯父所说"中华不振"的含义，才有了修身课上总理立志要"为中华之崛起而读书"的远大志向，体现少年总理为国担当的责任意识。

案例4 用生命兑现对国家的责任担当

——读《狼牙山五壮士》，探为国为民的革命精神

【学生认知】

《狼牙山五壮士》是统编版语文教材六年级上册第二单元课文，单元导语写道"重温革命岁月，把历史的声音留在心中"，点明了单元的红色主题。第二单元还包含《七律·长征》《开国大典》《灯光》三篇课文。

《狼牙山五壮士》讲述1941年8月，侵华日军华北方面军调集7万余人的兵力，对晋察冀边区所属的北岳、平西根据地进行毁灭性"大扫荡"。9月，日伪军3500余人在河北易县狼牙山地区实施"清剿"。该地区驻有八路军晋察冀军区所属第1军分区机关部队和涞源、易县、徐水、满城四县党政机关及群众数万人。第1军分区第1团第7连奉命掩护机关、部队和群众向老君堂方向转移。完成任务撤离时，留下第6班班长马宝玉、副班长葛振林，及战士宋学义、胡德林、胡福才掩护全连转移。5名战士坚定沉着，利用有利地形奋勇还击，打退日伪军多次进攻，毙伤90余人。后来，他们边打边撤，沿着崎岖的小路，向棋盘陀攀去。敌人误认为咬住了八路军主力，遂跟踪追击。5名战士临危不惧，英勇阻击，子弹打光后，就用石块还击，一直坚持战斗到黄昏。面对步步逼近的日伪军，他们宁死不屈，毁掉枪支，纵身跳下数十丈深的悬崖。马宝玉、胡德林、胡福才壮烈殉国，葛振林、宋学义被山腰树枝挂住，身负重伤，被老乡们救起，幸免于难。狼牙山五壮士用生命诠释对家国担当的精神是青少年赓续红色血脉的重要学习资源。

一、了解时代背景，走进人物内心，理解红色文化内涵

六年级的学生通过生活经验的积累、社会阅历的丰富和历史学科的学习，已经储备了一定的革命历史知识，对红色作品的背景有一定的了解。需要在已有红色作品阅读经验和阅读量的积累中，形成知人论世的探究意识，深入时代背景，设身处地感受人物内心。将英雄人物放在特定时空坐标中，用平凡人的视角揣摩他们面对生死考验时的所思所想。

在原有阅读经验的基础上还需要适当拓宽对红色作品的认知，理解红色文化的本质。红色文化是马克思主义基本原理与中国革命具体实践相结合的精神结晶，是对中华优秀传统文化和一切人类文明优秀成果的继承与发展，蕴含着极其丰富的革命精神和无比厚重的文化内涵。红色文化不论是现在还是将来，都是中华文化的一个重要组成部分。借助红色作品走进红色文化是适合小学生的学习路径，能够帮助学生作为社会主义建设者和接班人坚定共

产主义信念和理想。

二、跨越时空间隔，致敬革命英烈，感受革命精神赓续

小学高年级作为青春期前期是学生价值观形成的关键时期，也是文明行为和社会情感塑造的重要阶段。需要在学习中不断树立远大理想，树立红色榜样，致敬革命英雄，感悟他们行为背后的为国为民的家国情怀。

"为国为民"语出明代胡文焕的《群音类选·草庐记·玄德合卺》："为国为民声华重。"这种精神是中华民族优秀品德宝库中闪耀的明星。北宋政治家、文学家范仲淹在《岳阳楼记》中讲："居庙堂之高则忧其民，处江湖之远则忧其君。"明代名臣于谦在《咏煤炭》中说："但愿苍生俱饱暖，不辞辛苦出山林。"冯玉祥将军曾说："只求为民，只求为国。奋斗不已，守诚守拙。"习近平总书记多次用诗句"但愿苍生俱饱暖，不辞辛苦出山林"，阐释以人民为中心的执政理念——这些都是为国为民精神的一脉相承。《狼牙山五壮士》中马宝玉等5名战士的壮举，表现了崇高的爱国主义、为国为民的革命精神，对他们事迹的学习能够帮助学生意识到人文精神始终流淌在中国人的血脉中，世代赓续，永不过时。

【教学目标】

《狼牙山五壮士》是一篇依托革命背景的文章，发生的年代与学生有一定距离，但革命精神却离得很近，对为国为民、安国危身精神的赞美与传承是不分时代与年龄的。在教学中应超越文本，开发资源，利用现实生活中为国为民的英雄资料帮助学生理解精神内涵。联系自身实际，认识到广阔天地还大有可为，从小就将为国为民的精神种子种植在心中。

为了国家和广大人民的利益，他们不怕艰难困苦，不怕流血牺牲，坚韧不拔，勇往直前，不谋私利，心怀家国百姓，以为国为民为行动准备。过去，全国各族人民在中国共产党的领导下，凭着革命英雄主义精神，打败了国内外的强大敌人，战胜了各种难以想象的困难，赢得了最终胜利。在新的历史时期，我们仍将面临许多困难，更需要继承和发扬革命英雄主义精神。通过革命英雄主义教育，公民牢固树立英勇顽强的战斗作风、勇于献身的高尚品德、坚贞不屈的革命气节、战胜困难的坚强意志、争先创优的进取精神、朝气蓬勃的革命乐观主义精神、刻苦钻研文化的毅力等，为保卫祖国和建设祖国，创造新的业绩，做出新的贡献。这种革命精神在现代更多地体现在各行各业奋斗者的为国为民的家国情怀上。

基于此，将活动目标确定如下：

1. 通过为狼牙山五壮士编写百度词条，复述并梳理狼牙山五壮士的英勇事迹。

2.开展"最令我感动的战士"交流活动，理解革命烈士为国为民的革命精神。

3.联系新时代奋斗者的杰出事迹，理解和平年代为国为民精神的内涵及价值，用行动致敬新时代奋斗者。

【教学过程】

活动一：为狼牙山五壮士编写百度词条——五壮士心中的"国"与"民"

1.请重读课文，根据文章叙述顺序复述五壮士英勇跳崖的故事情节。

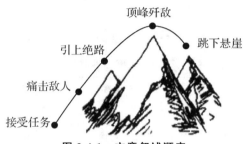

顶峰歼敌

引上绝路　　　　　跳下悬崖

痛击敌人

接受任务

图 2-4-1　文章叙述顺序

2.请仿照"八女投江"百度词条，撰写"狼牙山五壮士"的百度词条，包含关键词"为国为民"。

表 2-4-1　"八女投江""狼牙山五壮士"百度词条

"八女投江"百度词条	"狼牙山五壮士"百度词条
八女投江－抗日时期8名女兵殉国事件 中国东北抗日联军8名女官兵英勇抗击日本侵略军而投江殉国的英雄事迹。 **目录**　1基本介绍 **基本介绍** 　　这8名女官兵分别是第2路军第5军妇女团的指导员冷云（原名郑志民）、班长胡秀芝、杨贵珍、战士郭桂琴、黄桂清、王惠民、李凤善和被服厂厂长安顺福。1938年10月上旬，东北抗日联军第5军一部，在牡丹江地区乌斯浑河渡口（今属林口县）与日伪军1000余人遭遇。已行至河边准备渡河的妇女团的上述8名成员，为掩护大部队突围，毅然放弃渡河，在指导员冷云率领下，分成3个战斗小组，与日伪军展开激战。她们主动吸引日伪军火力，使部队主力得以迅速摆脱敌人的攻击，但是她们却被敌人围困于河边。在背水战至弹尽的情况下，她们面对日伪军逼降，誓死不屈，毁掉枪支，挽臂涉入乌斯浑河，集体沉江，壮烈殉国。八女投江的壮举，表现了中华民族同敌人血战到底的英雄气概，在人民群众中广为传颂。	

活动二：英烈喊出的"国"与"民"

五位战士屹立在狼牙山顶峰，眺望着群众和部队主力远去的方向。班长马宝玉激动地说："同志们，我们的任务胜利完成了！"紧接着，他们毅然决然地跳下悬崖，口号声震天动地，"打倒日本帝国主义！""中国共产党万岁！"他们的口号声就是他们的心声，只有拥有为国为民的那颗爱国心才能发出这样的声音！在革命年代，有无数英雄抛头颅、洒热血。他们带着为国为民的革命精神发出自己心中最真挚而又热烈的心声。

请阅读以下六位革命先烈的事迹，用一句话写出最令你感动的英雄所做的最令你感动的事迹，并结合英雄事迹补写几位英雄的临终遗言。

表 2-4-2 革命先烈感动事迹及临终遗言

内容	王朴	杨靖宇	赵一曼	董存瑞	黄继光	李大钊
感动事迹						
临终遗言	打倒日本鬼子		打倒日本帝国主义、中国共产党万岁	为了新中国，冲啊！		

拓展资源

1. 先烈的英雄事迹——少年英雄王朴（1929—1943）

自古英雄出少年。抗日战争时期，中华民族涌现出了一批少年英雄。在民族危亡的时刻，他们跟父辈一起，用自己稚嫩的肩膀担起了国家兴亡的重任。王朴生于1929年，牺牲于1943年，河北省完县人。他住在太行山石岭下的河北省完县野场村，11岁被推选为儿童团团长，牺牲时只有14岁。王朴诞生在一户贫苦农民家庭。在他开始懂事的时候，日本侵略军发动了卢沟桥事变，侵占华北，战争的火焰烧到了他的家乡太行山。日寇烧杀抢掠的凶残行径，让王朴的内心燃起为民族斗争的烈火。

有一次，野场村的乡亲们全被日寇赶到一起，王朴也是其中一个，日寇拿着一份村干部和抗日军属的名单，让翻译把他们一个一个拉出来，然后龇牙咧嘴地问王朴："你就是野场村的儿童团团长王朴吧？"王朴毫不理会。"你一定知道八路军的东西藏在哪里，说出来就放你回家。""不知道！就是知道也不会告诉鬼子！"王朴面不改色地回答。日寇猛地抽出了东洋指挥刀，指着王朴的胸口，狂叫道："你的，小八路的，快快地说，你不说死了死了的！"王朴面对日本鬼子的刺刀，想起了自己领着儿童团团员宣誓的誓言——头可断，血可流，秘密不可泄！于是昂首挺胸，毫不畏惧地大声高呼："打倒日本鬼子！"就这样，王朴英勇地为祖国献出了年轻的生命。

74

2. 先烈的英雄事迹——不屈的将军杨靖宇(1905—1940)

杨靖宇是我党我军优秀的高级军事指挥将领。他原名马尚德，字骥生。中国共产党优秀党员，无产阶级革命家、军事家，著名抗日民族英雄，鄂豫皖苏区及红军的创始人之一，东北抗日联军的主要创建者和领导人之一。1932年，受党中央委托到东北组织抗日联军，历任抗日联军总指挥政委等职。1936年7月，任中共南满省委书记、东北抗日联军第一军军长兼政治委员、东北抗日联军第一路军总司令兼政治委员等职。他率部长期转战于长白山麓、松花江、鸭绿江畔，活动足迹遍及30个县，是我国抗日战争中的革命英雄。

1940年，杨靖宇率领队伍在濛江一带与敌展开的反讨伐作战已持续一年，队伍已经弹尽粮绝。叛徒接二连三地出现，使得杨靖宇最终被大量日军包围。劝降无果后，日军猛烈开火，杨靖宇被敌弹射中胸膛，壮烈殉国。日军残忍地剖开了杨靖宇的腹部，想探查究竟是什么东西使他在那么艰难的环境中还能如此英勇善战。结果令人震惊——杨靖宇的胃里面一粒粮食也没有，有的只是树皮、草根和棉絮，有的棉花明显是刚吃进去的，一团一团的还没变样。正是不屈的民族精神促使他战斗到生命的最后一刻，他的精神化作坚毅的丰碑，警示并激励着后人。

3. 先烈的英雄事迹——坚贞不屈的赵一曼(1905—1936)

1935年11月，在与日军作战中，赵一曼为掩护部队，腿部负伤后在昏迷中被俘。日军为了从赵一曼口中获取有价值的情报，找了一名军医对其腿伤进行了简单治疗后，连夜对其进行了审讯。

在狱中，日军动用酷刑，她没有吐露任何信息。赵一曼忍着伤痛怒斥日军侵略中国以来的种种罪行。日军见赵一曼不肯屈服，便用马鞭狠戳其腿部伤口。身负重伤的赵一曼被折磨得几次疼昏过去，仍坚贞不屈地说："我的目的，我的主义，我的信念，就是反满抗日。"没说出有关抗联的一个字。

1935年12月13日，因赵一曼腿部伤势严重，生命垂危，日军为得到重要口供，将她送到哈尔滨市立医院进行监视治疗。住院期间，赵一曼利用各种机会向看守她的警察和护士进行反日爱国主义思想教育，受到教育的两人决定帮助赵一曼逃离日军魔掌。在两人的帮助下，赵一曼成功脱逃。不幸的是，在奔往抗日游击区的途中赵一曼被日军追上，再次落入敌手。被带回哈尔滨后，敌人对赵一曼进行了老虎凳、灌辣椒水、电刑等酷刑。但她始终坚贞不屈，没有吐露任何实情。1936年8月2日，赵一曼牺牲于珠河县小北门外。牺牲前，她毫不畏惧，高呼"打倒日本帝国主义""中国共产党万岁"的口号。

4. 先烈的英雄事迹——战斗英雄董存瑞(1929—1948)

在河北省隆化县北郊，长眠着模范共产党员、全国著名战斗英雄董存瑞的英灵。在苍松翠柏中，矗立着一座雄伟的纪念碑，碑上铭刻着朱德总司令的题词："舍身为国，永垂不朽!"董存瑞，1929年生，河北省怀来县人。出生于贫苦农民家庭。当过儿童团团长，13岁时，曾机智地掩护区委书记躲过侵华日军的追捕，被誉为"抗日小英雄"。1945年7月参加八路军。后任某部六班班长。1947年3月加入中国共产党。他军事技术过硬，作战机智勇敢，在一次战斗中只身俘敌10余人。先后立大功3次、小功4次，获3枚"勇敢奖章"、1枚"毛泽东奖章"。他所领导的班获"董存瑞练兵模范班"称号。1948年5月25日，我军攻打隆化城的战斗打响。董存瑞所在连队担负攻击国民党守军防御重点隆化中学的任务。他任爆破组组长，带领战友接连炸毁4座炮楼、5座碉堡，顺利完成了规定的任务。连队随即发起冲锋，突然遭敌——隐蔽的桥型暗堡猛烈火力的封锁。部队受阻于开阔地带，二班、四班接连两次对暗堡爆破均未成功。董存瑞挺身而出，向连长请战："我是共产党员，请准许我去!"毅然抱起炸药包，冲向暗堡，前进中左腿负伤，顽强坚持冲至桥下。由于桥型暗堡距地面超过身高，两头桥台又无法放置炸药包。危急关头，他毅然决然地用左手托起炸药包，右手拉燃导火索，高喊："为了新中国，冲啊!"碉堡被炸毁，董存瑞以自己的生命为部队开辟了前进的道路，年仅19岁。

5. 先烈的英雄事迹——"特级英雄"黄继光(1931—1952)

1931年1月8日出生于四川省中江县一个山村，他自幼家境极为贫寒，六七岁时父亲因受地主欺压，病恨交加而死。黄继光从小就给地主扛长工、割草放牛。1949年冬，家乡解放，村里组织起农会，黄继光不但成为农会第一批会员，积极斗争地主，还当上了村里的民兵。1950年抗美援朝战争开始后，国内停止复员并大量征兵。1951年3月，中江县征集志愿军新兵时，黄继光在村里第一个报了名。体检时，他因身材较矮开始未被选中。来征兵的营长却被黄继光参军的热情所感动，同意破格录取。到朝鲜前线后，黄继光被分配到第十五军第一三五团二营六连任通讯员。1952年4月，部队到五圣山前沿阵地接防，本想杀敌立功的黄继光却被分配到了连队后勤。经过副指导员细致的思想工作，黄继光明白了后勤工作的重要性，样样工作都干得很出色。1952年10月14日，上甘岭战役开始。10月19日夜，黄继光所在的二营奉命反击占领597.9高地表面阵地之敌。当攻击部队受阻、伤亡较大时，已任营通讯员的黄继光挺身而出，主动请战，消灭敌人火力点。在战友负伤牺牲、自己所携弹药用光的情况下，黄继光毅然用自己的身躯堵住了敌人枪眼，为冲锋部队的胜利开辟了通路，牺牲时年仅21岁。

6. 先烈的英雄事迹——李大钊(1889—1927)

李大钊同志1889年10月出生于河北省乐亭县。那时，中国正处在帝国主义列强加紧侵略和封建统治愈益腐朽而造成的深重灾难之中，国家和民族濒于危亡的边缘。进入二十世纪，辛亥革命爆发、新文化运动涌起，特别是五四运动的发生，使中国社会出现了曙光初现的变化。李大钊同志是在这样的历史背景下走上探索救国救民道路的。1913 年，他东渡日本，就读于东京早稻田大学，开始接触社会主义思想和马克思主义学说。1916 年回国后，他积极投身新文化运动，宣传民主、科学精神，抨击旧礼教、旧道德，向封建顽固势力展开猛烈斗争。他和他的战友们改造旧中国的决心和激情，有力激发了当时中国青年的蓬勃朝气和进取精神。1919 年，五四运动爆发，这是中国近代历史上第一次彻底的不妥协的反帝反封建的爱国运动。李大钊同志热情投入并参与领导了五四运动。在这场运动中和运动之后，他更加致力于马克思主义的宣传，做了大量工作。他在《新青年》发表的《我的马克思主义观》，系统介绍马克思主义理论，在当时的思想界产生了重要影响。五四运动和马克思主义在中国的传播，为中国共产党的成立做了思想上和组织上的准备。1920 年 3 月，李大钊同志在北京大学发起组织马克思学说研究会。同年秋，他又领导建立了北京的共产党早期组织和北京社会主义青年团，并积极推动建立全国范围的共产党组织。1921 年，中国共产党宣告成立，这是中国近现代史上开天辟地的大事件，中国革命的面貌从此焕然一新。李大钊同志对中国共产党的创建做出了至关重要的贡献。1922 年 8 月到 1924 年初，他受党的委托，几次往返于北京、上海、广州之间，同孙中山先生商谈国共合作，为建立国民革命统一战线、实现第一次国共合作作出了重大贡献。他领导北方党组织发动群众，开展了轰轰烈烈的反帝反军阀斗争，猛烈冲击了帝国主义势力和北洋军阀统治。1927 年 4 月，在反动军阀的白色恐怖中，李大钊同志在北京被捕入狱。以"和苏俄里通外国"为罪名，为了折磨李大钊，竟绞了他三次，历时 28 分钟，牺牲时年仅 38 岁。李大钊同志对中国人民的解放事业，对马克思主义的信仰和无产阶级的革命前途无限忠诚。他为在我国开创和发展共产主义运动大无畏献身，永远是一切革命者的光辉典范。

活动三：新时代奋斗者心中的"国"与"民"

1. 感动中国感动我。

请观看感动中国 2021 年度人物颁奖盛典视频①，依次整理感动中国人物的名字、事迹、名言。结合自己的学习体会撰写一条视频"弹幕"，包含关键

---

① 感动中国 2021 年度人物颁奖盛典视频：https：//article. xuexi. cn/articles/video/index. html? art _ id=15516550922515197807&part _ id=6065736700421562732&study _ style _ id=video _ default&showmenu=false&source=share&share _ to=wx _ single。

词"国家"或"人民"，从小学生的角度表达对感动中国人物的崇敬。

表 2-4-3　感动中国人物事迹整理及弹幕

领域	人物	最令你感动的事迹	名言
撰写弹幕			

2. 我为英雄唱赞歌。

选一个你最崇拜、最有感触的英雄人物，结合他的事迹，配合颁奖词为他制作一枚个性化的英雄胸章。徽章的形状、材质、配饰、花纹等可依照人物事迹和人物精神设计。

（人物）

（事迹）

（我的感受）

图 2-4-2　英雄胸章

3. 用行动致敬时代英雄。

家国情怀包含着知、情、意、行多个层面，其核心是责任与担当，并且要落实在实际行动之中，为了引导学生切身体会和践行家国情怀，将个人与社会紧密联系，鼓励学生为社区进行一次志愿服务。请你利用身边的资源和条件，做一次志愿服务工作向以上这位英雄致敬，以"我心中的'国'与'民'"为主题，结合学习体会和思考收获撰写一段体验感悟。

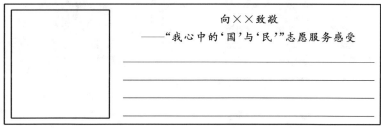

图 2-4-3　"致敬英雄"感悟

【教学评价】

评价"活动一：为五壮士编写百度词条——五壮士心中的'国'与'民'"。

评价标准：

表 2-4-4　评价标准

层次	评价标准
前结构层次	理解辅助材料存在阅读困难，不能根据人物的事迹撰写五壮士的事迹。
单点结构层次	能够大致理解拓展资料内容，能理解人物的事迹，但是不能对五壮士的事迹进行条理性概括。
多点结构层次	能够准确理解拓展资料内容，较完整地梳理概括人物的核心事迹，但不能充分表述五壮士的精神。
关联结构层次	能够准确理解拓展资料内容，完整地梳理概括人物的核心事迹，充分概括表述五壮士的精神。

成果样例：

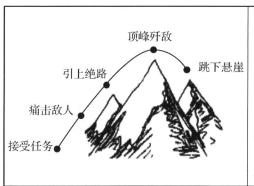

复述故事

1941 年秋，日军进犯我晋察冀根据，七连六班接受掩护群众和连队转移的任务。五个战士一边痛击敌人，一边有计划地把大批敌人引上了狼牙山。为了大部队的安全，他们选择将敌人引上绝路，在顶峰与敌人展开殊死搏斗，为大部队和群众的撤离争取了宝贵的时间。完成任务后他们英勇跳崖。

"八女投江"百度词条	"狼牙山五壮士"百度词条
八女投江 - 抗日时期8名女兵殉国事件 中国东北抗日联军8名女官兵英勇抗击日本侵略军而投江殉国的英雄事迹。 ▣ **目录**　1 基本介绍 ■ **基本介绍** 　　这8名女官兵分别是第2路军第5军妇女团的指导员冷云（原名郑志民），班长胡秀芝、杨贵珍、战士郭桂琴、黄桂清、王惠民、李凤善和被服厂厂长安顺福。1938年10月上旬，东北抗日联军第5军一部，在牡丹江地区乌斯浑河渡口（今属林口县）与日伪军1000余人遭遇。已行至河边准备渡河的妇女团的上述8名成员，为掩护大部队突围，毅然放弃渡河，在指导员冷云率领下，分成3个战斗小组，与日伪军展开激战。她们主动吸引日伪军火力，使部队主力得以迅速摆脱敌人的攻击，但是她们却被敌人围困于河边。在背水战至弹尽的情况下，她们面对日伪军逼降、誓死不屈，毁掉枪支，挽臂涉入乌斯浑河，集体沉江，壮烈殉国。八女投江的壮举，表现了中华民族同敌人血战到底的英雄气概，在人民群众中广为传颂。	狼牙山五壮士（1941）是八路军晋察冀军区第1军分区1团7连6班，为在河北省保定市易县狼牙山战斗中英勇抗击日军和伪满洲国军的八路军5位英雄，他们是马宝玉、葛振林、宋学义、胡德林、胡福才，他们用生命和鲜血谱写出一首气吞山河的壮丽诗篇。在战斗中他们临危不惧，英勇阻击，子弹打光后，用石块还击，面对步步逼近的敌人，他们宁死不屈，毁掉枪支，义无反顾地纵身跳下数十丈深的悬崖。马宝玉、胡德林、胡福才壮烈殉国；葛振林、宋学义被山腰的树枝挂住，幸免于难；5位战士的壮举，表现了崇高的爱国主义、革命英雄主义精神和坚贞不屈的民族气节，被人民群众誉为"狼牙山五壮士"。

案例5　和而不同，美美与共
——品读《将相和》中的和合之美

【学生认知】

《将相和》是统编版语文教材五年级上册第二单元的阅读课文。该单元包含《搭石》《将相和》《什么比猎豹的速度快》《冀中的地道战》五篇文章，学习重点是提升阅读速度，培养结合具体事例写出人物特点的能力。"将相和"俗称"负荆请罪"，和"完璧归赵""渑池之会"合在一起组成《史记·廉颇蔺相如列传》的主要内容。故事通过廉颇、蔺相如、赵王的具体事例写出人物性格，传递海纳百川，有容乃大，将相和，平天下的主题，体现了传统"和"文化的主要内涵。

一、理解"和"文化的丰富内涵

五年级处于小学高年段，学生思维正处于由浅层片面向深层全面发展的重要阶段。经过小学四年的学习积累，学生已经具备通过各种材料和手段探究事物背后的内涵和价值的基本能力。因此，需要在较为复杂的任务和综合的情境中提升对已有概念深入理解的探究能力。

"和"是传统文化的重要概念，贯穿整个中华民族发展的历程，见诸各个历史时期、各家学派为人修身、立身处世、治国安邦的观念和主张之中。经过长期发展，"和"的内涵扩展到自然、社会、人文、政治等各个领域。如"天人合一"的自然观、"以和为贵"的社会交往观、"和而不同"的价值追求等。五年级学生对"和"的理解不应只停留在表面，需要借助比较阅读、材料分析、情境对话、讨论交流、研究拓展等方式训练自身由浅入深地探索文本人文价值的能力，让思维在活动中循序渐进地走向深入。

二、内化"和"品质于个人成长

"和而不同"指君子在人际交往中与他人和谐友善的关系，但在对具体问题的看法上也不必苟同于对方。"和而不同"是人文精神的具体表现，被历朝历代的政治家、思想家所推崇，是中华民族重要的对内、对外交往理念。对国家发展而言，要做到尊重差别、求同存异；就个人成长而言，需要加强自身修养，锤炼道德品质，涵养宏阔胸怀，寻求内在和谐。这些都是五年级学生在个性形成和交往能力培养中需要内化于心的优秀品质。

为了更好地理解"和"的内涵，学生还需要感受"和"的时代价值。随着时代的发展，"和"思想也被运用到当代的治国理政实践中。习近平总书记在《之江新语》中这样说："'和'指的是和谐、和平、中和等，'合'指的是汇合、融合、联合等。这种'贵和尚中、善解能容，厚德载物、和而不同'的宽容品格，是我们民族所追求的一种文化理念。""和"的品质对学生个性修养和面对成长挑战有着重要意义，新时代的青少年应该以"和"的精神汲取知识、包容外物、认识世界，通过体验和践行让"和"的精神在新时代熠熠生辉。

【教学目标】

"和合"是中国传统文化中的核心思想理念之一，它与社会主义核心价值观中的"和谐"是一脉相承的，是中华民族的重要价值取向，是新时代少年所被期待具备的思想精神。五年级的学生正迈入少年期，心智发展由依赖趋向独立，正处于半幼稚半成熟交错的矛盾时期。他们能认识和掌握一定的道理、观念，对社会现象开始关注，开始有独立的见解，但他们的见解极易受外界影响而时常变化。此时以传统文化中优秀的思想理念去影响和浸润他们，有助于人文精神的涵养、道德水平的提高，对青少年的成长具有十分重要的意义。

教育部发布的《中华优秀传统文化进中小学课程教材指南》中指出，中小学课程教材反映中华优秀传统文化的主要形式包括人文典故，主要指经过历史检验、被人们公认、有特定内涵的人、事、言。如历史人物和故事，神话、传说，寓言、名言名句等。《将相和》的故事包含了经典的历史事件，突出了形象鲜明的历史人物，值得反复品读、记忆和积累。分析廉颇、蔺相如的典型行为、品格、观念，有助于培养学生修齐治平、为国为家的民族精神。

基于此，将活动目标确定如下：

1. 撰写廉蔺日记，梳理二人由"不和"到"和"的心理变化，理解人物的大局意识。

2. 阅读历史资料卡，了解赵国的兴衰历史，分析"廉蔺之和"对赵国生存和发展的意义。

3. 阅读与"和"相关的历史故事，理解"和"的目的；列举生活中的"和合之美"，理解"和"的现实意义。

4. 制作"和合之美"冬奥画册，激发自身向世界传递"和合之美"人文精神的美好愿望。

【教学过程】

活动一：撰写廉蔺日记，理解"廉蔺之和"

1. 负荆请罪之后，将相已和，假如蔺相如、廉颇都有写日记的习惯，当天他们会在日记里写些什么？请重读课文，以小组为单位，选择身份，以蔺相如或廉颇的口吻写一篇不超过150字的日记，日记要包含对事件的回忆和感悟两部分。

（1）　　　　　　　　　　　　　　（2）

图 2-5-1　廉颇日记、蔺相如日记

2. 在廉颇、蔺相如日记的基础上撰写简单的朗读脚本，以所选人物的口吻把日记读出来，录制朗读视频，要读出语气和神态。

3. 班级交流分享，依照"廉颇组""蔺相如组"分组观看日记朗读视频，组内投票选出最恰当的一篇日记，汇聚集体智慧，优化修改日记；完成后组间交流评价，分享创作思路和修改思路。

活动二：了解历史，感悟"人和国强"

1. 阅读历史资料卡，了解赵国的兴衰历史，整理廉颇、蔺相如的功业。

表 2-5-1　历史资料卡

廉颇功劳簿	蔺相如功劳簿
1.	1.
2.	2.
3.	3.

2. 交流讨论"廉蔺之和"对赵国的意义，试想如果"廉蔺不和"，赵国的历史可能会发生怎样的变化。

拓展资源 1

廉颇和蔺相如对于赵国来说都是不可或缺的人才，廉颇出生于赵武灵王时期，他亲眼见证了赵国在军事方面一步步走向强盛。而廉颇也是战国四大名将之一，为赵国立下无数战功。

蔺相如则是赵国另一柄锋利的矛，在渑池之会上，蔺相如凭借自己三寸不烂之舌不仅保住了赵惠文王的颜面，还让赵王得以顺利归国。虽然他们之间存在一些隔阂，但对于赵国来说都是无法替代之人。

在历史上，蔺相如和廉颇谁的功劳更高呢？其实两人的功劳都是非常高的，但蔺相如的存在感更高。完璧归赵为赵国保全了领土以及和氏璧。

相比之下，廉颇的主业就是带兵打仗，在旁人甚至赵王看来，就算取得大的胜利，也是理所当然的，且蔺相如的事迹更容易传播。

廉颇还曾在送赵王去赴渑池之会时说过大王此行，估计路程和会谈结束，再加上返回的时间，不会超过三十天。如果三十天还没回来，就请您允许我们立太子为王，以断绝秦国要挟的妄想。

赵王的反应则是"王许之"。可以看出赵王还是非常信任廉颇的。而"亲贤臣"即使不是判断一个君王贤明与否的唯一标准，至少也说明他并不昏庸。

当时的秦国有过扣押楚怀王的经历，导致了楚国内局势混乱，赵国显然是不想重蹈楚国的覆辙，廉颇这样的担忧是合理的。

这样的言论其实也有一定的风险，但廉颇并没有顾及自身，而是很直白地表达了自己对于国家命运和国君命运的担忧，可以看出廉颇身为一代名将的忠心。

想到他在赵惠文王驾崩之后不得任用，身死寿春却仍然想着为赵国练兵，真是令人感慨。

赵孝成王时，秦兵大举进攻赵国，双方进行了著名的长平之战，此时的蔺相如已年老体衰，病魔缠身。

再加之赵孝成王对先王的谋臣不再重用，蔺相如很少参与国事，赵孝成王不听蔺相如劝阻，执意要任赵括为将，导致赵国在长平之战中惨败。此后不久，蔺相如便带着未能报效国家的遗憾病逝。

据《磁州志·乡贤篇》记载：蔺相如死后葬于磁州（今河北磁县羌村），后人曾在墓前建有庙宇，古时路经此地的文人墨客多到墓前祭祀，以示敬仰。

现今墓前庙宇不存，但每年的农历七月二十二日（相传为蔺相如的生日）该村村民仍要举行一些活动，以示纪念。

赵国在战国时期可以存活那么久可以说和蔺相与廉颇二人的功劳是分不开的。

活动三：讨论交流，品味"生活之和"

1. 阅读以下两个与"和"相关的故事，探讨廉颇和蔺相如、傅以渐、闵损的行为有什么共同之处，又分别是为何而和。

拓展资源 2

①三尺巷的故事

三尺巷（六尺巷）的民间故事有多个版本，在此选择山东聊城的故事。山东聊城"仁义胡同"，名为"三尺巷"，又名"六尺巷"，也称"状元街"，在水城东关大街东首路北。此故事是在水城流传甚广、家喻户晓的美丽传说。讲的是清代状元傅以渐，在京城为秘书院大学士，加封太子太保，授武英殿大学士兼户部尚书。曾纂修《明史》和《清太宗实录》，充任清太祖、太宗《圣训》总裁，奉命与曹本荣合著《周易通注》。家中因为宅基纠纷，修书一封，希望他能为家中撑腰。收到家人来书，遂修一纸家书："千里修书只为墙，让他三尺又何妨？万里长城今犹在，不见当年秦始皇。"家人看后，自感惭愧，主动让出三尺，邻居知道后，也深感惭愧，让出三尺来，于是就形成了今天的六尺巷。傅以渐在水城被尊称为傅阁老，傅姓也成为水城响当当第一大姓。

②芦衣顺母的故事

住在当时鲁国的一个少年名字叫闵损，从小就过着饥寒辛酸的生活，因为幼时丧母，失去了慈母之爱，童年的生活很孤苦。父亲闵公后来给他找了一个继母，生活才算有了改变，刚开始继母待闵损还好，等到她自己生了儿子后，情形却逐渐改变了，她只疼爱自己所生的骨肉，对闵损开始冷落了下来，处处看着都不顺眼。父亲在家时还好些，等父亲出门儿做生意离开家后，母亲对闵损便没有什么温暖，不但让他带看弟弟，而且家中的脏活儿累活儿全叫他干。曾饱受苦难的孩子懂事早，九岁的他不但乐意去干一切脏苦累活儿从无怨言，而且对待打骂也能逆来顺受，能以德报怨，对人讲话总是彬彬有礼；特别是对五岁的弟弟非常疼爱友好，处处关心和谦让弟弟，兄弟俩心心相印亲密无间。

这年冬天，父亲从远方做完生意归来，全家人欢欢喜喜得以团圆，闵损给父亲送上一碗热水，但因为身上发冷，两个手臂不由自主地哆哆嗦嗦抖个不停，碗中的水竟洒了一多半，母亲瞪了他一眼，赶紧告诉小儿子又奉上一碗。这种情形父亲看在眼里，心里不是滋味，骂闵损不长进、没出息。

饭后，父亲带上兄弟两个赶着马车去拉货，一路上顶着凛冽的寒风，闵损冻得身体缩成一团，父亲看他穿着厚厚的棉衣，不觉火从心起，并斥责说："看看弟弟穿得比你少，也没有冻成你那样，看你怎么活像个冻死鬼托生似的，太没出息了！"说着便顺手抽了闵损一鞭子，弟弟见状心疼哥哥，扑在哥哥身上，这第二鞭子打下去后，闵损的棉衣被打破了，突然从破洞处露出的芦苇花撒了一车，父亲一看愣住了，刹那间他就已经明白过来：原来后娘竟如此狠心待儿子，气得当下掉了眼泪。

待到拉完货回到家里后，立即写了一纸休书，令其妻快快返回娘家！妻子吓得跪地磕头如捣蒜，盛怒的闵公只说："你心太狠了，是绝不可原谅的。"看母亲头已磕破，闵损和弟弟慌忙地跪了下来。那时女人地位很低，一旦被夫家休了，这一生就算是完了，为此走投无路而轻生寻短见的不在少数。

眼看丈夫不肯饶恕自己，妻子感到绝望了，这时闵损开口道："孩儿请父亲息怒，恳求您就饶了母亲这一回吧，家里是不能没有母亲的，没有母亲的家不像一个家，更何况'母在一子单，母去三子寒'。如果父亲不答应孩儿绝不起来!"说罢与弟弟叩头不止，这时闵公被儿子一番合乎情理的正义之言打动了，看了看几乎要晕倒的妻子，心肠软了下来，深深地叹了一口气说道："罢了，罢了，你们都下去吧。"两个儿子赶紧扶起母亲，这时如梦初醒的母亲，激动地抱着两个儿子痛哭失声，她万万没有想到在这关键的时刻，大儿子竟然救了她一命。从此，被感化的母亲对大儿子又敬又爱，处处待他胜过自己的亲生儿子，弟弟对兄长更是敬重有加，从此闵公的家，成为一个和睦美满的家庭。

表 2-5-2　历史人物资料卡

人物	概括故事主要内容	三人行为的共性	分别为何而和	给我的启发
廉颇、蔺相如				
傅以渐				
闵损				

2. 小组交流：列举生活中的"和合之美"事例，结合自己的感受，说一说生活中践行"和合之美"的好处。

活动四：冬奥画册，传递"和合之美"

1. 各小组各自观看冬奥会开幕式视频片段，将能表达"和合之美"的画面截屏，班级分享交流，形成"和合之美"冬奥画册。

截屏 1	截屏 2	截屏 3	截屏 4
截屏 5	截屏 6	截屏 7	截屏 8

图 2-5-2　"和合之美"冬奥画册

2. 组内交流，评选最佳截图。围绕"和合之美"，给本小组截屏的这张图片加一段解说词，解说给外国友人听。

【教学评价】

评价"活动四：冬奥画册，传递'和合之美'"。

评价标准：

表 2-5-3　评价标准

层次	评价标准
前结构层次	能捕捉到冬奥点火仪式中体现"和合之美"的场景。
单点结构层次	能用自己的话阐述对冬奥点火仪式中表达出的"和合之美"的理解。
多点结构层次	检索搜集与冬奥会相关的资料，总结归纳体现"和合之美"的地方。
关系层次	能分析出冬奥会向世界传递"和合之美"这一行为体现出了怎样的大国姿态和大国担当。

成果样例：

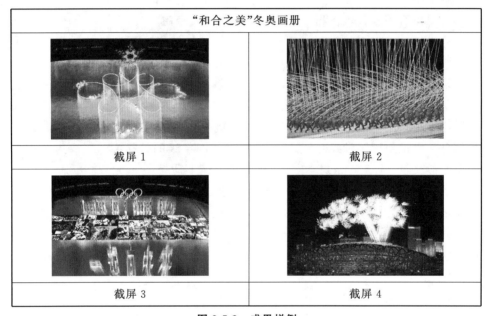

图 2-5-3　成果样例

　　"和"是中国人文精神的体现，从 2008 年奥运会开幕式到 2022 年冬奥会开闭幕式，"和"作为中华文化的重要元素用不同方式展现着它的魅力。截屏 3 中的"一起向未来"就是对"和合之美"的完美诠释。这是开幕式致敬人民的环节，画面中来自世界各地的 76 名年轻人，同向同行、并肩向前，他们走过的地方变成了一条由照片组成的影像长河，展现当下世界人民为梦想拼搏的动人画面。两旁的中国结用中国式的团结致敬跨越国界的团结，展现了"一起向未来"的冬奥主题。

案例6 工匠精神和集体智慧
——探寻《赵州桥》建筑艺术背后的人文精神

【学生认知】

《赵州桥》选自统编版语文教材三年级下册，介绍了赵州桥的建筑特点和其中蕴含的集体智慧结晶。赵州桥作为古代四大名桥闻名遐迩，始建于隋朝，由著名的工匠李春设计并建造，横跨宽 37.02 米的河面，是目前保存得最好的单孔石拱桥。赵州桥在建筑、历史、艺术、交通领域均产生了重要的影响，是古代勤劳质朴工匠们集体智慧的结晶，体现了一脉相承的工匠精神，是学生了解工匠精神和集体智慧，走进物质文化遗产的好机会。

一、拓宽阅读领域，积累说明性文本的阅读经验

经过一、二年级的学习，积累了一定的记叙性文本阅读经验，需要在第二学段拓宽阅读领域，阅读浅显的说明性文本，为第三学段"阅读与鉴赏"能力的培养提供阅读基础。《义务教育语文课程标准(2022年版)》对第三学段"阅读与鉴赏"能力提出的要求是"阅读说明性文章，能抓住要点，了解文章的基本说明方法。阅读简单的非连续性文本，能从图文等组合材料中找出有价值的信息。尝试使用多种媒介阅读"。三年级和四年级的教材中已经渗透了相关的说明性文章。以建筑艺术文章为例，三年级下册第三单元《赵州桥》、四年级下册第五单元习作例文《颐和园》等均选择适合学生阅读能力的作品作为经验积累的素材。学生需要结合说明文的特点，借助相应的说明方法，了解赵州桥的全貌及其独特设计；需要通过阅读相关同主题建筑艺术的文章，逐步积累学习和巩固说明文学习的方法。在体验中，实现经验积累与知识渗透双线互促。

二、聚焦集体智慧，理解集体智慧成就大国工匠

中华优秀传统文化具有独一无二的理念、智慧、气度和神韵，劳动人民的集体智慧是中华五千年文明得以延续发展的重要原因。可以说，集体智慧成就了一代代的大国工匠。三年级学生的认知水平有待成熟，生活经验处在积累期，对"工匠精神""集体智慧"缺乏感性认知，因此需要通过活动开阔视野，拓展对物质文化遗产的了解，借助文化遗产理解集体智慧滋养的大国工匠精神。

活动中学生需要借助图片还原不同领域学者眼中的赵州桥，阅读拓展阅读资料，深入理解赵州桥在历史、建筑、交通、艺术领域的重要价值。通过深入材料、走进历史、辩证思考，建构对赵州桥立体全面的了解，感受先民集体智慧的结晶，探寻大国工匠精神的形成过程和丰富内涵。

【教学目标】

在教育部发布的《中华优秀传统文化进中小学课程教材指南》文件中指出，中小学课程教材反映中华优秀传统文化的主要载体形式包括其他文化遗产，例如古文化遗址、古墓葬、古建筑等文物和艺术品。学习有关中国古建筑的课文，有利于学生了解中国古代的建筑艺术瑰宝，依托桥梁文化了解建筑文化，感受和继承中国人民的集体智慧和工匠精神。

工匠精神有着悠久的历史，在中国的文化观念中，自古就有着对"匠心"的追求，我们常常用"匠心"来形容做事的高妙境界。工匠精神是一种严谨认真、精益求精、追求完美、勇于创新的精神，它是人们在长期的物质生产过程中形成的一种职业素养和职业品质，是中华民族五千多年历史文化在生产生活中的积淀。我国自古以来就具有尊崇和弘扬工匠精神的优良传统，很多工艺品和古建筑水平长期处于世界领先地位与工匠精神的传承密不可分。运斤成风、庖丁解牛、纪昌学射等成语故事塑造了一个个技艺高超的工匠，也体现着传承千载的工匠精神。自古以来，任何一个从事工艺劳动的工匠，都是以其毕生精力献身于这一工艺领域的。

基于此，将活动目标确定如下：

1. 结合时代背景和历史地位，分析赵州桥体现出的建筑者工匠精神和集体智慧。

2. 结合拓展资料，了解历史长河中其他体现工匠技艺和集体智慧的建筑艺术品。

3. 了解我国当代大国重器，感受工匠精神和集体智慧在当代社会的传承与发展。

【教学过程】

我国的桥梁文化绚丽多彩，而石拱桥技术更是建筑艺术宝库中一颗璀璨的明珠。从桥梁的结构构成、建造的工艺工法，到整体形式上的艺术表现，我国的石拱桥技术都具有颇深的造诣。雨果曾经说过："人民的思想就像宗教的一切法则一样，也有他们自己的纪念碑，人类没有任何一种重要的思想不被建筑艺术写在石头上。"千载传承，赵州桥早已不单单是一座实用性交通大桥，更是中国古代传统文化的一大载体，一种隽永深刻的文化符号，它是中国工匠技艺的高度表达，也是中国工匠精神和中华民族智慧的象征。

为了探寻赵州桥背后的中华人文精神，本活动依照"探秘设计，感受智慧""拓展延伸，领悟精神"两个方面出发进行设计。

活动一：我为"赵州桥"设计名片——多角度探秘赵州桥独特设计

赵州桥是世界现存最早、跨度最大的空腹式单孔圆弧石拱桥，1991 年被美国土木工程师学会认定为"国际历史土木工程里程碑"，在历史、建筑、美学等领域均有重要的价值。在不同研究者的眼中赵州桥的价值表现不尽相同。请自主阅读课文，以小组为单位圈画关键信息，依次判断下图分别是哪类研究者眼中的赵州桥。尝试从多个角度探索赵州桥的设计特点，为赵州桥设计名片，感受建筑体现出的古代人民的集体智慧和工匠精神。

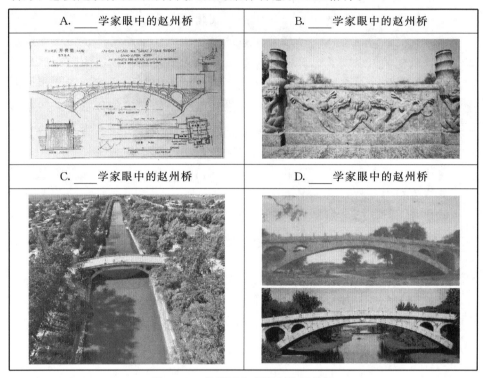

图 2-6-1　各类研究者眼中的赵州桥

表 2-6-1　历史学家眼中的赵州桥

类别	历史学家眼中的赵州桥
地点	
设计者	
建立朝代	
历史地位	
文献记载	

表 2-6-2 建筑学家眼中的赵州桥

类别	建筑学家眼中的赵州桥
基本设计	
选址特点	
结构特点	
砌置特点	
交通专家眼中的赵州桥	
艺术家眼中的赵州桥	

拓展资源

历史学中的赵州桥：

基本信息。赵州桥，又名安济桥，始建于隋代，由匠师李春设计建造，因赵县古称赵州而得名，距今已有 1400 多年。当地人称为"大石桥"，以区别于城西门外的永通桥(小石桥)，后由宋哲宗赵煦赐名安济桥。

历史地位。赵州桥在中国造桥史上占有重要地位，对世界后代桥梁建筑有着深远的影响。它是世界上现存年代最久远、跨度最大、保存最完整的单孔坦弧敞肩石拱桥，其"敞肩拱"的运用是世界桥梁史上的首创，有极高的科学研究价值。1961 年 3 月 4 日，安济桥(大石桥)被中华人民共和国国务院公布为第一批全国重点文物保护单位；1991 年，赵州桥被美国土木工程师学会认定为世界第十二处"国际土木工程历史古迹"并赠送铜牌立碑纪念，标志着赵州桥与埃及金字塔、巴拿马运河、法国埃菲尔铁塔等世界著名历史古迹齐名。

文献记载。历代赞誉赵州桥的民谣和诗文非常多，科学的考察与论述，有建筑家梁思成教授的《赵县大石桥即安济桥》一文，是他发表的该桥史话和实地考察的报告；有新中国成立初期文化部文物局的考察报告；有北京建筑工程学院的《安济桥桥台基础及地基的考察报告》等。已故桥梁专家罗英先生在他的《中国石桥》专著中有专章论述。英国李约瑟教授在他的巨著《中国科技史》中对安济桥倍加称赞。另外，提到赵州桥，不得不提到茅以升，20世纪60年代他的那篇《中国石拱桥》让赵州桥家喻户晓、妇孺皆知[1]。

建筑学中的赵州桥：

基本设计。赵州桥桥身全长64.4米，跨径37.02米，桥体由28道并列拱券砌筑，并用勾石、腰铁等相连加固。桥面两侧有42块栏板和望柱，雕刻精美，来来往往的行人游客或凭栏远眺，或扶柱沉思。

合理选址。赵州桥的合理选址是它延续千年的一个重要原因。大多数的桥梁设计师在选址时首先会考虑的是施工的难易程度，倾向于选择在跨度较小的河段进行建造。然而设计者李春则另辟蹊径，将赵州桥的基址选在了洨河的粗砂之地，虽然设计和建造难度增大，但是以粗砂为根基可大大提升桥梁的承重力度，确保桥梁的稳定性。赵州桥除了根基建在天然砂石上以外，还在此基础上用5层石条砌成桥台，每层较上一层都稍出台，使赵州桥的基础设计短小且厚实，完全能够承受桥身的重量，正是这独具匠心的想法和敢于实践的勇气，才造就了如今赵州桥的辉煌[2]。

独特结构。根据史料记载，中国古代的桥梁以半圆形拱为主。这种设计方式简单，但桥身陡峭，车马行人过桥十分不便。在建造赵州桥时，李春采用了圆弧拱结构设计，从而大大降低了拱顶的高度，便于施工。再与直梁形桥相比，在同样大小的荷载下，拱形桥最大弯矩值只有直梁形桥的一半，防洪泄洪能力以及稳定性都较强，且施工难度比直梁桥低，施工时间也更短。与半圆形拱桥及直梁形桥相比，圆弧形拱桥均表现出更大的优势[3]。

赵州桥在拱肩设计上也进行了改进，首次采用了敞肩拱，即在主拱两肩上各建造了两个小拱。这种设计实用性非常强，古代洨河汛期时水势很大，而四个小拱可以起到分担洪流的作用，增加了过水面积从而减轻洪水对桥身的冲击，使赵州桥的安全性有了保障。其次，采用敞肩拱可以节省石料，减轻了桥身的重量。再者，四个小拱均匀对称，使桥梁的外观更加优美，敞肩式结构设计也符合结构力学理论，在将艺术和建筑相结合的同时也保证了桥身的稳定性[4]。

---

① 钱令希：《赵州桥的承载能力分析》，《土木工程学报》，1987年第4期，第39—48页。

② 周天成：《浅析赵州桥的建筑特点与文化内涵》，《门窗》，2019年第2期，第112—113页。

③ 刘丽、王正明：《赵州桥多维价值的现代研究》，《古建园林技术》，2007年第1期，第18—21页。

④ 李白薇：《赵州桥：跨越千年的奇迹》，《中国科技奖励》，2012年第11期，第76—77页。

单孔设计也是赵州桥的特点之一。传统的多孔桥桥墩易被侵蚀，既不利于小船的行驶也不利于汛期时的排洪，而单孔设计非常完美地解决了这些问题。同时单孔设计也成为我国桥梁建筑的独创之举。

砌置方法。赵州桥建造中选用了附近州县生产的质地坚硬的青灰色砂石作为石料。施工时采用了纵向并列砌置法，就是整个大桥由28道各自独立的拱券沿宽度方向并列组合在一起，每道券独立砌置，可灵活地针对每一道拱券进行施工，所有的券组合在一起最终成为一道独立拱券。每砌置完一道拱券时，只需移动鹰架（施工时用以撑托结构构件的临时支架）再继续砌置另一道相邻拱。这种砌置方法十分利于修缮，如果一道拱券的石块损坏，只需要替换成新石，而不必对整个桥进行调整①。

交通学中的赵州桥：

当年，赵州桥所处的位置非常重要，可以说是从赵县往南的必经之路。据史料记载，"州南五里有一桥曰大石桥"，所说就是赵州桥。历史上，赵州桥一共经历过8次修缮，最近的一次修缮是20世纪50年代，历时3年，修缮之前赵州桥还在作为公路桥正常使用，行人、车辆等都可通行。

艺术学中的赵州桥：

赵州桥更是一个完美的艺术品。赵州桥四个小拱均衡对称，大拱与小拱构成一幅完整的图画，显得更加轻巧秀丽，体现建筑和艺术的完整统一。此外，在追求整体形象和谐完美的同时，细部装饰的精致也为人称赞。赵州桥桥面栏板望柱浮雕蛟龙花卉，刻工精细，刀法苍劲有力，风格古朴典雅，显示了隋代矫健、俊逸的石雕艺术风貌，有着很高的艺术价值。饕餮、蛟龙、蟠龙等神兽以及八角莲花、竹节、元宝等图案寄寓着人们平安吉祥的美好愿望②。

活动二：工匠精神代表作品——古代建筑艺术图片展

除桥梁外，我国还有许多其他的优秀古代建筑，如故宫、颐和园、黄鹤楼、莫高窟、土楼、苏州园林等。为了让同学们了解到更多的古代建筑，我们在班级内举行古代建筑艺术图片展。

请你广泛搜集资料，了解古代建筑，选择一处你喜欢的古代建筑制作"古代建筑艺术图片展资源卡片"。选择一张你认为能够凸显该建筑特色的图片，以"我眼中的……"为标题，为这张图片撰写一段说明性文字。要包含建筑的名称、历史、位置、建筑特色、文物保护等内容。

---

① 柏文峰：《中国古桥在工程结构和力学方面的成就》，《阜新矿业学院学报》，1988年第S1期，第77—78页。

② 高彦丽：《核心素养下STEAM教育的实践研究——以"赵州桥"为例》，《基础教育论坛》，2020年第32期，第43—44页。

【我眼中的_____】

＿＿＿＿＿＿＿＿＿＿＿＿＿＿＿＿＿＿
＿＿＿＿＿＿＿＿＿＿＿＿＿＿＿＿＿＿
＿＿＿＿＿＿＿＿＿＿＿＿＿＿＿＿＿＿
＿＿＿＿＿＿＿＿＿＿＿＿＿＿＿＿＿＿

活动三：当代的工匠精神和集体智慧——"大国工匠和大国重器"宣传栏设计

在我国古代的工艺文化历史上，产生过许多世界级工匠大师和普通工匠，很多人的名字不为我们熟知，但他们靠集体智慧为中华民族留下了一个个璀璨的文明成果。在当代，各行各业都涌现出了杰出的工匠，他们在工作岗位上默默无闻，勤劳耕耘，靠个人努力和集体智慧制造出了一个个让震惊世界的大国重器。

学习完《赵州桥》这篇课文，我们对古代建筑有了更加深入的了解。请以此为基础，参与班级历史文化宣传栏设计活动，本学期的活动主题为"了解大国重器，致敬大国工匠"。请浏览央视纪录片《大国重器》(第一季、第二季)的目录，选择两集你最感兴趣的内容认真观看，为其中一个大国重器设计一张宣传海报。建议设计过程中广泛搜集资料，参考《国家宝藏》等纪录片的宣传海报完成任务。海报包含建筑图片、文字简介两部分，图片要凸显建筑风格特点和建筑特色，文字介绍部分包含大国重器全称、大国重器的基本情况和价值地位、大国工匠的主要事迹和突出贡献。为了让更多同学了解工匠们的伟大事迹，学习他们的工匠精神，请在班级内部开展"最佳海报评选会"，分享制作收获和对于工匠精神的全新认识。

图 2-6-2　《国家宝藏》海报

表 2-6-3　《大国重器》第一、二季目录

《大国重器》第一季目录		《大国重器》第二季目录
第一集国家博弈 第二集国之砝码 第三集赶超之路 第四集智慧转型 第五集创新驱动 第六集制造强国		第一集构筑基石 第二集发动中国 第三集通达天下 第四集造血通脉 第五集布局海洋 第六集赢在互动 第七集智造先锋 第八集创新体系

表 2-6-4　《大国重器》宣传海报素材

图片部分	文字部分
典型元素及备选图片	题目： 大国重器的基本情况和价值地位： 大国工匠的主要事迹和突出贡献：
	学习收获：我眼中的工匠精神

【教学评价】

评价"活动一：我为'赵州桥'设计名片——多角度探秘赵州桥独特设计"。

评价标准：

表 2-6-5　评价标准

评价角度		评价标准	达成情况
活动过程	活动前	能与同学组成 4 人的活动小组，与组员商量制订活动计划，并在小组中承担一定的任务。	
	活动中	能从多种途径查找赵州桥的资料，与组员分享交流收集到的资料，选择一个角度进行整理。	
	活动后	能与组内成员进行适当的分工合作，用多种形式展示活动成果，并做到介绍清楚、内容丰富。	

续表

评价角度		评价标准	达成情况
名片设计	角度	从不同的角度设计赵州桥名片。	
	形式	设计形式独特、有创新性。	
	内容	名片信息完整、准确。	

成果样例：

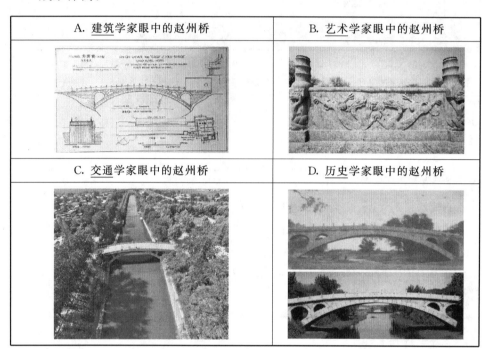

（1）

地点	赵县
设计者	李春
建立朝代	隋代
历史地位	世界上现存年代最久远、跨度最大、保存最完整的单孔坦弧敞肩石拱桥，其"敞肩拱"的运用是世界桥梁史上的首创，有极高的科学研究价值
文献记载	《赵县大石桥即安济桥》《安济桥桥台基础及地基的考察报告》《中国石桥》《中国科技史》等

（2）

基本设计	桥身全长 64.4 米，跨径 37.02 米，桥体由 28 道并列拱券砌筑，并用勾石、腰铁等相连加固。桥面两侧有 42 块栏板和望柱，雕刻精美
选址特点	根基建在天然砂石上，用 5 层石条砌成桥台，每层较上一层都稍出台
结构特点	圆弧拱结构，拱肩设计采用了敞肩拱
砌置特点	纵向并列砌置法

（3）

图 2-6-3 成果样例

案例 7 平凡手艺人的不凡"工匠精神"

——炼技修心，由技入道的《刷子李》

【学生认知】

《刷子李》选自统编版语文教材五年级下册，是《俗世奇人》的第二篇。《俗世奇人》是冯骥才创作的短篇小说集，全书由 18 个短篇文章连缀构成，各篇文字极精短，半文半白，带有"三言二拍"的笔意。《俗世奇人》文字真实地刻画了天津卫在晚清光绪年间所特有的社会风貌，运用大量富于诙谐、嘲讽和节奏性的语言进行叙事，故事生动有趣，惟妙惟肖，使人物跃然纸上，令人惊叹不已。《刷子李》虽篇幅短小，但其意蕴和手法却颇为精巧。文章紧扣"刷子李"的高超技艺，通过特有的感受、特有的穿着和奇特的规矩，突出一个特立独行的手艺人形象，让人联想起庖丁解牛"合于桑林之舞，乃中经首之会"的境界。悠然自得的姿态和游刃有余的技巧仿佛已不属于一位平凡的民间手艺人，而是属于一位出神入化、具有执着工匠精神的艺术大师。《俗世奇人》中描写的刷子李、泥人张表面看是天津一名普通的手艺人，其骨子深处却有着传统文化中的工匠精神。他们精湛的技艺和一丝不苟的精神已经由技入道，内化为工匠精神的重要内涵。这正是"俗世奇人"的"奇"之所在，也是中国人民勤劳和智慧的缩影，是值得我们每个中华儿女传承的血脉和资源。

五年级的学生已经积累了一定的阅读知识，需要进一步建立同类作品的阅读能力。通过学习《刷子李》，拓展阅读《俗世奇人》及庄子寓言故事，建立群文阅读意识，关注小说中人物形象的塑造方法的同时激发阅读整本书的兴趣，提高阅读能力和语文素养。

一、用辩证的眼光，理解手艺工匠的平凡与不凡

说到工匠精神，很容易想到制造物质文化遗产的伟大工匠们。工匠精神不仅体现在大国重器的制造者身上，还体现在我们身边一位位看似平凡的手艺人身上。

五年级的学生能够通过对课文内容的整体感知，品读和想象刷子李刷墙时的风采，感悟民间艺人的高超技艺。需要在感性认识的基础上，运用辩证的眼光看待平凡手艺人身上的不凡工匠精神，将认知从感性引向理性，从现象引向本质。通过拓展阅读和活动体验，将认识范围突破时间和空间的局限，从不同领域、不同时间的工匠身上抽象出一种精神信仰，即"工匠精神"，在抽象概括的同时发展抽象思维能力。

学习过程中学生需要将目光投诸身边平凡又不凡的匠人们，进一步把抽象思维提炼而成的基本认识与现实生活统一起来，用发展的、联系的眼光看问题。细心观察生活的同时对内体察省思，形成对工匠精神丰富内涵深刻而具体的认识，从生活中来再到生活中去，提升辩证思维能力。

二、用历史的眼光，感受工匠精神的传承与发展

工匠精神，指的是在具体器物的生产制作过程中，制作者所秉持的爱岗敬业、崇实务实、认真细致、精益求精、锲而不舍、勇于创新、吃苦耐劳的价值取向和意志品质，以及在这种过程中所达成的审美和精神境界。学生需要尝试运用历史的眼光看待工匠精神丰富内涵的传承和发展。

精益求精是工匠精神内涵的重要内容。《诗经·国风·卫风》曰"如切如磋，如琢如磨"，意指君子的修养就像加工骨头、象牙、玉石等骨器一样，需要反复切磋打磨。这是工匠对技艺的追求，同时也是不断磨炼工匠的技能、意志和心性的过程。巧匠梓庆削木为镰，作品精巧完美的程度让人叹为观止；在悬瀑险滩中游泳的吕梁丈夫，蹈水如同游戏一样；津人在"觞深之渊"驾驶小舟，轻松自在地如履平地一般；为文惠君解牛的庖丁，动作像舞蹈一样优雅从容；佝偻丈人捕捉树上的蝉，就像信手捡拾东西一样简单容易；巧匠工倕随手画就的圆形和方形，比用圆规与矩尺画出的图形还精确；八十岁高龄的铁匠，其锻造的带钩没有一丝细微的缺陷；运斤成风的匠石，甚至能用斧子削去他人鼻子尖上的小小污渍而不会斫伤其皮肤。历代文学作品中均记载了平凡小人物身上的不凡工匠精神，体现了工匠精神的传承与发展。

学生通过《刷子李》的学习，对工匠精神形成大致的理解和感性的认识。在此基础上拓展阅读，关联古今，感受到历代工匠的超凡高超绝技都是经过了长期反复的技术训练，不断超越自我、精益求精，成为伟大匠人的。将目光投诸日常生活，用实际行动向平凡工匠的不凡匠人精神致敬，在学习和生活细节中专注投入、精益求精，成就普通人的伟大。

【教学目标】

胡适先生在《差不多先生传》中讲了一个名叫差不多先生的故事，差不多先生在生活中经常把"差不多"挂在嘴边，最后死在他的"差不多"信念下，临死之前还说事情只要差不多就行了，不要太精确。胡适先生在文末指出："无数的人都学他的榜样。于是人人都成了一个'差不多'先生。然而中国从此就成为一个懒人国了。"胡适先生的这篇文章是为了讽刺当时社会那些不认真做事的人。随着时代的发展，这种现象并没有消失，在当今人们的日常生活中

"差不多"信念依然随处可见。

"差不多"文化会对小学生产生更加消极的影响。据课堂观察记录法和谈话法所得结果显示，"差不多"文化使得学生不只在小事上抱有不在乎的心态，还会把这种态度带到学习、生活的方方面面，比如上课迟到、作业糊弄、考试求过的心态都和"差不多"文化有紧密联系，最后学生认为所有事都做得差不多就行。甚至有学生感到"差不多"与"知足常乐"的心态是一致的，并没有认识到自己正是少年，正是拼搏奋斗之时。少年强则国强，小学生的价值取向与国家和民族的前途命运息息相关，引导学生摒弃"差不多"的观念，正视自己的能力，树立正确的三观，具有重大历史意义和时代价值。中华优秀传统文化有"差之毫厘，谬以千里"的说法，匠人们把精益求精当作自己的工作准则，他们将工艺做到了极致，造出了一个又一个富有魅力的作品。民间有很多身怀绝技的手艺人，他们贴近学生生活，更容易让学生感到他们身上所表现出的追求卓越的工匠精神，从而审视自身，以期改变自己的思想观念和价值追求。

基于此，将活动目标确定如下：

1. 转换叙事视角，用生动的语言讲述刷子李的故事，概括他高超技艺的炼成之法。

2. 对照漫画补充阅读《俗世奇人》，提炼匠人的共同特点，感受匠人的精神追求。

3. 拓展阅读《庄子》中能工巧匠的寓言，增进对"工匠精神"传统和内涵的理解。

4. 关注生活，为身边的匠人拍摄短片，理解新时代的"工匠精神"的内涵和表现。

【教学过程】

活动一：寻味刷子李炼技之法

在徒弟曹小三的眼中，刷子李是个怎样的人？他又是如何练就这一身本领的？请以曹小三的口吻介绍自己的师父，并将师父刷墙的手艺传承下去。

活动二：参悟手艺人炼技之道

请你阅读短篇小说集《俗世奇人》，选出五个人物小像，并补全天津卫奇人档案。补全后，对比他们的相同点与不同点，思考这些手艺人怎样练就了一身绝技，为档案集制作封皮，并拟档案及标题。

样例：

奇人：

奇言：

奇技：

奇行：

奇貌：

奇人：

奇言：

奇技：

奇行：

奇貌：

奇人：

奇言：

奇技：

奇行：

奇貌：

奇人：

奇言：

奇技：

奇行：

奇貌：

奇人：

奇言：

奇技：

奇行：

奇貌：

样例:

奇人:刷子李

奇言:"小三,你看见我裤子上的白点了吧。你以为师傅的能耐有假,名气有诈,是吧!
傻小子,你再仔细瞧瞧吧——"
"好好学本事吧!"

奇技:只见师博的手臂悠然摆来,悠然摆去,如同伴着鼓点,和着琴音。每一摆刷,那
长长的带浆的毛刷便在墙面"啪"的清脆一响,极是好听。"啪啪"声里,一道道
浆,衔接得天衣无缝,刷过去的墙面,真好比平平整整打开一面雪白的屏障。

奇行:他还给自己立下一个规矩,只要身上有白点,白刷不要钱。
一天只刷一间屋子。
每刷完一面墙,必得在凳子上坐一会儿,抽一袋烟,喝一碗茶,再刷下一面墙。

奇貌:他把随身带的一个四四方方的小包袱打开,果然一身黑衣黑裤、一双黑布鞋。穿
上这身黑,就像跟地上一桶白浆较上了劲儿。

图 2-7-1 《俗世奇人》人物档案集

活动三：感悟工匠精神的丰富内涵

《庄子》的匠人寓言中早已初步蕴含了现代工匠精神。《庄子》中的能工巧匠都有高超卓绝的技艺，可以说到了出神入化的程度，同时，他们对自己都有超越技术层面的精神追求。

请你阅读资料袋中的寓言故事，选出你感兴趣的内容，利用思维导图，或自己设计思维导图，提炼出庄子寓言中工匠精神的内涵。方形图案中填写故事主人公，圆形图案中填写体会出的精神。对照《俗世奇人》的阅读收获，说说工匠精神的传承。

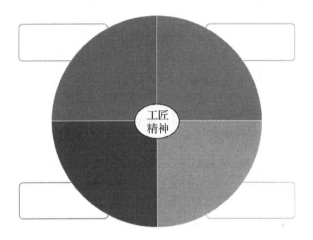

工匠
精神

图 2-7-2 思维导图

拓展资源

梓庆削木为镶

这"镶"有两种说法，一说是悬挂钟鼓的架子两侧的柱子，上面会雕饰着猛兽；二说是一种乐器，上面雕成老虎的样子。无论哪种说法都突出木匠精湛的工艺。鲁国的木匠梓庆就以此出名，梓庆的名声传着传着就传到国君那儿去了，所以鲁侯召见这个木匠梓庆，要问一问他其中的奥秘。

梓庆很谦虚，他对鲁侯说：我准备做这个镶的时候，我都不敢损耗自己丝毫的力气，而要用心去斋戒。斋戒的目的，是为了"静心"，让自己的内心真正安静下来。

在斋戒的过程中，斋戒到第三天的时候，我就可以忘记"庆赏爵禄"了，也就是说，我成功以后可以得到的封功啊、受赏啊、庆贺啊，等等，这些东西都可以扔掉了。也就是说，斋戒到三天，我可以忘利。斋戒到第五天的时候，我就可以忘记"非誉巧拙"了，也就是说，我已经不在乎别人对我是毁是誉、是是非非，大家说我做得好也罢，做得不好也罢，我都已经不在乎了，也就是说忘记名声了。

还要继续斋戒。到第七天的时候，我可以忘却我这个人的"四肢形体"，也就是说，到第七天，达到忘我之境。这个时候，我可以忘记我是在为朝廷做事了。大家知道，为朝廷做事心有惴惴，有了杂念，就做不好了。这个时候，我就进山了。进山以后，静下心来，寻找我要的木材，观察树木的质地，看到形态合适的，仿佛一个成型的镶就在眼前。然后我就把这个最合适的木材砍回来，顺手一加工，它就会成为现在的这个样子了。梓庆最后说，我做的事情无非叫作"以天合天"，这就是我的奥秘。

吕梁丈夫

孔子在吕梁地方观赏山水，只见瀑布高悬二十多丈，激流水珠飞溅四十余里，鼋鼍鱼鳖都无法逆流而上。这时见一男子在水中游泳，孔子以为是遭受困苦而想自杀的，急忙叫学生沿着水流赶去救他。可是那男子却潜水很长时间才浮出来，然后，披着头发，唱着山歌游到岸边。孔子跟过去问道："我以为你是鬼，细一看才知是人。请问，游水也有道吗？"那男子回答说："我没有什么道，开始的时候是出于习惯，长大以后变成禀性，有所成就也是顺于自然。与旋涡一起没入，与涌流一起浮出，顺着水势而不凭主观的动作，这就是我的游泳。"孔子又问："什么叫做始于习惯，长于禀性，成于自然？"回答说："我生于凌水，因而安于凌水的环境，这就是习惯；在水上长大，又安于水上的生活，这就是禀性；我说不出游泳的道理却善于游泳，如同自然的本性一样，这就是命。"

在天空自由翱翔，对于苍鹰来说，乃是最平凡的本领；在江海悠然遨游，对于白鲸来说，也并不觉得有丝毫的神奇；因为这只是它们的自然本性。吕梁丈夫居然能在激流之中像鱼一样悠然自如地游来游去，也就难怪孔夫子要疑惑见到鬼神。可是这样的神技，在吕梁丈夫自己看起来，却觉得非常平凡，不值得大惊小怪。而且他也不是口若悬河的理论家，所以也说不出个所以然来。他只觉得自己是在瀑水里成长起来的，游泳就如同走路一样成了自己的自然习性。既然是一种习性，也就无法说出个所以然来。不过吕梁丈夫的回答虽然朴实无华，却还是可以给人以许多启示的。这就是人可以通过对自然的适应，培养出适应自然的自然本领——习性。而所谓对自然的适应过程，也就是意识与实践千百次交流以达到顺应自然规律的过程。由此可见人的许多技能，只有通过这种对自然的适应过程，才能进入神化的境界。如果只是纸上谈兵，或者是按图索骥，长一分太多，短一分太少，那就不可能进入自由王国，有所成就的。

庖丁解牛

有一个名叫丁的厨师替梁惠王宰牛，手所接触的地方，肩所靠着的地方，脚所踩着的地方，膝所顶着的地方，都发出皮骨相离声，刀子刺进去时响声更大，这些声音没有不合乎音律的。它竟然同《桑林》《经首》两首乐曲伴奏的舞蹈节奏合拍。

梁惠王说："嘻！好啊！你的技术怎么会高明到这种程度呢？"

庖丁放下刀子回答说："臣下所探究的是事物的规律，这已经超过了对于宰牛技术的追求。当初我刚开始宰牛的时候，（对于牛体的结构还不了解）无非看见的只是整头的牛。三年之后，（见到的是牛的内部肌理筋骨）再也看不见整头的牛了。宰牛的时候，臣下只是用精神去接触牛的身体就可以了，而不必用眼睛去看，就像视觉停止活动了而全凭精神意愿在活动。顺着牛体的肌理结构，劈开筋骨间大的空隙，沿着骨节间的空穴使刀，都是依顺着牛体本来的结构。宰牛的刀从来没有碰过经络相连的地方、紧附在骨头上的肌肉和肌肉连接的地方，更何况股部的大骨呢？技术高明的厨工每年换一把刀，是因为他们用刀子去割肉。技术一般的厨工每月换一把刀，是因为他们用刀子去砍骨头。臣下的这把刀已用了十九年了，宰牛数千头，而刀口却像刚从磨刀石上磨出来的一样。牛身上的骨节是有空隙的，可是刀刃却并不厚，用这样薄的刀刃刺入有空隙的骨节，那么在运转刀刃时一定宽绰而有余地了，因此用了十九年而刀刃仍像刚从磨刀石上磨出来一样。虽然如此，可是每当碰上筋骨交错的地方，我一见那里难以下刀，就十分谨慎而小心翼翼，目光集中，动作放慢。刀子轻轻地动一下，'哗啦'一声骨肉就已经分离，像一堆泥土散落在地上了。我提起刀站着，为这成功而得意地四下环顾，一副悠然自得、心满意足的样子。拭好了刀把它收藏起来。"

梁惠王说："好啊！我听了庖丁的话，学到了养生之道啊。"

佝偻丈人承蜩

孔子到楚国去，走出树林，看见一个驼背老人正用竿子粘蝉，就好像在地上拾取一样。孔子说："先生真是巧啊！有门道吗？"驼背老人说："我有我的办法。经过五六个月的练习，在竿头累叠起两个丸子而不会坠落，那么失手的情况已经很少了；叠起三个丸子而不坠落，那么失手的情况十次不会超过一次了；叠起五个丸子而不坠落，也就会像在地面上拾取一样容易。我立定身子，犹如临近地面的断木，我举竿的手臂，就像枯木的树枝；虽然天地很大，万物品类很多，我一心只注意蝉的翅膀，从不思前想后左顾右盼，绝不因纷繁的万物而改变对蝉翼的注意，为什么不能成功呢！"

孔子转身对弟子们说："运用心志不分散，就是高度凝聚精神，恐怕说的就是这位驼背的老人吧！"

津人操舟

有一次颜回外出游学渡过名叫觞深的深潭，船夫操纵船像神一样。颜回问他："驾船可以学会吗？"船夫说："可以。"擅长游泳的人反复学习几次就会了，如果是会潜水的人，那么还没见到船就会驾船了。但颜回再追问为什么，船夫却不告诉他。

颜回把这件事告诉孔子，并询问老师该怎么理解船夫的话。孔子说：擅长游泳的人反复学习几次就会了，是因为他忘记了水。如果是会潜水的人，还没见到船就会驾船，那是因为他把深渊当成是丘陵，把翻船当成是车子倒退。面对翻船就泰然处之，毫不在意了。用瓦片做赌注的一定轻松，用银钩做赌注的会有所忌惮，用金子做赌注的一定神思昏乱。轻松就能专心致志，而有所顾忌，就会分心注意其他的事。凡是分心他顾的人思维必然迟钝。

运斤成风

楚国的郢都有个勇敢沉着的人，他的朋友石是个技艺高明的匠人。有一次，他们表演了这样一套绝活：郢人在鼻尖涂上像苍蝇翅膀一样薄的白粉，让石用斧子把这层白粉削去。只见匠人不慌不忙地挥动斧头，"呼"的一声，白粉完全被削掉了，而郢人的鼻尖却丝毫没有受到损伤，郢人也仍旧面不改色，若无其事地站在那里。

这件事被宋国的国君知道了，他非常佩服石的绝技和郢人的胆量，很想亲眼看一看这个表演。于是，国君便恭恭敬敬地把匠人石请来，让他再表演一次。石说："我的好友已经去世，我失去了唯一的搭档，再也没法表演了。"

工倕

工倕随手画来就胜过用圆规与矩尺画出的，手指跟随事物一道变化而不需用心留意，所以他心灵深处专一凝聚而不曾受过拘束。忘掉了脚，便是鞋子的舒适；忘掉了腰，便是带子的舒适；知道忘掉是非，便是内心的安适；不改变内心的持守，不顺从外物的影响，便是遇事的安适。本性常适而从未有过不适，也就是忘掉了安适的安适。

不失豪芒

大司马家锻制带钩的人，年纪虽然已经八十，却一点也不会出现差误。大司马说："你是特别灵巧呢，还是有什么门道呀？"锻制带钩的老人说："我遵循着道。我二十岁时就喜好锻制带钩，对于其他外在的事物我什么也看不见，不是带钩就不会引起我的专注。锻制带钩这是得用心专一的事，借助这一工作便不再分散自己的用心，而且锻制出的带钩得以长期使用，更何况对于那些无可用心之事啊！能够这样，还有什么外物会让我分心呢？"

活动四：唤醒工匠精神的时代意义

学习《刷子李》后，班级举办以"工匠精神"为主题的创意短视频比赛——"寻找校园奇人"的活动。

请同学们开始寻找身边的匠人，他可能是田径队的"飞腿李"，也可能是文采超然的"作家方"，还可能是手持护盾、守护校园安全的保安叔叔……

快去发现身边的匠人，拟采访稿，对他进行采访，并为你拍摄的短视频撰写文案，结合你眼中的"校园奇人"，在视频中谈谈你对新时代工匠精神的理解。

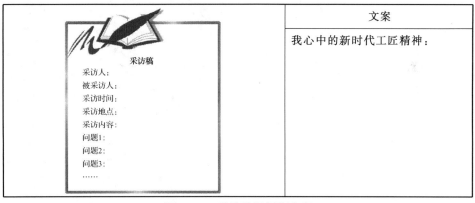

	文案
采访稿 采访人： 被采访人： 采访时间： 采访地点： 采访内容： 问题1： 问题2： 问题3： ……	我心中的新时代工匠精神：

图 2-7-3 采访稿及视频文案

【教学评价】

评价"活动三：感悟工匠精神的丰富内涵"。

评价标准：

表 2-7-1 评价标准

层次	评价标准
前结构层次	不能提取《庄子》匠人故事中主人公，不能归纳其中的匠人精神。
单点结构层次	能够提取《庄子》匠人故事的主人公，但不能准确把握文章主旨，归纳匠人精神。
多点结构层次	能够提取《庄子》匠人故事的主人公，能够通过品读关键语句感悟人物形象和精神品质，但不能找到不同故事中匠人精神的共性。
关联结构层次	能够将《庄子》匠人精神选文人物精神品质建立联系，准确提取主人公，归纳匠人精神内涵，合理合并同类精神表现的不同人物。

成果样例：

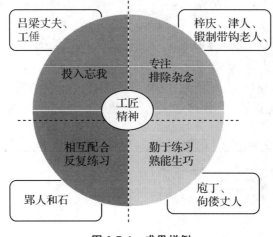

图 2-7-4　成果样例

第三章　中国智慧类单篇融入式课程

　　继承和弘扬中华优秀传统文化是语文学习的重要目标，对于小学阶段的学生而言，要引导其"注重感悟国家通用语言文字的文化内涵，初步认识中华优秀传统文化蕴含的思想和智慧"①。想要做到这一点，首先要关注文字，在教学过程中，要引导学生"感受汉字的构字组词特点，体会汉字蕴含的智慧"②，其次，我国自古以来流传的故事中蕴含着丰富的中华智慧，因此在教学过程中，还要引导学生"阅读哲人故事、寓言故事、成语故事等，感受其中的智慧，学习其中的思维方法"③，引导学生"阅读中国古今寓言、中国神话传说等，学习其中蕴含的中华智慧，口头或书面分享自己获得的启示"④。

　　就学习方法而言，还要引导学生"阅读解决生活问题的故事，尤其是中华智慧故事，结合自己在生活中遇到的问题学习思考的方法，尝试运用列提纲、画思维导图等方式，表达故事中的道理"⑤，如此才能让学生在语文学习中认识中华文化的丰厚博大，汲取中华智慧，进而在新时代弘扬中华优秀传统文化，建立文化自信。

【传统文化核心概念】

- 智慧：智谋，聪明才智。
- 中国智慧：整体思维，变通精神。

　　"智慧"二字，根据《辞海》的解释，"智"的意思主要有聪明，智慧，智谋；通"知"，即知道。"慧"的意思主要有智慧，聪明；狡黠。"智慧"主要指人对事物能认识、辨析、判断处理和发明创造的能力。在《新华字典》中，智慧是指从实践中得来的聪明才干，类似于智力。在现代中国人的话语体系里，所谓"智慧"主要是指人们运用知识、经验、能力、技巧等解决实际问题和困难的本领，同时它更是人们对于历史和现实中个人生存、发展状态的积极审视、观照和洞察，以及对于当下和未来存在着的、事物发展的多种可能性，进行

---

① 中华人民共和国教育部：《义务教育语文课程标准（2022年版）》，北京：北京师范大学出版社，2022年，第11页。

② 同上。

③ 同上书，第30页。

④ 同上书，第32页。

⑤ 同上书，第29页。

明智、果断勇敢地判断与选择的综合素养和生存方式。

"智"字还可以引申出"机智、谋略"的含义。"智"字甲骨文𣉜，由于（干，木制武器）、𠦝（矢，弓箭）和𠙵（口，谈论）组成，最初的在字源上就和战争谋略联系在一起。"谋"字本义为"商议"，《尚书·皋陶谟》记载皋陶、夏禹、虞舜讨论和谋划政事时称作"谟"，"谟"字就是"谋"。《说文解字》称："谋，虑难曰谋。从言，某声。"《周易·讼》："君子以作事谋始。"后来"谋"引申出"计谋、策略"的意思。

智谋即智慧与谋略，是智慧和谋略的妥善结合。对于事物的变化有着敏锐的判断力，驱使事物向有利的方面发展的能力，称为智谋。"智"与"谋"发生词汇学上的联系始于《韩非子·五蠹》的"上古竞于道德，中世逐于智谋，当今争于气力"一语。《管子·霸言》曰："霸王之形，德义胜之，智谋胜之，兵战胜之，地形胜之，动作胜之，故王之。"意即要成就一番霸业，就要在德义、智谋、军事、地形、时机把握上胜于别人。

"智慧"在个人身上具体表现为一个人的聪明才智。2018 年 9 月 10 日，习近平总书记在全国教育大会重要讲话中指出，要"培养德智体美劳全面发展的社会主义建设者和接班人"，其中"智"指的就是智慧，也就是说，要培养智慧的人，要特别注重学生聪明才智的培养。"根据《现代汉语规范词典》的解释，"聪明"指的是一个人天分高，智力强，而"才智"则多指一个人的才能和智慧，我们所要培养的，正是这样不仅智力水平高、能力强，而且富有才华与智慧的新一代少年。

至于"中国智慧"，则反映了中华民族独特的思维方式、行为方式和精神世界，反映了中华文化独特的理念、气度、神韵。充满智慧的中华传统历史文化记载着历史的发展和演变，饱含着先民的智慧。与西方思维不同，中华民族的传统思维有三大特征，即整体思维、辩证思维、直觉思维。整体思维注重整体统一，"天人合一""天人和谐"，追求天、地、人、我（心）的和谐统一。"辩证思维"重视普遍联系和对立统一，以追求和谐协调、统一为目的。"直觉思维"是相对于"逻辑思维"而言的，是人类认识的基本形式之一。三大思维对中国社会的发展产生了重大影响，而对科学技术的影响尤其深重。

就拿整体思维来说，根据辩证唯物主义观点，整体局部属于系统与要素范畴，是一对辩证的统一体，它们既是对立的又是统一的。整体是指事物的全体或事物发展变化的全过程，而局部则是指构成事物整体的各个部分及其发展过程的各个阶段，整体是由若干个相互作用的局部构成，没有局部也就无所谓整体，局部是整体的一个部分或一个发展阶段，离开了整体就谈不上局部。局部和整体的特性是由各个局部及其它们的相互作用方式决定的，局部总会以一定的形式，在一定的程度上反映整体的限制，整体与局部的意义是相对的，它们在一定条件下会相互转变。一个较小系统的整体可以是在较大系统中的局部，反之较大系统中的某个局部也可以是较小系统中的整体。我们应当善于从局部去认识整体，从整体去认识局部。

中国人还讲究变通，"变通"在《现代汉语规范词典》中的解释为"处理事情时，对规定等酌情作非原则性的变动"，讲究的是灵活性，讲究的是遇事不要死钻牛角尖，且应该懂得通融、屈伸。"易经"中的变通指的是人们顺应事物发展变化的规律，机敏、常规不拘泥于事物发展变化的规律，强调自己永远处于适当、有利的位置。至于"变通精神"，其主要内涵则是"知常达变，开物成务"。

"知常达变"意指在掌握事物基本规律的同时，又能根据实际情况灵活机变。"知常"一词出自《道德经》中"复命曰常，知常曰明"，"达变"一词出自《文赋》中"苟达变而识次，犹开流以纳泉"，"知常"与"达变"囊括了中国古代哲学中的"常"与"变"两个事物发展样态。"常"指事物的一般性、普遍性，"变"则是特殊性、多样性。"知常达变"作为中国传统智慧的卓越体现，表达了古人在面对外界事物时超然的变通思想。

在"知常达变"的思想基础上，"开物成务"则是将宝贵的中国传统智慧落实于行动之上，语出《易经·系辞上》中"夫《易》，开物成务，冒天下之道，如斯而已者也"。其中"开"字解释为开通、开辟、了解。"开物成务"即通晓事物的变化规律，复将对事物变化规律的理解应用于事物之上，从而使人事各得其宜。"开物成务"一方面体现出了中华民族求真务实的实践精神，另一方面结合"知常达变"一词也突出了中华民族在知识、智慧应用上的变通思维。

纵观中华五千年文明史，中国曾长期处于世界科技前沿，特别是造纸术、指南针、火药、印刷术这四大发明，为世界科技发展作出过卓越贡献。在当代中国，中国智慧是中国道路、中国理念、中国方案在价值层面的集中表达，是对马克思主义的原创性贡献，也是对人类社会的独创性贡献，具有浓郁的中国特色、中国风格、中国气派。尤其是进入 21 世纪以来，我国科技实力大幅提升，跻身于世界上具有重要影响力的科技大国之一。当今世界，新一轮科技革命蓄势待发，新一代信息技术、生物技术、新材料、新能源、智能制造正渗透社会经济生活的方方面面，一些重大颠覆性技术创新正在创造新产业新业态，社会生产和消费方式正在从工业化向自动化、智能化转变。在中国日益走近世界舞台中央的时代，世界需要中国科学家为人类文明进步做出更大贡献，需要中国科学家为解决人类问题贡献中国智慧和中国方案，需要中国科学家为推动构建人类命运共同体提供科学思想和行动示范。中国智慧作用的影响，体现在中国成为世界和平的建设者、全球发展的贡献者、国际秩序的维护者。

中国智慧活动设计遵循趣味性、拓展性、生活性的原则，注重培养学生的学习兴趣，拓展学生的阅读视野，引导学生阅读解决生活问题的中华智慧故事，用自己的学习思考方式表达故事中的道理，学习其中的思维方法，体悟其中的中国智慧，进而认识中华文化的丰厚博大，建立文化自信。实际教学中应关注以下三点：

一、充分调动学生学习中华故事的兴趣

"兴趣"一词在《义务教育语文课程标准（2022 年版）》中前后共出现 29 次，可见培养学生学习兴趣之重要性。《义务教育语文课程标准（2022 年版）》尤其重视对学生学习汉字兴趣的培养，"课程目标"中明确提出，在第二学段要培养学生"对学习汉字有浓厚的兴趣"[1]，在"语言文字积累与梳理"板块专门指出"第一、第二学段应多关注学生主动识字的兴趣"[2]。除此之外，还格外重视学生识字兴趣与中华优秀传统文化的结合，在"语言文字积累与梳理"板块还指出，要"激发学生识字、写字、诵读、积累、探究的兴趣，并注意将语言积累、梳理与体认社会主义先进文化、革命文化、中华优秀传统文化相结合。"[3]，在推进中华优秀传统文化教育，启迪学生中国智慧过程中，注意充分调动学生的学习兴趣是应有之义。

以《汉字小侦探——在〈猜字谜〉游戏中感受汉字之趣》为例，让学生充当汉字小侦探，根据谜面和提示猜出字谜，由此获取入场券，强烈的挑战欲、生动的配图和恰如其分的提示，无不激发学生探索汉字之妙的兴趣，让学生在自主的探究中体会隐藏在汉字中的智慧。又如《从〈田忌赛马〉看中国传统智谋文化》，则用增加学生参与感的方法来激发学生的学习兴趣，先是让学生代入课文主人公进行赛马体验，再让学生分享自己感兴趣的智谋故事，给《西游记》的计谋使用情况打分，最后，还让学生针对智谋在现实中的运用问题展开辩论，无处不在的参与感让学生不再觉得学习是负担，而是一个追求知识与真理的过程，在这个过程中，中国智慧的习得、中华优秀传统文化的熏陶，就变成了一件自然而然的事情。

二、拓展阅读更多材料以加深学生理解

教材中所出现的有关于中国智慧的文章往往只是同系列文章中最为经典

---

[1] 中华人民共和国教育部：《义务教育语文课程标准（2022 年版）》，北京：北京师范大学出版社，2022 年，第 9 页。

[2] 同上书，第 23 页。

[3] 同上书，第 22 页。

的文章之一，想要加深对蕴含的中国智慧的理解，想要了解更多的中国智慧，就必须拓展阅读更多相关的材料，此为其一。其二，中国智慧常常借助典型人物形象得以展现，而典型人物形象往往很难通过一篇文章即可塑造丰满，而需要更多的相关故事，此时教材中出现的文章只是作为"引子"，想要更为全面地了解典型人物的形象，就必须阅读更多的拓展资料，在更多的人物故事中体会蕴含于人物身上的精神与智慧。其三，智慧与哲理具有普适性，即这些智慧与哲理不仅适用于一个人物和一个历史故事，还适用于其他人物和历史故事，所以在一篇文章中提炼出智慧和哲理后，还应该让学生阅读相类似的材料，使其理解智慧与哲学的普适性。

以《从〈田忌赛马〉看中国传统智谋文化》和《品读〈曹冲称象〉——智慧源于辨察善思》为例，在学完《田忌赛马》之后，宜安排学生拓展阅读《三十六计》，让学生借机领略更多的中国传统智谋文化。在学完《曹冲称象》后，宜安排学生拓展阅读同题材的历史故事，通过提取关键词，体会更多故事中所蕴含的中国智慧。又如《〈大禹治水〉中"知常达变，开物成务"的变通精神》，在教学过程中，可以让学生拓展阅读关于大禹的更多故事，以此了解大禹更为全面的人物形象，总结大禹更为丰富的人物精神。同样的，可以在学完《题西林壁》《从〈题西林壁〉引发哲学思辨》后拓展阅读《盲人摸象》，以引导学生体会二文所蕴含哲理之间的相似性、共同性，或者拓展阅读包含"辩证的理性主义"这一哲理的更多历史故事，让学生体会哲理的普适性。

三、注重中国智慧与生活实际相互联系

智慧本是源自生活经验的积累总结，智慧源于生活，终需回归生活，对生活中实际问题的解决做出指导。《义务教育语文课程标准（2022年版）》指出，要引导学生"阅读解决生活问题的故事，尤其是中华智慧故事，结合自己在生活中遇到的问题学习思考的方法，尝试运用列提纲、画思维导图等方式，表达故事中的道理"。[①] 在实际教学中，教师要通过引导学生系统地探讨中国智慧在现代生活中的价值，帮助学生正确认识，潜移默化地向学生传递中华传统文化的当代价值，将学生培养成为中华传统文化的继承者和弘扬者。

以《从〈田忌赛马〉看中国传统智谋文化》为例，通过学习《田忌赛马》感受孙膑的智慧和谋略并非学习的终点，更重要的，要引导学生借助智谋解决生活中的实际问题，不但"学智谋"，还要"用智谋"。又如《品读〈曹冲称象〉——智慧源于辨察善思》，在领略完曹冲的聪明才智后，还要回归生活实际，让学

---

① 中华人民共和国教育部：《义务教育语文课程标准（2022年版）》，北京：北京师范大学出版社，2022年，第29页。

生彼此之间分享学习体会，发挥群体智慧，多角度解决自己和同伴生活中的困难。如《〈大禹治水〉中"知常达变，开物成务"的变通精神》，除了要让学生明白"变通"的内涵外，还要设计教学活动，使学生反思生活中的"变通"事例，引导学生在生活中践行大禹精神。《从〈题西林壁〉引发哲学思辨》也一样，在教学过程中，要尽量引导学生结合生活实际，践行《题西林壁》中的哲理。总之，引导学生做有心人，发现生活中的智慧和美好。

案例1　汉字小侦探
——在《猜字谜》游戏中感受汉字之趣

【学生认知】

中国的字谜文化源远流长，而与之相关的最早汉字更是可以追溯到三千四百多年前。传说汉字为仓颉所造，汉字具有数量大、笔画多、二维展开、笔画以直线为主、方块布局及超时空性等特性，因为独特的构形方式、悠久的发展脉络以及重要的载体作用，成了不可磨灭的中华文化瑰宝。与汉字密切相关的字谜也是汉民族特有的一种语言文化现象，其义为"用字做谜底的谜语"，主要利用汉字形、音、义的特质以及汉语语义丰富的特点，运用离合、增损、象形、会意等方式加以巧思创造，构成谜面，制造谜语。字谜的呈现方式多种多样，经常与不同的民俗文化形式结合，具有丰富的趣味性，而这种趣味性，正是最吸引学生学习的所在。

一、了解汉字，积累语言素材，提升思维深度

中国的汉字属于表意文字，想要了解汉字，就必须知道汉字产生过程和汉字构形的"六书"理论。古代伏羲氏统治天下的时候，上则观察星象于天，下则观察现象于地，又看到鸟兽的纹理和地理的形状，近则取法于身，远则取象于物，于是开始作了八卦，用它来表示法定的图像。至神农时代，用结绳的办法记录事物，诸事繁杂，饰伪的事情不断发生。黄帝的史官仓颉，看到鸟兽足迹，知道纹理可以互相区别，开始创造了文字。仓颉在开始创造文字的时候，大抵是依照事物的形象画出它们的图形，所以叫作"文"。后来形旁声旁相互结合就叫作"字"。"文"是表示事物的本然现象，"字"是由"文"滋生出来而逐渐增多的。后来，许慎将造字方法和汉字结构归纳总结为"六书"："一曰指事，二曰象形，三曰形声，四曰会意，五曰转注。六曰假借。"

一年级学生需要积累这些与汉字有关的基本知识，而字谜中蕴含的汉字构造规律，能够帮助学生加深对汉字的理解，激发汉字学习的兴趣，掌握汉字识记方法，为汉字学习奠定良好基础。除此之外，字谜儿歌的句式排列整齐，语言生动活泼，内容意蕴丰富，也是学生需要积累的良好语言素材。《猜字谜》寓知识性、趣味性和哲理性于一体，能够帮助一年级学生在有趣的游戏和挑战中提升专注度、强化联想力，提升思维深度，逐渐将具体形象思维引向抽象逻辑思维。

二、爱上汉字，建立文化自信，厚植家国情怀

想要让一年级的学生爱上汉字，字谜是个很好的渠道。真正意义的"字谜"出现在汉魏时期，曹娥碑阴的八个字被誉为中国字谜的开端。字谜是谜语的重要一类，谜语通常由三个元素构成：谜面、谜目和谜底。谜面是字谜的主题，是创作字谜者根据谜底汉字的形体结构特点，对谜底汉字进行描述的话语，旨在给猜谜者提供破解的条件与线索。谜目，是与谜面同时出现的提示语，用于限制谜底的范围，一般是打一字或者猜某种词语。在字谜流变过程中，元宵节猜灯谜的传统民俗是字谜发展的重要环节，促进了字谜及其他谜语的广泛流传。

改革开放后，我国文化逐渐走向世界，同时世界各国文化也不断涌入我国，形成了多元文化以及多元文化带来的多元价值观。不同价值观的碰撞激发了人们的思维创造，也带来了一些弊端。在多元文化的冲击下，我国小学生的思想观念受到较大影响，对中国传统文化缺乏了解，追捧外国文化、缺乏文化自尊心和自豪感的现象比比皆是。对于小学生，尤其是一年级的小学生而言，需要从学习的起始阶段开始梳理文化信息，借助汉字这一中华文化瑰宝，通过字谜这个有趣渠道走进传统文化、爱上传统文化、印刻文化基因，进而形成对中华传统文化的兴趣，建立文化自信，厚植家国情怀。

【教学目标】

《义务教育语文课程标准（2022年版）》第一学段的目标与内容中指出"喜欢学习汉字，有主动识字、写字的愿望"①。想要让一年级的学生喜欢汉字，喜欢写字，就必须对学生进行汉字启蒙，并借助字谜缩短学生与汉字之间的距离，激发学生学习汉字，学习写字的兴趣。这就需要引导学生对会意字和形声字的造字原理进行初步的探究，需要学生在了解谜面、谜底等基本概念的基础上，感受字谜与汉字的联系与趣味。为了提高学生的思维能力，也为了提高学生课堂的参与度，还可以让学生创编简单的字谜，以此加深学生对字谜设计原则的理解，加深学生对汉字的感情。

具体来说，《猜字谜》中第一则字谜的谜底是"秋"，谜面呈现了合体字的构字特点；第二则谜语的谜底是"青"，谜面呈现了"青"字的形旁和字义之间的关系，揭示了形声字的造字规律，能够加深学生对形声字结构特点的认识和感受。小学生思维的基本特点是从以具体形象思维为主要形式逐步过渡到以抽象逻辑思维为主要形式。一年级的小学生处于具体形象思维发展的过程中，他们习惯于直观地感受周围的事物，对周遭事物充满好奇，善于运用事物的具体形象、表象以及对表象的联想延展思维。主要表现为好奇心重、求知欲强、乐于联想等特点。猜字谜的思维过程是通过具体可见的谜面联系汉字的形音义特点，进行联想、想象、推断，抽象出对应的汉字即谜底。通过这种学生喜闻乐见的字

---

① 中华人民共和国教育部：《义务教育语文课程标准（2022年版）》，北京：北京师范大学出版社，2022年，第7页。

谜游戏，可以有效地促进学生的思维从具体形象思维向抽象概况思维发展。更重要的是，通过汉字和字谜让学生对中华文化产生兴趣，对中国文化产生自信，在低年段就培养学生的家国情怀，这才是更为深刻的教学价值。

基于此，将活动目标确定如下：

1. 阅读《猜字谜》的谜面和逐句提示，罗列可能作为谜底的汉字，理解谜面和谜底的关系。

2. 借助思维导图梳理思维过程猜出谜底，感受会意字和形声字造字原理。

3. 延伸猜字谜体验，通过分析谜面、谜底关系，小组合作猜字谜的形式，感受字谜与汉字的联系与趣味。

4. 总结猜字谜过程，反向推演并创编简单字谜，理解字谜设计原则。

【教学过程】

活动一：汉字小侦探，获取入场券

"汉字聚会"的入场券就在这里，请仔细观察谜面和提示，写出尽可能多的符合提示要求的汉字，猜出字谜，填写答案，再凭券入场吧！

1. 挑战入场券正面字谜

谜面：
左边绿，右边红，
左右相遇起凉风。
绿的喜欢及时雨，
红的最怕水来攻。
谜底（　　）

副　券
班级：_____
姓名：_____

提示 1	这是一个左右结构的字常用字，合成字谜。	请写出你熟悉的左右结构汉字：
提示 2	这个左右结构的汉字左右两边各是一种常见事物，"左边绿，右边红"告诉我们这个汉字左边部分的事物是绿色的，右边的事物是颜色的。	
提示 3	这个左右结构的汉字与自然气候有关，"左右相遇起凉风"的意思是这个汉字代表着天气变凉。	请写出你认为可能的汉字：
提示 4	这个汉字左边是一种植物，"绿的喜欢及时雨"意思是汉字左边是一种绿色植物，这种绿色植物遇到雨水长势好，"红的最怕水来攻"意思是这个汉字的右边是怕水的红色事物。	请写出你认为可能的左边部分： 请写出你认为可能的右边部分：
提示 5	这个汉字是四季的一种，共 9 画。	请写出谜底：

图 3-1-1 "汉字聚会"入场券正面

2. 挑战入场券背面字谜

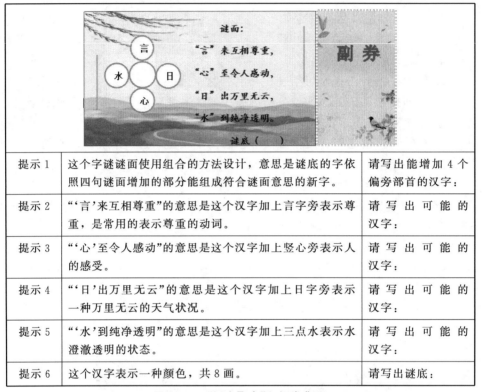

谜面：
"言"来互相尊重，
"心"至令人感动，
"日"出万里无云，
"水"到纯净透明。

谜底（　）

提示 1	这个字谜谜面使用组合的方法设计，意思是谜底的字依照四句谜面增加的部分能组成符合谜面意思的新字。	请写出能增加 4 个偏旁部首的汉字：
提示 2	"'言'来互相尊重"的意思是这个汉字加上言字旁表示尊重，是常用的表示尊重的动词。	请写出可能的汉字：
提示 3	"'心'至令人感动"的意思是这个汉字加上竖心旁表示人的感受。	请写出可能的汉字：
提示 4	"'日'出万里无云"的意思是这个汉字加上日字旁表示一种万里无云的天气状况。	请写出可能的汉字：
提示 5	"'水'到纯净透明"的意思是这个汉字加上三点水表示水澄澈透明的状态。	请写出可能的汉字：
提示 6	这个汉字表示一种颜色，共 8 画。	请写出谜底：

图 3-1-2 "汉字聚会"入场券背面

入场券中藏着的汉字奥秘，你们发现了吗？秋是合体字，谜面使用合成法；"青"像个妈妈，生出了一群字宝宝：请、晴、情、清，这四个字的发音就是从"青"而来，形声字的声旁表音，谜面使用组合法。

活动二：汉字小侦探，字谜大挑战

1. 说一说，字谜大揭秘

《猜字谜》中的两个字谜属于句群类字谜，这类字谜读起来朗朗上口，猜起来趣味十足。除了句群类字谜，还有很多非常简短的字谜呢！这类字谜主要是用暗示法，也就是以字解字，谜底等于谜面的意思，暗示法通常配合拆字法，就是把汉字拆成不同部分，理解它们的关联。汉字小侦探们，快来分析一下这些谜面与谜底之间的关系吧？

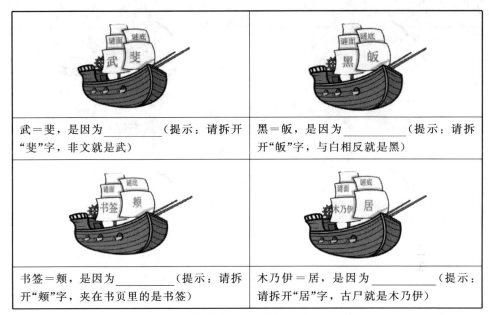

武＝斐，是因为＿＿＿＿＿＿（提示：请拆开"斐"字，非文就是武）

黑＝皈，是因为＿＿＿＿＿＿（提示：请拆开"皈"字，与白相反就是黑）

书签＝颊，是因为＿＿＿＿＿＿（提示：请拆开"颊"字，夹在书页里的是书签）

木乃伊＝居，是因为＿＿＿＿＿＿（提示：请拆开"居"字，古尸就是木乃伊）

图 3-1-3　暗示法猜字谜

2. 猜一猜，字谜大挑战

有了刚才对谜面、谜底的联想与分析，解字谜的方法还有很多，请依照方法提示解密。相信这些字谜也难不倒你，快来猜一猜吧！可以将谜面中关键字圈画出来，并把你的思路画或者写下来，相信一定能帮助你更快找寻到谜底。

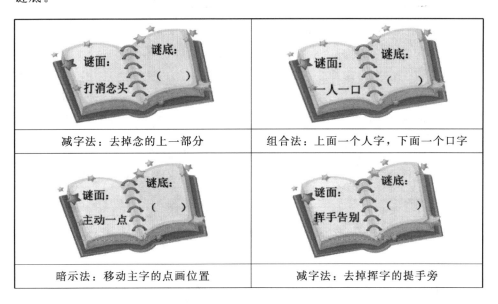

减字法：去掉念的上一部分

组合法：上面一个人字，下面一个口字

暗示法：移动主字的点画位置

减字法：去掉挥字的提手旁

119

续表

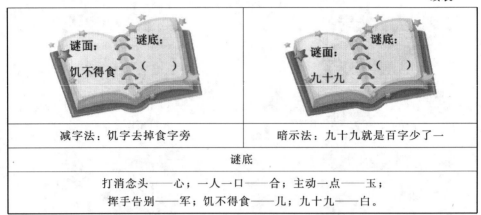

减字法：饥字去掉食字旁	暗示法：九十九就是百字少了一
谜底	
打消念头——心；一人一口——合；主动一点——玉； 挥手告别——军；饥不得食——几；九十九——白。	

图 3-1-4　猜字谜 1

3. 议一议，字谜大猜想

请小结前几个任务中接触到的猜谜方法，并各举起一个任务中的例子加以说明。

表 3-1-1　猜字谜方法解析

猜谜方法	方法解释	举例说明

正所谓"众人拾柴火焰高"。字谜小侦探们，请以小组的形式来发挥你们的聪明才智，互相商议，破解谜题吧！请参照总结出来的方法，按小组抽取内容，通过画图式的方式，将你们推理字谜的过程记录下来。注意选取小组代表进行汇报。

谜面：

长草花将放，加水茶沏成，

有脚行走快，点火有响声。

谜底（　　）

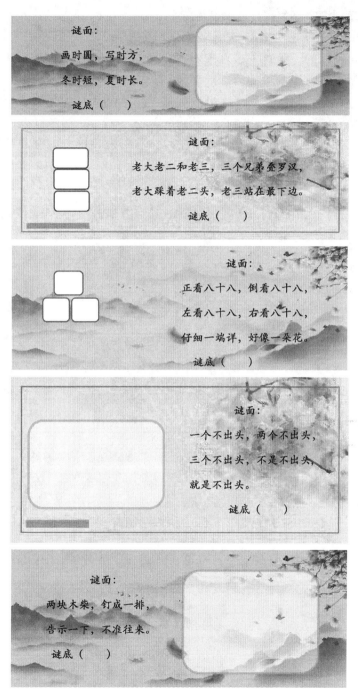

谜面：

画时圆，写时方，

冬时短，夏时长。

谜底（　　）

谜面：

老大老二和老三，三个兄弟叠罗汉，

老大踩着老二头，老三站在最下边。

谜底（　　）

谜面：

正看八十八，倒看八十八，

左看八十八，右看八十八，

仔细一端详，好像一朵花。

谜底（　　）

谜面：

一个不出头，两个不出头，

三个不出头，不是不出头，

就是不出头。

谜底（　　）

谜面：

两块木柴，钉成一排，

告示一下，不准往来。

谜底（　　）

图 3-1-5　猜字谜 2

活动三：汉字小侦探，巧编新字谜

1. 想一想，字谜我来编

汉字小侦探们，我们一起来梳理猜字谜的过程吧！第一步：认真阅读谜面文字。第二步：提取关键信息或部件。第三步：选择方法，通过增加、补充、拆分、合并关键信息或部件形成谜底。那么如果让你创编一个字谜的话你会怎样做呢？我们来反向推演：第一步——明确谜底，第二步——明确关键信息或部件，第三步——确定方法，增加、补充、拆分、合并关键信息或部件形成谜面。

举例：

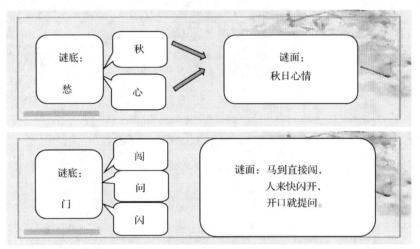

快来寻找自己喜欢的汉字，编一个有趣的字谜吧！请在编好的字谜旁标注使用的方法。

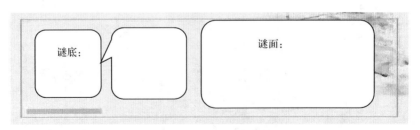

图 3-1-6　猜字谜过程示例

2. 评一评，字谜共分享

那我们创造的字谜效果如何呢？还要在猜谜的过程中来检验，快把你的字谜卡片折叠起来，读给小组同学听，请他们来猜一猜。再展开卡片，结合图式介绍你的创编过程，最后请组内同学针对谜面、谜底、方法帮助你提提意见，改一改，让你的字谜更加有趣！

看来我们创编字谜除了刚才总结的三步，还要再加上一步，第四步：完善字谜。

【教学评价】

评价"活动三：汉字小侦探，巧编新字谜"。

评价标准：

表 3-1-2　评价标准

层次	评价标准
前结构层次	不能编出有趣、吸引人的字谜，不能清晰地阐述编字谜过程的思路和步骤，不能帮助同学完善欠佳的字谜。
单点结构层次	能够编出字谜，但是略显单调，没有达到生动有趣的效果。能够阐述编字谜的过程思路，但不够清晰完整。能够帮同学完善字谜，但有效性欠佳。
多点结构层次	能够编出有趣、吸引人的字谜，能够清晰地阐述编字谜过程的思路和步骤，能够帮助同学完善欠佳的字谜。

成果样例：

表 3-1-3　成果样例

字谜	创编字谜	思路清晰	帮忙完善
独木造高楼，没瓦没砖头，人在水下走，水在人上流。	这个字谜既符合小学生的认知，又能充分发挥小学生的想象力，显得十分生动而有趣。	在阐述编字谜过程思路时十分清晰完整，既谈到了灵感来自下雨天打伞的场景，也说到了主要关注雨伞的特点和遮雨时的特点，同时还关注伞与人的关系，阐述十分到位。	能够帮助坐在前后左右的同学提出中肯建议，经此意见修改后的字谜变得更加生动有趣，更上一个档次。

案例2 智慧与谋略
——学习《田忌赛马》中国传统智谋文化

【学生认知】

《田忌赛马》是统编版小学语文教材五年级下册第六单元的课文，讲述的是深谙兵法的孙膑利用智谋，帮助齐国大将在赛马上战胜齐威王的故事。这个故事涉及智谋文化，智谋文化能够启迪学生智慧，但运用智谋谋取不当利益，是违背时代精神的。五年级学生处在价值观形成的关键时期，需要理解智谋文化双刃剑的特点。懂得智谋本身无善恶之分，差别使用者与使用目的，应明确将智谋用在正当的事情上，让智谋发挥它的"正能量"作用，而不应为了满足私利，巧取豪夺，违背规则，逃避责任，践踏道德。

一、了解智谋文化，认识智谋与规则辩证关系

智谋即智慧与谋略，是智慧和谋略的妥善结合，对于事物的变化有着敏锐的判断力，驱使事物向有利的方面发展的能力，称为智谋。而智谋文化的核心思想是以战争的思维来处理政治、商业、人事。智谋文化本身崇尚追求非逻辑性的行动，意在突破他人心理所能理解和认知的行为规范和框架，这种灵活多变的观念能够激发学生的内在思维活性，拓展思维的广度，达到启迪智慧的目的。五年级学生仍处在思维发展的感性认识阶段，在阅读资料、捋清逻辑、自主辩论等一系列探究后，可引导学生在矛盾与冲突中深入思考，从而形成对智谋与规则辩证关系正确、深刻、全面的认识。

二、继承传统文化，形成正确的人生观与价值观

小学五年级的学生开始萌发自主意识，他们要求独立，渴望摆脱老师和家长的束缚，但又缺乏自控能力。因为他们的知识相对比较匮乏，也缺少社会经验，所以他们的独立性和批判性思维还处于初级阶段，容易出现看问题片面化和表面化的问题。同时，小学五年级的学生正处于人生观、世界观与价值观形成时期，正确的指导与教育尤为重要。此时的他们也正是学习的最佳阶段，而智谋文化在中国具有丰厚的文化土壤，中华民族历经五千年文明的发展历程，传统文化中记载着大量先哲言行中的智谋。对中国智谋文化基本精神的学习，有助于小学生继承中华传统文化，形成正确的人生观与价值观。

【教学目标】

《义务教育语文课程标准（2022年版）》指出，要引导学生"热爱中华文化，继承和弘扬中华优秀传统文化，关注和参与当代文化生活，初步了解和借鉴人类文明优秀成果，具有比较开阔的文化视野和一定的文化底蕴。①"《田忌赛马》的故事出自《史记·孙子吴起列传》，体现了智谋文化，而《三十六计》是中国智谋文化的典型代表。正是《三十六计》，使得传统中国人博大精深的智谋文化得到较大范围的推广，并且在当代社会和文化中依然有着生命力。因此了解智谋，学习智谋文化，有助于小学生继承传统文化，参与当代文化生活，积累文化底蕴，建立文化自信。

在具体学习中，需要从课文出发，还原故事发生的具体情境，让学生代入故事中的主人公，从而最大限度地感受孙膑的聪明才智与巧妙智谋。在此基础上，以点带面地拓展阅读《三十六计》，通过各种读书方法了解其中的故事，从而进一步地广泛了解中国的智谋文化。光学习、了解还不够，"学以致用"，学习智谋文化贵在用之解决生活中的实际问题，因此可以通过让学生评价智谋在生活中的运用案例，从而引导学生思考智谋与规则之间的辩证关系，以此激发学生的思维活性，深化学生的思维深度，使学生得以理解智谋文化的当代意义。

基于此，将活动目标确定如下：

1. 模拟赛马，还原课文情境，通过亲身体验感受孙膑的智慧和谋略。

2. 拓展阅读《三十六计》，制作故事分享卡，领略中国传统智谋文化。

3. 解决生活中的实际问题，通过辩论正确理解智谋与规则的辩证关系。

【教学过程】

活动一：模拟田忌赛马

根据《田忌赛马》的课文填写第一回合战况。再请同学们每人选择一方，与另一方进行赛马。尝试调换出场顺序，记录战况，看看还能怎样赢得比赛，找一找其中的奥秘。

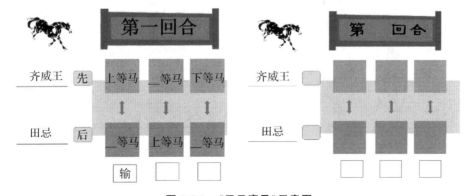

图 3-2-1 《田忌赛马》示意图

① 中华人民共和国教育部：《义务教育语文课程标准（2022 年版）》，北京：北京师范大学出版社，2022 年，第 4 页。

获胜的奥秘：

活动二：阅读《三十六计》

《三十六计》是对中国智谋文化的高度概括，代表着中国智谋文化发展的一个高峰，也是中国智谋文化的精华。请阅读《三十六计》，补充计目，选出自己感兴趣的智谋故事，制作故事分享卡，和同学交流。

表 3-2-1 《三十六计》计目

序号	计目	序号	计目	序号	计目	序号	计目
1	瞒天过海	10		19	釜底抽薪	28	
2		11		20		29	树上开花
3		12	顺手牵羊	21		30	
4		13		22		31	
5		14		23	远交近攻	32	
6	声东击西	15		24		33	
7		16		25		34	苦肉计
8		17		26		35	
9		18	擒贼擒王	27		36	

图 3-2-2 《三十六计》计目

活动三：解决实际问题

　　《三十六计》的应用范围非常广泛，《三十六计》的智慧也被不同的文学作品借鉴。请尝试用《三十六计》匹配《西游记》故事，找到至少三处对应，结合《西游记》具体情节给这一计谋的使用情况打分，并说说这一计谋的智慧之处如何体现。

表 3-2-2　《三十六计》匹配《西游记》故事

序号	计目	序号	计目	序号	计目	序号	计目
1	金蝉脱壳	10	浑水摸鱼	19	树上开花	28	反客为主
2	抛砖引玉	11	瞒天过海	20	暗度陈仓	29	上屋抽梯
3	借刀杀人	12	反间计	21	假痴不癫	30	偷梁换柱
4	以逸待劳	13	笑里藏刀	22	欲擒故纵	31	连环计
5	指桑骂槐	14	调虎离山	23	走为上	32	美人计
6	趁火打劫	15	顺手牵羊	24	釜底抽薪	33	借尸还魂
7	擒贼擒王	16	李代桃僵	25	空城计	34	隔岸观火
8	关门捉贼	17	无中生有	26	苦肉计	35	围魏救赵
9	打草惊蛇	18	声东击西	27	远交近攻	36	假道伐虢
三十六计计谋	对应《西游记》故事简述	计谋使用情况打分	计谋智慧处体现

活动四：实践应用

　　学校组织各班级收集可回收垃圾，每周上交可回收垃圾总值前三名的班级，可获得相应积分纳入"创卫"星班级评比，12班共35人，远远少于同年级其他班人数，因人数过少导致每周班级评比都处于落后状态。学过《田忌赛马》后，班干部想出一个办法：他们一周藏起来一部分垃圾不上交，然后把藏下的和下周收集的合起来等到下一周再一起上交。这样一来，虽然藏起来垃圾的那一周，排名落得倒数一二，但合并上交的周能够稳稳排进前三，可以挣得更多的前三名的积分。而有些同学则不同意这样的做法，认为这样做是投机取巧，钻了规则的漏洞，不是明智之举。

　　对此，你有什么看法呢？请为辩论赛做准备，提前确定论点，并写出你的理由。辩论赛后，你对这种情况有更合理的解决方案吗？

【教学评价】

评价"活动一：模拟田忌赛马"

表 3-2-3　活动一评价标准

层次	评价标准
前结构层次	不能从文中提取准确信息。
单点结构层次	能从文中提取准确信息，一一对应填写表格。
多点结构层次	能够提取准确信息，并举一反三，调换出场顺序完成几次对战。
关联结构层次	能够通过观察几次战况，掌握规律，发现"后出场"是获胜的秘诀。

评价"活动二：阅读《三十六计》"

表 3-2-4　活动二评价标准

层次	评价标准
前结构层次	不能完整阅读《三十六计》，无法完成计目整理。
单点结构层次	能够进行《三十六计》整本书阅读，并完成计目整理。
多点结构层次	能够整理计目，并能完整地讲述智谋故事。
关联结构层次	能够从智谋故事中提取关键信息，制作故事卡片。

评价"活动三：解决实际问题"

表 3-2-5　活动三评价标准

层次	评价标准
前结构层次	不能明确提炼出自己的观点。
单点结构层次	能够明确自己观点，不能表述理由。
多点结构层次	能够表明自己的立场，并能够从多角度陈述理由。
关联结构层次	能够正确认识规则与智谋的辩证关系，找到解决方案。

成果样例(活动四)：

我不同意这样的做法，我认为这个投机取巧之举，钻了规则的漏洞，不是正确的做法。我的理由有以下几点：首先，智谋指的是智慧与谋略，而不是耍小聪明，钻规则漏洞，二者之间有着本质的区别；其次，智谋应该是对规则的巧用，而不是对规则的滥用，也就是说，我们应正面地使用规则；再者，智谋应该具有"正义性"，决不可被曲解，沦为谋取利益的不见光的小伎俩；总之，我们要正确处理好规则和智谋的关系，不要让智谋之举沦为不明智之举。我觉得解决的办法是号召班级同学积极去捡校园里的垃圾，这样一来既美化了校园，又可以增加回收的垃圾量，更重要的是，培养了"我是校园小主人"的责任心，可谓一举多得。

案例3　智慧源于辨察善思

——品读《曹冲称象》中的儿童智慧

【学生认知】

《曹冲称象》是一篇经典的历史故事，位于统编版语文教材二年级上册。曹冲年少聪慧、善于观察，到五六岁的时候，知识和判断能力可以比得上成人。文章记述了曹冲细心观察生活中现象，联想到以船作称，利用浮力的原理解决了大象称重难题，显示了他聪明过人的智慧。《曹冲称象》一文告诉我们，不仅要让学生感受到曹冲的聪明才智，更要引导学生去学习曹冲善于观察、乐于动脑的品质，培养学生仔细观察、认真分析的好习惯。认真观察、勤于思考是需要学生从小学习、终身培养，并且能够让学生一直受益的优秀品质。

一、提升学生的思维水平，培养学生的科学精神

《义务教育语文课程标准（2022年版）》总体目标与内容中提到：能主动进行探究性学习，激发想象力和创造潜能，在实践中学习和运用语文。小学低年级学生以形象思维为主，抽象思维、逻辑思维能力相对较弱，在遇到困难时往往不能深入思考，转换思维解决问题。而小学正是学生思维发展起步阶段的黄金阶段，因此在小学教育中加强对学生创新思维的培养，对于学生日后的学习和人生发展都有着巨大作用。

木偶动画《曹冲称象》短片，通过荷叶的浮沉与小青蛙的数量关系再现曹冲善于观察的品质，从生活现象联想到船的浮沉，便是曹冲的思维辨察的开始。利用浮力的原理，以船作称，巧妙解决了称象的难题。石头的利用，使"大"转化为"小"，分而治之，称出大象的重量，这是曹冲善思的结果。曹冲称象的故事说明了曹冲非常聪明睿智，能够具体地分析事物的矛盾并善于解决矛盾，关键是遇事要善于观察，开动脑筋想办法，小孩也能办大事。教育是为培养具有创造力的人才，创新能力＝知识量×发散思维，在此公式中，知识量是一定的，而发散思维的培养与智慧息息相关，好的故事是思维体操，与孩子生活情感关联，能把孩子引向充满乐趣的思维宇宙空间，能够提升学生的思维水平，培养学生的科学精神。

二、传递中华传统文化当代价值，培养中华传统文化的继承者

所谓"智慧"主要是指人们运用知识、经验、能力、技巧等解决实际问题和困难的本领，同时它更是人们对于历史和现实中个人生存、发展状态的积极审视、观照和洞察，以及对于当下和未来存在着的、事物发展的多种可能性，进行明智、果断勇敢地判断与选择的综合素养和生存方式。中国智慧反映了中华民族独特的思维方式、行为方式和精神世界，反映了中华传统文化独特的理念、气度、神韵。

小学阶段，教科书是传承传统文化的重要载体。在语文教育中，语文教科书涉及的传统文化内容对学生乃至教师来说都是一种重要的教育资源。《曹冲称象》中曹冲注意到大象上船后，船会下沉而石头也可以使船下沉，他综合两种现象从中看到二者之间的联系，巧妙利用浮力的原理，以船作称，化"大"为"小"，分而治之，巧妙解决了称象的难题。曹冲的智慧体现了中国先民解决问题时的转换方法和整体思维，是根据现有情况多角度思考，用不同的方法解决问题的中国智慧。品读中国智慧故事，一方面可以加深学生对中国智慧的理解，是引领学生辨察善思、解决实际问题的有效途径。另一方面，教师通过系统地探讨中国智慧在现代生活中的价值，帮助学生正确认识，潜移默化地向学生传递中华传统文化的当代价值，进而将学生培养成为中华传统文化的继承者和弘扬者。

【教学目标】

教育部发布的《中华优秀传统文化进中小学课程教材指南》文件中指出，中小学课程教材反映中华优秀传统文化的主要形式包括文人典故，主要指经过历史检验、被人们公认、蕴含中华优秀传统文化特点的人、事、言等。中国传统智慧故事，内容虽平凡，思想却深刻。以《曹冲称象》为模型，教学中迁移拓展更多中国智慧阅读材料，学生可以借助故事，提取关键词句，在故事中分析人物的智慧源于辨察善思；通过联结、辨析不同角度思考问题的结果，探究打破常规思维解决问题的有效性，总结解决问题的方法。

在实际教学中，首先应该借助媒介，使学生了解曹冲称象的过程，做到能够复述故事，领会曹冲的智慧，这是最为初级的目标。其次，还应通过拓展阅读，了解更多蕴含中华智慧的历史故事，学习其中蕴含的中华智慧，了解中华智慧对中国社会的发展，特别是对科学技术所产生的深远作用。最后，还要引导学生回归生活，用所学到的中华智慧及思维方法解决生活中自己及同伴所遇到的问题。

基于此，将活动目标确定如下：

1. 观看木偶动画片，复述故事；借助图卡，厘清曹冲称象的过程，夸赞曹冲的智慧。

2. 拓展阅读同题材的历史故事，提取智慧关键词，分析历史故事中蕴含的中国智慧。

3. 回归生活实际，分享学习体会，汇集智慧，多角度解决自己和同伴生活中的困难。

【教学过程】

活动一：观看动画，理解曹冲称象的智慧

1. 观看木偶动画《曹冲称象》短片

小组同学交流，复述故事，用自己的话解释曹冲称象成功的原理，说说在哪些生活现象中发现这个原理。

2. 厘清称象过程，夸赞曹冲智慧

曹冲是怎样称出象的重量呢？请你根据表格提示词语"先……然后……再……最后……"绘制图卡，厘清称象的过程，并且和伙伴们说一说曹冲是怎样解决称象的难题的。

（1）情景提示

图 3-3-1　情景提示

石块替代（　　）

船替代（　　）

（2）绘制图卡

先 _____，然后 _____，再 _____，最后_____。

（3）夸赞曹冲

阅读拓展资料，深入了解曹冲称象的历史故事。

以小组的形式依次概括曹冲称象的方法，尝试从不同角度夸赞曹冲。

夸夸团 1 号任务：请用一句话概括曹冲称象的方法。

夸夸团 2 号任务：请用一句话夸赞曹冲称象方法好在哪里。

夸夸团 3 号任务：请用一句话夸赞曹冲称象方法好在哪里，不与前一位同学重复。

夸夸团 4 号任务：请用一句话夸赞曹冲称象方法好在哪里，不与前一位同学重复。

夸夸团 5 号任务：请用几个词概括大家对曹冲的称赞。

拓展资料 1

1. 人物介绍

曹冲（196—208 年），字仓舒，东汉末年人物，东汉豫州刺史部谯人，曹操和环夫人之子。曹冲从小聪明仁爱，与众不同，深受曹操喜爱。曹操几次对群臣夸耀他，有让他继嗣之意。208 年 5 月，曹冲病逝，年仅十三岁。后加谥号为邓哀王。留有"曹冲称象"的典故。《三国志》和《魏书》曾高度评价曹冲。

《三国志》："少聪察岐嶷，生五六岁，智意所及，有若成人之智。"

《魏书》："冲每见当刑者，辄探睹其冤枉之情而微理之。及勤劳之吏，以过误触罪，常为太祖陈说，宜宽宥之。辨察仁爱，与性俱生，容貌姿美，有殊于众，故特见宠异。"

2. 典故记载

《三国志·卷二十》中的《魏书·武文世王公传》有曹冲称象之记载："邓哀王冲，字仓舒。少聪察岐嶷，生五六岁，智意所及，有若成人之智。时孙权曾致巨象，太祖欲知其斤重，访之群下，咸莫能出其理。冲曰：'置象大船之上，而刻其水痕所至，称物以载之，则校可知矣。'太祖大悦，即施行焉。"

作者陈寿（233—297 年），字承祚，巴西郡安汉县（今四川省南充市）人。三国时蜀汉及西晋著名史学家。太康元年（280 年），晋灭吴结束了分裂局面后，陈寿历经十年的艰辛，完成了纪传体史学巨著《三国志》。

3. 新时代的"曹冲称象"——水尺计重

视频链接：https：//mp.weixin.qq.com/s/Hza6DUy_CA_3ICaTPmo6Ng

活动二：拓展阅读，体会历史故事中的智慧

拓展资料 2

司马光砸缸

司马光和一群小孩子在庭院里面玩，一个小孩站在大缸上面，失足跌落缸中被水淹没，其他的小孩都跑掉了，只有司马光拿起石头砸破了水缸，水从而流出，落水的小孩子得以活命。

文彦博树洞取球

从前，有个孩子叫文彦博。他非常的聪明，又特别爱动脑筋。

有一天，他和几个朋友在外面踢球玩儿，大伙儿你踢过来我踢过去，玩儿得特别高兴！这时有一个小朋友使劲儿踢了一脚，球飞到一棵老树后边，掉进了树洞里。

大家有的用手掏，有的用棍儿捅，但树洞又深又曲，怎么也取不出来。文彦博看着树洞想了一会儿，说："我有个办法，可以试一试。"随后他和小朋友们一起提来几桶水，把水一桶一桶往树洞里灌，不一会儿水就把树洞灌满了，皮球也浮了上来。

鲁班造锯

古时候，有个聪明人叫鲁班。他不但会盖房子，还会制造工具。

有一次，鲁班要建造一座大宫殿，他和徒弟们带着斧头去南山伐木。用斧头砍树，又累又慢，砍了十几天，木料还是远远不够，鲁班心里十分着急。

这天，鲁班去了一个险峻的山上寻找木材，正艰难地走着，忽然手指被茅草划了一下，鲜血直流。鲁班想：小小的茅草为什么这么厉害？他忘记了疼痛，聚精会神地研究起茅草来。他发现，茅草边缘长着又密又锋利的细齿，他用小细齿在手背上划了一下，果然又是一道口子。这时鲁班高兴得跳了起来，他想：要是在铁条上打出细齿，不就可以锯树了吗？他马上去找铁匠帮忙，打了许多带细齿的铁条，用这些铁条去锯树，果然又快又省力。不久，木料就备齐了。

鲁班就是这样发明了锯子。

拓展资料3

请复述故事，用一句话夸一夸司马光、文彦博、鲁班的智慧，说一说他们是怎样巧妙解决问题的。夸赞时要用到至少一个"词语提示"中的词语或短语。

词语提示：沉着冷静、变换角度思考、急中生智、细致观察、善于思考、勇于实践、处变不惊、胆大心细、善于迁移、勤于思考、破缸放水救人、灌水浮球、细心观察茅草边缘、发明锯条。

3. 结合同学们对司马光、文彦博、鲁班的夸赞，说说他们的智慧有哪些共同之处。以"我从历史故事中学到了_____的智慧"句式概括自己的收获。

活动三：回归生活，学会多角度解决困难

1. "困难"箩筐

读过《曹冲称象》《司马光砸缸》《文彦博树洞取球》《鲁班造锯》四篇故事后，你一定发现认真观察、勤于思考是智慧的源泉。请在组内分享你最近遇到的一个困难。

2. 办法总比困难多

组内交流，相互支招。尝试结合自己的生活经验和本节课的学习体会，为同组同学的困难支着儿，说一说如果是你，你有哪些更好的解决办法。

【教学评价】

评价"活动三：回归生活，学会多角度解决困难"。

评价标准：

表 3-3-1　评价标准

评价角度	评价标准	达成情况
身边事例	能够说出一个身边善于观察、积极思考、帮助同学巧妙解决问题的事例。	
	能够说出一个身边善于观察、积极思考、巧妙解决问题的事例，并且解释清楚解决问题的办法。	
	能够说出两个或两个以上身边善于观察、积极思考、帮助同学巧妙解决问题的事例，并且解释清楚解决问题的办法。	

成果样例：

遭遇困难：

1. 浴室的水龙头松动了，一直滴水，在寂静的晚上，滴答声有些吵，父母工作太忙，没有时间更换。有什么解决办法吗？

2. 最近我在学骑自行车，遇到一个困难，当妈妈扶着我的时候，我骑得还顺利，可是妈妈一旦放开手，我马上就摔倒了，我感觉自己学不会骑自行车了。

解决办法：

1. 在水龙头下放水盆接水，在水龙头上拴一根细绳，让水滴顺着细绳流到水盆里，这样既可以收集水滴再利用，不浪费，又消除了滴答声。等父母有时间，请他们再更换维修。

2. 你可以试着在快摔倒的时候，赶紧用脚撑住地面，以此保持平衡。希望这个"保持平衡"的方法能够帮助你学会骑自行车。

案例4　知常达变，开物成务
——探寻《大禹治水》中的变通精神

【学生认知】

统编版语文教材二年级上册课文《大禹治水》源自中国古代神话故事《鲧禹治水》。三皇五帝时期，黄河泛滥，洪水浩劫，鲧治水献出生命，禹子继父业，历经艰辛，终于大功告成，使九州平定。大禹在治水上的成就是开创性的，大禹治水是古代先民们第一次全面认识自然，并利用规律战胜自然，体现了"知常达变、开物成务"的变通精神。"知常达变"意指在掌握事物基本规律的同时，又能根据实际情况灵活机变。"开物成务"即通晓事物的变化规律，复将对事物变化规律的理解应用于事物之上，从而使人事各得其宜。"开物成务"一方面体现出了中华民族求真务实的实践精神，另一方面结合"知常达变"一词也突出了中华民族在知识、智慧应用上的变通思维。"知常达变、开物成务"的变通精神，正是第一学段的学生所需重点学习的。

一、积累神话知识，充分感受民族精神熏陶

在教育部发布的《中华优秀传统文化进中小学课程教材指南》文件中，神话故事是语文学科在小学低段开展中华优秀传统文化教育的重要内容之一。《义务教育语文课程标准（2022年版）》要求低年段的学生在阅读中展开想象，能表达自己的感受和想法。《大禹治水》是一篇神话故事，情节曲折、人物形象鲜明、富有想象力，容易激发学生的阅读兴趣，使学生在阅读、想象、积累的过程中潜移默化地积累神话知识，感受民族精神的熏陶。

学生要在学习中充分学习大禹精神及其当代价值，大禹作为一位神话英雄，在中华文明发展史上地位斐然，他的事迹和精神品质都是中华民族的宝贵财富。除了"知常达变，开物成务"的变通精神，大禹精神还有更加丰富的内涵，值得我们深入挖掘、继承发扬。如大禹具有以民为本、公而忘私的奉献精神和艰苦奋斗、坚韧不拔的创业精神，是中华民族精神的精华体现，在认识这些精神的基础上，学生进一步在生活中进行领悟和践行，如此一来才能更好地继承和弘扬中华民族精神。

二、学习智慧精神，引导学生挺起精神脊梁

中国传统文化中的神话故事是中华民族历史底蕴和情感认同的集中体现，镌刻着中华民族自远古以来朴素的价值取向和理想意志。中国古代神话通过以一个个鲜活的人物形象，巧妙地表达出了中华民族卓越的自我认识和自我反思精神，并生动地呈现出了古人与自然和谐相处的伦理观。在人们物质生活日益富足的当代，人民的精神有所凭依是十分重要的。中国古代神话故事提供了具有中国传统智慧价值的精神榜样，对于个人与民族的发展有着至关重要的作用。

《大禹治水》的故事既体现了"知常达变，开物成务"的中国智慧，也塑造了以民为本、公而忘私、艰苦奋斗、坚韧不拔的英雄人物形象。通过学习《大禹治水》中所蕴含的智慧和精神，可以有效培养学生传承伟大民族精神的内驱力，引导学生挺起精神脊梁。

【教学目标】

传统文化是中华民族留下的文化瑰宝，传统文化教育在小学语文阅读课堂中有着至关重要的地位。小学教育是学生接受文化教育的重要起点，语文作为小学教学的基础学科之一，对于提升小学生的文化素质和精神内涵有着非常重要的作用。语文课程丰富的人文内涵对学生精神领域的影响是深远的，学生对语文材料的反应又往往是多元的。因此，应该重视语文的熏陶感染作用，注意教学内容的价值取向，同时也应尊重学生在学习过程中的独特体验。

党的十八大以来，习近平总书记在多个场合谈到中国传统文化，表达了自己对传统文化、传统思想价值体系的认同与尊崇。其中包含文化自信，我们有博大精深的优秀传统文化，它能增强中国人的骨气和底气，是我们最深厚的文化软实力，是我们文化发展的母体，积淀着中华民族最深沉的精神追求。"我为人人、人人为我"的价值取向则属于家国情怀中的一种，这一价值取向在"十二五"规划建议中被再次提出，"提倡修身律己、尊老爱幼、勤勉做事、平实做人，推动形成'我为人人、人人为我'的社会氛围"。其中既包含着中华民族的传统美德，也表现出社会进步的时代要求，必须大力弘扬，将这种精神贯穿在社会生活的各个方面，转化为人们的价值追求和自觉行动。

《大禹治水》作为经典的中国古代神话故事，体现了"知常达变、开物成务"的变通精神。《义务教育语文课程标准（2022年版）》十分重视神话的教育作用，将神话视为中华优秀传统文化的主要载体，主张学生通过阅读中国神话学习蕴含其中的中华智慧。《中华优秀传统文化进中小学课程教材指南》建议在教学过程中，要选取神话故事，以启发学生理解蕴含其中的做人道理。大禹的治水思路是顺应自然，让人类利用自然规律与自然共存，这种改"单向征服"为"双向和谐相处"的智慧，是"知常达变"的体现。

与此同时，二年级学生的思维在认知结构重组的初级阶段中已具有一定弹性，却仍需要具体而非抽象的思考来支撑。中国古代神话故事以丰富的想象力和惟妙惟肖的人物形象，助益二年级学生在前运算阶段与具体运算阶段的转折期中大胆运用形象思维，锻炼思维的完整性。活动设计通过动作拆分搭建思维支架，帮助学生理解复杂任务和较长文本，明确不同环节中学生的注意任务，为学生注意力的养成提供支撑。总而言之，引导学生理解"变通"的内涵，大胆运用形象思维及在生活中践行大禹精神，是《大禹治水》学习的重点。

基于此，将活动目标确定如下：

1. 读文填表，找出鲧和禹治水方法的不同，分析体现大禹变通精神的语句。

2. 观看"变通"故事视频，加深理解，能够用自己的话说出"变通"的好处。

3. 借助工具书和事例，理解"变通"的内涵，回顾生活中的"变通"事例。

4. 拓展阅读，制作"大禹人物图谱"，尝试在生活中理解并践行大禹精神。

【教学过程】

活动一：对比概括，明确"变通"精神

1. 自由朗读课文第二、三、四自然段，思考：鲧和禹分别采用什么方法治理洪水、结果如何？在文中画出相关语句。

2. 学生口头汇报上一个问题的答案，教师引导梳理，共同完成下列表格。

表 3-4-1　鲧和禹治水对比

人物	治水方法	治水结果
鲧	筑坝挡水	失败
禹	疏导	成功

3. 填空：学生用文中的语句总结大禹的治水智慧，教师引导学生明确这种智慧叫作"变通"。

禹吸取了＿＿＿＿＿＿＿＿＿＿＿，采用了＿＿＿＿＿＿＿的办法治水。

大禹的治水智慧——变通

活动二：文间联系，体会"变通"意义

1. 观看《乌鸦喝水》《曹冲称象》两个故事的动画视频，说说这两个故事告诉我们的道理。

《乌鸦喝水》https：//v. youku. com/v_show/id_XODk5Njg5Mzg0. html

《曹冲称象》https：//v. youku. com/v_show/id_XNDM3NTgxMTEyOA＝＝. html

2. 小组讨论：说一说这两个故事和《大禹治水》故事的共同点。

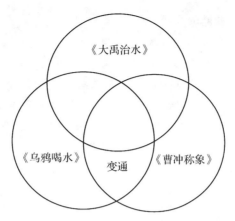

图 3-4-1 三个故事的共同点

3. 结合"变通"在《现代汉语词典》中的解释和阅读三个故事的体会，用自己的话说一说"变通"的好处。

变通：依据不同情况，作非原则性的变动。

活动三：观察生活，找寻"变通"事例

1. 阅读以下事例，说说哪些是"变通"，哪些不是，阐明理由。

(1)水懂得变通，它遇冷就结冰，遇热就变成水蒸气。

(2)小明懂得变通，考试的时候有一个字不会写，偷看了同桌的答案。

(3)制造商懂得变通，原材料成本增加，选用劣质原料降低成本。

(4)宋濂懂得变通，家中穷困无书可读，便向邻人借书抄录。

(5)大禹懂得变通，他吸取了鲧治水失败的教训，采用疏导的办法治水。

(6)杜鹃鸟懂得变通，从不筑巢，把蛋下在别的鸟窝中，让别的鸟替它孵化喂养。

_____(填序号)事例是"变通"，请逐一阐明判断理由。

_____(填序号)事例不是"变通"，请逐一阐明判断理由。

"变通"与否的判断标准是_____。

2. 仿照以上示例中是"变通"的一类，任选一个(或多个)角度说一说生活中与"变通"相关的事例。

事物：_____懂得变通，它_____。

他人：_____懂得变通，他(她)_____。

自己：我懂得变通，我_____。

活动四：拓展阅读，触摸英雄形象

回归文本，补白故事，找寻大禹精神，触摸英雄形象。

1. 阅读文本内外的几组句子，说一说你从这些句子中感受到大禹是什么样的人，他做出了什么样的贡献。

第一组

• 很久很久以前，洪水经常泛滥。大水淹没了田地，冲毁了房屋，毒蛇猛兽到处伤害百姓和牲畜，人们的生活痛苦极了。

• 洪水终于退了，毒蛇猛兽被驱赶走了，人们把家搬了回来。大家在被水淹过的土地上耕种，农业生产渐渐恢复了，百姓重新过上了安居乐业的生活。

第二组

• 大禹离开了家乡，一去就是十三年。这十三年里，他到处奔走，曾经三次路过自己家门口。可是他认为治水要紧，一次也没有走进家门看一看。

第三组

• 大禹和千千万万的人一起，疏通了很多河道，让洪水通过河道，最后流到大海里去。

第四组

• 大禹翻山越岭，以树木桩的方法做标记，测量山川的状貌。

• 他在地上行走乘车，在水中行走乘船，在泥沼中行走就乘木橇，在山路上行走就穿上带铁齿的鞋。他左手拿着准和绳，右手拿着规和矩，还装载着测四时、定方向的仪器，不辞辛苦地做测量工作。

第五组

• 大禹节衣缩食，居室简陋，把钱财都用于治理水患。

第六组

• 他在治水途中救助困难的百姓，给他们分发稻米和肉食，使百姓安宁。

2. 大禹的人物图谱：如果让你选择几个词语向外国友人介绍大禹，你会选择哪个词语？将这些词语填入大禹人物图谱中。

图 3-4-2 《大禹治水》人物图谱

3. 请用到大禹人物图谱中至少 3 个词语向外国小伙伴讲述《大禹治水》的故事。

4. 我以大禹为榜样：大禹可以在生活中的哪些事情上成为我们的榜样？

请以"大禹是我_____方面的榜样，我要像他一样_____"的句式分享自己学习大禹精神的感受和体会。

三、评价标准

评价"活动四：拓展阅读，触摸英雄形象。"

评价标准：

表 3-4-2　评价标准

层次	评价标准
前结构层次	能够通过阅读文本和资料，说出大禹是个什么样的人，作出了什么样的贡献。
单点结构层次	能够通过阅读文本和资料，说出大禹是个什么样的人，作出了什么样的贡献，并找到合适的词语来概括大禹精神，充分认识大禹的人物形象。
多点结构层次	能够在充分认识人物形象的基础上，向他人讲述《大禹治水》的故事、传达大禹精神。
关联结构层次	能够联系生活和自身，学习和传承大禹精神。

成果样例：

大禹是一个大公无私、懂得变通、不辞辛苦、心里有百姓的人，他疏通了河道，消除了水患，造福了百姓。

如果让我选择几个词向外国人介绍大禹，我会用大公无私、不辞辛苦、节俭、爱百姓等词。如果让我向外国小伙伴讲述《大禹治水》的故事，我会这么讲：

从前洪水经常泛滥，人们深受其害。后来出现了一个叫大禹的人，他继承父亲鲧的遗志治水。大禹大公无私，自从离开家乡治水后，十三年间都没有回家，他不辞劳苦地四处奔波，曾经三次路过自己的家门，却都没有选择走进去。大禹心中爱百姓，自己十分节俭，把省下的钱都用于治理水患。在他的努力下，洪水退了，人们终于又过上了正常的生活。

大禹是我学习方面的榜样，我要像他一样懂得变通，坚持不懈，探索出一条切实有效的学习之路。

案例5　品读哲理诗——理解《题西林壁》的哲学思辨

【学生认知】

《题西林壁》是统编版语文教材四年级上册第三单元"处处留心皆学问"中的课文。本单元包含《古诗三首》(《暮江吟》《题西林壁》《雪梅》)、《爬山虎的脚》、《蟋蟀的住宅》、《故事二则》(《扁鹊治病》《纪昌学射》)四篇课文,引导学生做有心人,发现生活中的智慧和美好。什么是"智慧"?华东师范大学哲学系的冯契教授有一句名言:"意见是以我观之,知识是以物观之,智慧是以道观之。"哲理诗是表现诗人的哲学观点、反映哲学道理的诗。这种诗内容深沉浑厚、含蓄、隽永,多将哲学的抽象哲理含蕴于鲜明的艺术形象之中,而《题西林壁》是一首哲理诗,学习《题西林壁》中包含的中国智慧,对小学阶段的学生具有哲学启蒙的作用。

一、纠正错误认知,培养辩证的逻辑思维

四年级儿童思维具体形象成分和抽象逻辑成分的关系发生变化。在直观形象成分增加的同时,抽象逻辑成分开始增加。概括水平的发展处于直观形象水平向抽象逻辑水平过渡的状态。在他们的概括中,直观形象的外部特征或属性逐渐减少,抽象的本质特征或属性的成分逐渐增加。因为他们的知识相对比较匮乏,也缺少社会经验,所以他们的独立性和批判性思维还处于初级阶段,容易出现看问题片面化和表面化的问题。

文学经典蕴含了中华民族的哲学智慧,《题西林壁》一诗道出了一个平凡的哲理,包括了全体与部分、宏观与微观、分析和综合等耐人寻味的概念。苏轼慨叹身在山中反不识山的真面目之时,其实是识了庐山真面目之后的见道之言。是经过了横看、侧看、远看、近看、高看、低看,在胸中凝聚了局部的诸认识,因而对庐山的全貌有了深刻的印象之后,才悟到"身在山中"、即在山的某一局部时反而不识其真面目的事理。学习这首诗,可以纠正学生看待问题的片面化和表面化,正确看待局部与整体的关系,培养学生辩证的逻辑思维能力。能够激发学生的内在思维活性,拓展思维的广度,达到启迪智慧的目的。

四年级学生仍处在思维发展的感性认识阶段,需要不断接受挑战,提升思维深度。哲理智慧源自生活经验的总结,探讨哲理文化的内涵和意义需要学生联系实际,在理解与探究中激发兴趣,在矛盾与冲突中深入思考,形成对局部与整体辩证关系正确、深刻、全面的认识。

二、继承传统文化，认同优秀文化的价值

苏轼的这首《题西林壁》中最后两句"不识庐山真面目，只缘身在此山中"用诗的语言与意境阐释了一个道理：要整体地、全面地认识问题，为了避免以局部经验为依据导致的错误，就要与我们的认知对象保持一定的距离。局限于自我经验，以自我意识为中心，对周围事物及自我情况缺乏正确分析的"封闭思维状态"，是对自己所处的环境及范围缺乏必要的距离感和清醒的认识而导致的对外在事物做出错误判断的"狭隘思维模式"。

四年级的学生处于人格塑造期，世界观、价值观尚未稳定完善，正确地指导与教育尤为重要。此时的他们也正处于学习的最佳阶段，对中华民族文化基本精神的学习和领悟有助于小学中高年级学生继承传统文化，提升思维层次，吸纳中国智慧，形成对优秀文化的价值和意义的认同。学生在学习活动中了解苏轼的生平经历和人格魅力，感受并学习苏轼经历人生起伏波折后逐渐走向宁静，走向超脱，走向高洁，不断追求超越的旷达的人生境界。

【教学目标】

四年级学生已经有了一定数量的古诗积累，但是对于诗歌蕴含的智慧哲理与诗人个人的人文追求的思考并不深入。哲理诗是表现诗人的哲学观点、反映哲学道理的诗。这种诗内容深沉浑厚、含蓄、隽永，多将哲学的抽象哲理含蕴于鲜明的艺术形象之中。《题西林壁》篇幅短小、语言精练易懂，鉴赏过程中能够让学生对哲理诗和诗歌蕴含的哲理智慧形成初步感知，为高年级进一步了解中国诗歌传统奠定基础。在教学中，不但要引导学生感悟诗人追求超越的人文情怀，还要引导学生理解《题西林壁》中所蕴含的这些哲理，并鼓励学生尽量在现实生活中践行诗中哲理。

基于此，将活动目标确定如下：

1. 将庐山不同角度的照片与《题西林壁》逐一对应，理解诗中哲理。

2. 完成拍摄任务，对比阅读同题材名家诗作，分析写法差异；阅读补充资料，理解诗中哲理的现实指向，感悟诗人追求超越的人文情怀。

3. 提炼《题西林壁》中蕴含的哲理，拓展阅读，理解哲理的普适性。

4. 结合生活实际，尝试从不同角度赞美身边的同学，践行诗中哲理。

【教学过程】

活动一：诗句配图片

请根据第一、二句诗，将不同角度的庐山图片有序地拼接，把序号填入相应表格中，反复吟诵诗歌，谈谈你的感受。

诗句	拼图序号			
横看成岭侧成峰				
远近高低各不同				
我的感受				

图 3-5-1　诗句配图

144

活动二：拍摄建议单

拍摄组要为三首庐山主题的名家诗作拍摄朗诵的背景画面，请对比阅读三首诗，从写作手法角度考虑诗人观赏庐山的视角，为摄制组提供镜头切换和场景选择的建议。

1. 小组合作，阅读苏轼创作的《题西林壁》和李白、徐凝写庐山的诗，讨论《题西林壁》与另外两首诗在写法上最大的不同，选择恰当的拍摄视角，为摄制组提供拍摄建议。

2. 阅读补充资料，交流自己对诗作和诗人的新认识。选择 3—5 个关键词描述诗人创作作品时的状态，作为摄制组选择拍摄风格的参考提示。

请对比阅读三首庐山主题诗作，为摄制组提供拍摄朗诵背景画面的拍摄建议。

表 3-5-1　诗朗诵背景画面建议

庐山主题名家诗作	拍摄视角建议 高度：平拍、俯拍、仰拍等。 方向：正面、侧面、斜侧、背面等。 距离：近景、远景、中景等。	拍摄风格建议关键词
望庐山瀑布 唐·李白 日照香炉生紫烟， 遥看瀑布挂前川。 飞流直下三千尺， 疑是银河落九天。		
庐山瀑布 唐·徐凝 虚空落泉千仞直， 雷奔入江不暂息。 今古长如白练飞， 一条界破青山色。		
题西林壁 宋·苏轼 横看成岭侧成峰， 远近高低各不同。 不识庐山真面目， 只缘身在此山中。		

拓展资料

《望庐山瀑布》资料

这首诗形象地描绘了庐山瀑布雄奇壮丽的景色，反映了诗人对祖国大好河山的无限热爱。首句"日照香炉生紫烟"，"香炉"是指庐山的香炉峰。此峰在庐山西北，形状尖圆，像座香炉。由于瀑布飞泻，水汽蒸腾而上，在丽日照耀下，仿佛有座顶天立地的香炉冉冉升起了团团紫烟。一个"生"字把烟云冉冉上升的景象写活了。此句为瀑布设置了雄奇的背景，也为下文直接描写瀑布渲染了气氛。次句"遥看瀑布挂前川"，"遥看瀑布"四字照应了题目"望庐山瀑布"。"挂前川"是说瀑布像一条巨大的白练从悬崖直挂到前面的河流上。"挂"字化动为静，惟妙惟肖地写出遥望中的瀑布。

诗的前两句从大处着笔，概写望中全景：山顶紫烟缭绕，山间白练悬挂，山下激流奔腾，构成一幅绚丽壮美的图景。第三句"飞流直下三千尺"，一笔挥洒，字字铿锵有力。"飞"字，把瀑布喷涌而出的景象描绘得极为生动；"直下"，既写出山之高峻陡峭，又可以见出水流之急，那高空直落、势不可挡之状如在眼前。诗人犹嫌未足，接着又写上一句"疑是银河落九天"，真是想落天外，惊人魂魄。"疑是"值得细味，诗人明明说得恍恍惚惚，而读者也明知不是，但是又都觉得只有这样写，才更为生动、逼真，其奥妙就在于诗人前面的描写中已经孕育了这一形象。巍巍香炉峰藏在云烟雾霭之中，遥望瀑布就如从云端飞流直下，临空而落，这就自然地联想到像是一条银河从天而降。可见，"疑是银河落九天"这一比喻，虽是奇特，但在诗中并不是凭空而来，而是在形象的刻画中自然地生发出来的。

这首诗极其成功地运用了比喻、夸张和想象，构思奇特，语言生动形象、洗练明快。苏东坡十分赞赏这首诗，说"帝遣银河一脉垂，古来唯有谪仙词"。"谪仙"就是李白。《望庐山瀑布》的确是状物写景和抒情的范例。

《庐山瀑布》资料

"虚空落泉千仞直"，首句写出千仞山壁，飞泉直落，气势显得十分震撼壮阔；更为震撼者是第二句"雷奔入江不暂息"，从声音上写出了它雄伟壮阔的气势。"今古长如白练飞，一条界破青山色"。三四两句化动为静，把瀑布比成白练，镶在青青的山色中间，从色彩和视觉上又写出了新奇和柔和。

据《云溪友议》载：白居易长庆年间（821—824）为杭州刺史时，张祜和徐凝同应贡举而未能分出谁当首荐。白居易遂出试题《长剑倚天外赋》《余霞散成绮》诗，命二人决赛。结果列徐第一，张第二。祜不服，说："我还有更好的诗句！如'地势遥尊岳，河流侧让关''树影中流见，钟声两岸闻'这样的句子，怕是像綦毋潜这样的诗人写的'塔影挂清汉，钟声和白云'都不一定比得上吧？"徐凝说："你这些诗句哪里比得上我的'今古长如白练飞，一条界破青山色'呢？"张祜遂行歌而返。

《题西林壁》资料

苏轼的题西林壁创作于北宋元丰七年（1084 年），当时他被贬黄州已经四年，后来改迁汝州，赴任途中正好经过江西省九江市，苏轼心情大好就约上三五好友同游庐山，因为庐山的名气实在太大，已经留下了很多骚人墨客的文学佳作，苏轼一激动就诗兴大发写下了"可怪深山里，人人识故侯"的感受，虽然第一次来庐山，觉得庐山就像一位高傲的陌生人，但是已经真真实实地处在庐山的怀抱中，实现了游玩庐山的愿望，不禁又提笔一气写下了《初入庐山三首》。苏轼边走边看，既看山中的风景，又看前人留在庐山上的诗作，庐山上的佳作很多，最为有名的，当然要数诗仙李白的《望庐山瀑布》和唐代诗人徐凝的《庐山瀑布》。苏轼天性不服输，想着自己能不能有什么佳作可以赛过他们呢，他一连写了 10 多首诗作，最后当他和友人来到西林寺的时候，突然来了灵感，就把自己的绝妙佳句题写在墙上，这首诗就是大名鼎鼎的《题西林壁》。刚写完，周围的看客就高声朗诵起来，越读越觉得妙不可言，纷纷拍手叫好，苏轼也非常满意自己的作品，自此才觉得完成了游庐山的心愿，心满意足地下山了。

苏轼在《东坡志林》中说："吾非逃世之事，而逃世之机。"纵观苏轼，一生官海沉浮，颠沛流离，可谓命运多舛，但是他始终走在自我超越的旅途之中。

李常生认为苏轼在黄州时期就已领悟到"平淡、洒脱"的无我之境[1]。苏轼在惠州、儋州时期，更能体会"胜固欣然，败亦可喜"的第五种境界。

因此我们或许可以将《题西林壁》解读成诗人洒脱，旷达性格的密码。也可以由此理解为何他屡遭迫害，却"眼前见天下无一个不好人"。正因为他能远、近、高、低，不同角度看事看人，也能以"局外人"的眼光处事观人，所以他才说"九死南荒吾不恨"。试想一位"爱鼠常留饭，怜蛾不点灯"的诗人，怎会怨恨仇敌？！因为慈悲，所以懂得，因为懂得所以放下。于是生命由此走向宁静，走向超脱，走向高洁，其人生也充满了智慧，正如李常生所说，苏轼是人类精神生活的典范，"带给人类精神生活希望"。人类的伟大也就在

---

[1]　李常生：《王国维的三种境界说与苏轼的第五境界》，《2018 年眉山东坡文化国际学术高峰论坛论文集·下册》，2018 年，第 239 页。

这里。

活动三：哲理处处在

小组合作提炼诗《题西林壁》中蕴含的哲理，拓展阅读《盲人摸象》，说说诗中哲理与《盲人摸象》有什么相似之处。

题西林壁

［宋］苏轼

横看成岭侧成峰，

远近高低各不同。

不识庐山真面目，

只缘身在此山中。

盲人摸象

尔时大王，即唤众盲各各问言："汝见象耶？"众盲各言："我已得见。"王言："象为何类？"其触牙者即言象形如芦菔根，其触耳者言象如箕，其触头者言象如石，其触鼻者言象如杵，其触脚者言象如木臼，其触脊者言象如床，其触腹者言象如瓮，其触尾者言象如绳。

《盲人摸象》参考译文

从前，有四个盲人很想知道大象是什么样子，可他们看不见，只好用手摸。胖盲人先摸到了大象的牙齿。他就说："我知道了，大象就像一个又大、又粗、又光滑的大萝卜。"高个子盲人摸到的是大象的耳朵。"不对，不对，大象明明是一把大蒲扇嘛！"他大叫起来。"你们净瞎说，大象只是根大柱子。"原来矮个子盲人摸到了大象的腿。而那位年老的盲人呢，却嘟囔："唉，大象哪有那么大，它只不过是一根草绳。"原来他摸到的是大象的尾巴。四个盲人争吵不休，都说自己摸到的才是大象真正的样子。而实际上呢？他们一个也没说对。后人以"盲人摸象"比喻看问题以偏概全。

哲理相似之处：＿＿＿＿＿＿＿＿＿＿＿＿＿＿＿＿＿＿＿＿＿＿＿＿＿。

活动四：优点大轰炸

优点大轰炸：小组合作，逐一对组内成员进行"优点大轰炸"讨论，尝试从学习、生活、外形、性格、兴趣爱好、衣着打扮、个人品德等角度绘制思维导图，多角度赞美同学的优点。

完成后展示成果，将思维结果送给被夸赞的对象，交流本次活动的感受。

图 3-5-2 思维导图

三、评价标准

评价"活动三：哲理处处在"。

评价标准：

表 3-5-2 评价标准

层次	评价标准
前结构层次	不能阅读《盲人摸象》原文。
单点结构层次	能够明确读懂文章，能提炼观点。
多点结构层次	能够提取观点，并能够与文本建立联系。
关联结构层次	能够正确认识局部与整体的辩证关系，不会以偏概全。

成果样例：

《题西林壁》中所蕴含的哲理：要整体地、全面地认识问题，为了避免以局部经验为依据导致的错误，就要与我们的认知对象保持一定的距离。而《盲人摸象》所阐述的道理是不能以为自己看到的即是事物的全貌，不能以偏概全。《题西林壁》与《盲人摸象》所蕴含哲理的相似之处在于，其告诉人们，看待事物不能用片面的眼光，而应该用整体的、全面的视角看待。

下编

单元实践式课程

第四章　衣食住行类单元实践式课程

语文课程是一门学习国家通用语言文字运用的综合性、实践性课程。《义务教育语文课程标准(2022 年版)》坚持创新导向的修订原则，"强化课程综合性和实践性，推动育人方式变革，着力发展学生核心素养"。"综合"可以理解为语文学习内部的综合以及语文学习外部的综合，即通过综合性学习加强语文课程内部诸多方面的联系，加强与其他课程以及与生活的联系，促进学生语文素养全面协调地发展。综合性学习的基本特征包含合作性、探究性、实践性、全面性和生活性。从学习内容到学习资源，综合性实践活动均为学生创造了更大的语言运用空间，在课堂、家庭、社会、自然之间建立联结，拓宽关注视野，提升学习能力，完善学习方法，有助于学生在真实的语言运用情境中提升能力。

"衣食住行"泛指穿衣、吃饭、住房、行路等生活上的基本需要，即学生在实际生活中接触到的实际生活需求。活动设计旨在建立语文学习与生活关联，通过完成实践活动，引导学生在实际生活中识字写字、了解节日习俗、探究饮食文化、走进古人生活遗迹，强化语文学习与生活的自然联结。

【传统文化核心概念】

• 饮食文化：地域饮食文化、节日饮食文化。

• 文化遗产：世界物质文化遗产、中国的世界物质文化遗产。

食物，在人们的物质生活里占据着非常重要的位置，因为它能满足人类生存的最基本需求，它是人类活动得以开展进行的基础。饮食文化是指制作食物过程中原材料的选择、利用与加工，消费过程中所运用的技艺、科学，以及在饮食基础上形成的各自的传统习俗和思想哲学。它是人类全部食事活动的总和，主要包括：

食生产——食物原材料的开发、生产、食材加工制作、食材保鲜与贮藏以及社会生产的管理与组织；

食生活——食品获取、食品流通、食品制作、食物消费、饮食活动与社会礼仪和社会食生活管理与组织；

食事象——人类饮食活动或与之相关的各种行为和现象；

食思想——人们的饮食认知、思想观念等；

食惯制——人们的饮食习惯、风俗及传统等。

　　中国是古老的四大文明古国之一，美食文化博大精深，源远流长。在上下几千年的历史长河中，中国的美食文化与整个中国历史的发展相辅相成、和谐统一，它既是一种生活常态，更是一种文化艺术，成为中国宝贵的传统文化的重要组成部分。从广义上来说，中国美食文化指的是中华民族在食物制作、消费过程中产生的一切物质的和精神的行为总和。用通俗的话来讲，人们吃什么、怎样去吃、吃的目的（意义）、观念、情趣、礼仪等，都包含在美食文化的范畴内。

　　中国的饮食文化历史悠久，内容、形式丰富多彩，有明显的地域性和包容性。地域饮食文化建立在自然气候、地理风俗、历史文化、宗教信仰等多因素基础上。我们常说的"南甜北咸，东辣西酸"的地域饮食习惯就与自然气候有着密切关系，比如西南以辣去湿，北方多食咸肉以御风寒等。地域饮食文化差异形成了我们津津乐道的四大菜系或八大菜系。四大菜系中的粤菜包括广州菜、潮州菜和东江菜，鲁菜也称山东菜，川菜就是四川菜，淮扬菜集江南水乡扬州、镇江、淮安等地菜肴的精华，是江苏菜系的代表风味。所谓"菜系"就是不同地区饮食习惯、口味在选料、切配、烹饪手法等方面的体现，经过长期演变而形成体系。

　　节日饮食文化与节日习俗、家乡情怀关系密切。小时候过年过节才能吃到的特色家乡美食、让我们垂涎欲滴的家乡特色小吃、念念不忘的妈妈烧的家常菜……一个个对于食物味道的记忆随着年岁渐长，逐渐凝结成了舌尖味蕾时常泛起的淡淡乡愁。节日习俗与饮食文化息息相关，初一饺子初二面，初三烙饼摊鸡蛋，端午节吃粽子，中秋节吃月饼，正月十五吃汤圆……食物记录着和家人欢度佳节的团圆滋味，很多时候食物会唤醒我们的记忆。

　　节日饮食文化中蕴含着浓浓的家乡情怀，承载着人们对家乡、亲人的牵挂和惦念。我国几千年的乡土生产和生活方式孕育了悠久厚重的农耕文明。农耕文明的农本思想一脉相承，对土地的依赖是民族的根，也是民族传统文化的底色。对家乡、亲人的惦念也成了融入民族血脉的情感基因，乡愁也成了每个中国人灵魂最深重的情感牵绊。抒发乡愁的文学作品也成为历朝历代诗文中最打动人心的主题。无论是"举头望明月，低头思故乡"孤寂忧愁，还是"但愿人长久，千里共婵娟"的美好祝愿，都源自那份心系家乡、亲人的故土难离之情。每逢佳节倍思亲，中国人的家乡情怀在节日习俗和节日文化中得到了充分的展现。春节、元宵节、中秋节……众多传统节日，尽管缘由不一，习俗各异，但是总有一个永恒不变的元素，那就是阖家团圆。这既是中华民俗千百年来最朴素的习俗，也是家乡情怀代代相传的文化。

　　世界物质文化遗产是人类智慧的结晶。"物质文化遗产"又称"有形文化遗产"，与"非物质文化遗产"相对，指的是文物、建筑群、遗址等有形的文化遗产。物质文化遗产对人类文明进程具有重要的历史价值、文化价值、科学价值、精神价值、经济价值、和谐价值、教育价值和审美艺术价值。1972 年联合国教科文组织第十七届全体会议在巴黎召开，会议通过的《保护世界文化和自然遗产公约》明确了物质文化遗产的范围和类别：

1. 文物：从历史、艺术或科学角度看，具有突出、普遍价值的建筑物、雕刻和绘画，具有考古意义的成分或结构，铭文、洞穴、住区及各类文物的综合体；

2. 建筑群：从历史、艺术或科学角度看，因其建筑的形式、同一性及其在景观中的地位，具有突出、普遍价值的单独或相互联系的建筑群；

3. 遗址：从历史、美学、人种学或人类学角度看，具有突出、普遍价值的人造工程或人与自然的共同杰作以及考古遗址地带。

中国的物质文化遗产承载着中国智慧。从 1985 年我国正式加入《保护世界文化和自然遗产公约》起，近四十年的中国世界遗产保护工作，不仅促进了中国物质文化遗产保护观念的转变，也为世界文明互鉴贡献了中国元素。截至 2021 年 7 月，中国已有 56 项世界文化和自然遗产列入《世界遗产名录》，其中世界文化遗产 33 项、世界文化景观遗产 5 项、世界文化与自然双重遗产 4 项、世界自然遗产 14 项。周口店北京人遗址、甘肃敦煌莫高窟、长城、陕西秦始皇陵及兵马俑、故宫等均在列。

中国的物质文化遗产蕴含着中国智慧的对外观察、行为方式和思维方式。文物、建筑群和文化遗址记录着古人观察自然、了解自然、顺应自然的天人观念以及文以载道、以文化人、静观默察的生存哲学。以物质文化遗产为沟通古今的媒介，通过整体观察和细微体察，了解古人看待人与自然关系的角度和方法，进而体验并学习具有中国智慧的对内体察和省思的独特方法。

中国的物质文化遗产蕴含着中国智慧的处世方法和美好品德。文物的产生和传承、建筑群的建立和流变、文化遗址的兴起和没落体现了古人求同存异、和而不同的处世方式以及讲仁爱、守诚信、尚和合的美好品德。以物质文化遗产为挖掘中国智慧的渠道，通过对物质文化遗产价值的深入分析，了解古人看待人与社会关系的立场和态度，传承提升个人修养、形成与他人和社会和谐关系的美好品质。

"衣食住行"活动设计指向真实生活，通过对实际生活中饮食文化的探究和古人生活遗迹即文化遗产的探究，帮助学生建立语文即生活的学习理念。实际教学中应关注以下两点：

一、充分挖掘生活中的综合性学习资源

以课文和单元综合性学习主题为依托设计综合实践活动，引导学生关注生活，体验生活。依照时令、节气、节日，选择恰当的联结点和联结方式，有助于实现活动情境的生活化和代入感，提升学习资源的丰富性和多元性，确保学生体验的真实性和完整性。

二、逐渐渗透并实践学习探究基本路径

丰富活动设计的内容和样式，鼓励学生动手实践、深入生活，尝试跨学科综合探究。基于生活实际设计综合实践活动，帮助学生实现思维、知识、能力的综合提升和全面锻炼。熟悉由现象到本质的探究路径，培养对生活中传统文化现象的敏感度、探究意识和探究能力。

案例1 品味舌尖上的家乡味道
——了解饮食文化 感受家乡情怀

【学生认知】

统编版语文教材一年级下册第四单元以"家人"为单元主题，编排了《静夜思》《夜色》《端午粽》《彩虹》和语文园地四。《静夜思》展现了如霜的月光无声地拨动着诗人的心弦，触发了诗人对家乡无尽的思念之情；《夜色》介绍了小作者在爸爸的帮助下，战胜了对黑夜的恐惧，从此学会欣赏夜色；《端午粽》以儿童的口吻生动地介绍了粽子的样子、味道和花样，介绍了端午节的习俗。四篇课文从不同角度介绍了家人、家乡、家乡味的重要性，传递着古人的故土之思。

"品味舌尖上的乡愁"综合实践活动能够满足一年级学生通过看一看、尝一尝、闻一闻、摸一摸、做一做等方式全方位了解家乡饮食文化、感受家乡情怀、了解中华传统文化的需要，在体验中不断加深对中国传统文化的认同和加深对中华民族的文化自信。

一、增加对传统美食制作过程的完整了解

中国饮食文化历史悠久、博大精深，有很强的地域特色、民族特色和时令特色。许多传统美食与传统节日有着密切的关系。对于一年级的小学生而言，生活中接触到的多是餐桌上和店铺里传统美食的成品，缺乏对传统美食制作过程的了解的认识，缺乏对传统美食从原材料变成盘子中色香味俱全美食的了解。需要通过"舌尖上的家乡味道"综合实践活动从餐厅走向厨房，从餐桌走向灶台，了解并体验传统美食的制作过程，丰富对传统文化的感官认知。激发对美食制作的兴趣，增加动手的机会，体会劳动的快乐，增长劳动技能。丰富生活经验的同时感受劳动成果的来之不易，增加亲子互动，加深对家乡、家庭的了解，产生文化归属感和自豪感。

二、加深对传统美食文化内涵的探究能力

随着社会的发展和文化的多元，一些西方的节日和现代节日对日常生活的影响越来越大。与之相对，学生对于传统节日缺乏深层理解，对于传统饮食文化背后的内涵缺乏真切体会，对于家乡味道和家乡情怀缺乏情感认知。只知道元宵节吃元宵、端午节吃粽子、中秋节吃月饼等片面的饮食文化现象，却不知道饮食现象的文化内涵。需要借助综合实践活动加深对传统节日和节日文化的深入了解，丰富生活经验和探究能力。"舌尖上的家乡味道"综合实践活动源自实际生活，学生借助活动关注生活，体验美食美味的由来，理解美食美味的意蕴，培养探究美食美味由来的能力。通过观察、采访、查阅资

料、动手实践等方式了解传统美食种类、源流、历史故事等,具备探究传统美食背后的文化内涵的能力的同时提高细致观察、流畅表达、深入探究等综合语言运用能力。

【教学目标】

节日习俗指"在一年之中的某个相对阶段或特定的日子形成的具有纪念意义的或民俗意义的社会性活动以及形成和传承下来的各种民俗事象。"①《关于运用传统节日弘扬民族文化的优秀传统的意见》中指出:"中华传统节日,凝结着中华民族的民族精神和民族情感,承载着中华民族的文化血脉和思想精华,是维系国家统一、民族团结和社会和谐的重要精神纽带,是建设社会主义先进文化的宝贵资源。"

统编版小学语文教材关于节日习俗的学习资源丰富、覆盖面广,包括腊月习俗、庙会、春节、元宵节、清明节、寒食节、泼水节、端午节、乞巧节、中秋节、重阳节等。其中,有关春节和端午节的内容最多。如关于春节有《春节童谣》(一上)、《传统节日》(二下)、《元日》(三下)、《中华传统节日》(三下)、《北京的春节》(六下)、《腊八粥》(六下),端午节有《端午粽》(一下)、《传统节日》(二下)等。《春节童谣》列举了从腊月初八到大年初二的春节节日习俗,包括喝腊八粥、粘糖瓜、扫房子、磨豆腐、蒸发面馒头等。《传统节日》列举了春节到重阳节的节日习俗,其中春节的节日习俗有贴窗花、放鞭炮、看花灯等,还有其他节日习俗如端午节赛龙舟、吃粽子,中秋节赏圆月、吃月饼,重阳节敬老、赏菊、登高等。在众多节日习俗中,涉及饮食文化的相关内容包括粽子、腊八粥、腊八蒜、饺子、元宵、年糕、春饼、月饼等。节日饮食文化与生活关联度最高,蕴含着历史悠久的中华文化,在学习时能提升学生对我国传统节日的热爱之情,从而进一步激发其文化认同感。

"品味舌尖上的乡愁"主题活动通过了解家乡风俗,既可以让学生进一步了解中华优秀传统文化和节日习俗与传统食物,丰富生活经验和学习经验,也可以让学生的语文水平得到多方面的提升。

基于此,将活动目标确定如下:

1. 学习本单元课文的表达,积累语言经验,撰写包粽子说明书。

2. 积累传统美食的知识,感受传统美食与传统文化的密切联系。

3. 了解并介绍一种自己家乡的特色美食制作过程及其文化内涵。

4. 体验并分享一种自家特色食物的制作过程和食物背后的故事。

---

① 吴忠军:《中外民俗与礼仪》,沈阳:东北财经大学出版社,2007年,第201页。

【教学过程】

活动一：撰写包粽子说明书

统编版语文教材一年级下册第四单元《端午粽》这篇课文，文章首先以"一到端午节，外婆总会煮好一锅粽子，盼着我们回去"为开端，把场景带到了端午节，描绘了一个温柔慈祥的外婆为端午节精心准备粽子，盼着自己的儿孙回家团圆的场景。课文第二、三自然段分别以孩子的视角，生动地介绍了外婆包的粽子的样子好看，味道好吃，种类和花样还特别多。整篇课文非常温馨，让人感受到浓浓的亲情，也让人感受到过端午节浓浓的节日气氛。最后一个自然段点明了端午节吃粽子的由来，展示了节日特殊的纪念意义。

请重读课文并查阅资料，了解包粽子的过程，用一个个完整通顺的话描述粽子的制作过程，撰写包粽子说明书。要求使用"先……再……然后……最后……"或者"第一步……第二步……第三步……"的句式厘清包粽子的顺序和步骤。

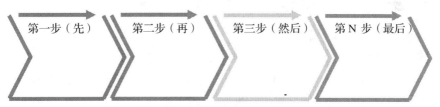

图 4-1-1　粽子的制作过程

活动二：传统节日美食连连看

每逢佳节，最让我们期待的就是餐桌上的各种符合时令的传统节日美食。节日的传统美食既表达了人们对未来生活的美好期待，也有顺应和遵从自然节气的寓意。对于传统节日美食你了解多少呢？你能说出传统节日美食的寓意吗？请以小组为单位，依次连线，为相应的传统节日匹配对应的节日美食和美食寓意。

图 4-1-2　传统节日美食连连看

　　小组完成连线任务后请结合自己的生活经验，回顾自家过节的特色美食，请教爸爸妈妈和爷爷奶奶，为"传统节日美食连连看"再设计 3 个素材库资源，包括"传统节日""节日美食""美食寓意"三部分，并给出答案。

　　答案：_____。

图 4-1-3　传统节日美食连连看素材库

活动三：家乡特色美食菜单

　　我们常说"十里不同俗"，不同地区有不同的地域文化、地理环境、人文历史，孕育了丰富多样饮食习惯。谚语"南甜北咸，东辣西酸"说的就是南方人爱吃甜的，北方人爱吃咸的，东部地区的人爱吃辣的，西部地区的人爱吃酸的，泛指各个地方的人的口味不一样。你的家乡有哪些特色美食？你知道这些特色美食所属的菜系、由来、做法和特色吗？请选择一个你最喜欢的凸显家乡特色的美食，为它制作一张美食菜单(单页)，菜单(单页)要包含特色美食名称、图片、所属地域、所属菜系、特色介绍、由来、简单做法、文化寓意等内容。具体要求如下。

　　1.特色美食名称：写出这道美食的名称、别名，很多美食在不同地方的叫法不同，可以写出这道美食在你的家乡的叫法。

　　2.你的家乡：请写出你家乡的名称，具体到省、市、县、乡、村。

　　3.美食图片：如果这道菜经常出现在你家的餐桌上，就请为它拍一张照片。如果不常见，就请检索一张图片，图片要突出特色，让人一眼就能认出是什么菜，并且垂涎欲滴。

　　4.所属菜系：你知道鲁、川、粤、苏、闽、浙、湘、徽八大菜系吗？请查阅资料，了解这道美食所属的菜系及菜系特点。

　　5.特色介绍：品评一道美食要从"色香味意形养"几方面进行，你可以挑选其中两三方面来介绍你喜欢的这道美食的特色。

　　①色——指的是食物的颜色，菜的颜色搭配要诱人。

　　②香——指的是食物的香味，指调料和菜的香味。

③味——指的是味道，菜的味道鲜美。最重要的就是适口，不同地方有不同的口味。

④形——指的是菜的形态优美，形状美观，新鲜。

⑤意——指的是意境和气氛，让人从食物中体味出文化涵养。

⑥养——指的是充分体现食物的营养，要荤素合理搭配。

图 4-1-4　家乡美食单

6. 美食由来：请查阅资料，了解这道美食的由来，如果查到有趣的美食故事，请简要记录下来。

7. 简单做法：请查阅资料，初步了解这道美食的制作方法。

8. 文化寓意：请查阅资料，了解这道美食的文化寓意，特别关注它与你家乡风俗相关的特点。

完成家乡传统特色美食菜单（单页）制作后，班级交流分享，将自己介绍的美食定位到中国地图上，寻找同地域美食"伙伴"，依照所属地区分门别类，制作目录，汇集成一份中国各地特色美食菜单。

表 4-1-1　家乡特色美食菜单目录

地区			
特色美食 1			
特色美食 2			
特色美食 3			
特色美食 4			
特色美食 5			

活动四：自家特色美食教程

味蕾对于食物味道的记忆经常跟和我们对于故乡、家人的牵挂掺杂在一起。食物的味道就是家的味道，人们常说"最好吃的饭菜，永远是妈妈做的"，记忆中的那道菜可能食材并不精良、工艺并不繁复，但就是因为妈妈的一双巧手和一颗爱心的烘焙让它任何时候与舌尖碰撞时，我们都会发自内心地喊出一句："对，就是这个味！"

每个家庭都有自己的拿手菜，特别是逢年过节，餐桌上的美味总能让我们充满期待。请设想这样一个场景：从小和你一起长大的表哥（表姐）去国外读书了，今年春节要在国外度过，他（她）非常想念家乡，思念亲人。为了安抚他的情绪，让身处异国他乡的他也能吃到家里年夜饭的自家味道，请你为他录制一段"自家特色美食视频"。选择一道最具家庭特色，有家庭传承的菜品，跟随爸爸妈妈或爷爷奶奶到菜市场、厨房，记录这道家庭特色菜品从采购到制作的全过程，配画外音解说详细制作过程。最后说说你选择这道菜的原因，讲讲你和这道菜的故事，说说你认为这道菜中带着怎样的家的味道。

1. 菜名：请写出这道菜的名称。

2. 制作者：请写出这道菜的制作者——家中大厨的名字。

3. 所需食材：请配合使用视频和文字，整理这道菜所需要的食材。

4. 制作步骤：请配合使用视频、解说和文字，记录这道菜从选择食材到端上餐桌的全过程，重点记录制作步骤。

5. 解说家的味道：这道菜中蕴含着怎样的家的味道，请说说你选择这道家庭特色美食的理由，讲述一个你和它之间的美食故事。

【教学评价】

评价"活动一：撰写包粽子说明书"。

评价标准：

表 4-1-2　评价标准

层次	评价标准
前结构层次	不能描述包粽子的过程，表述混乱，缺乏逻辑。
单点结构层次	能够较为清晰地描述一个包粽子的步骤，缺乏完整性。
多点结构层次	能够较为清晰地描述若干个包粽子的步骤，但不能用上"先、再、然后、最后"等词语写说明过程。
关联层次结构	能够自己了解包粽子的过程，准确清晰地描述每一个包粽子的步骤，并用上"先、再、然后、最后"等词语写说明过程，表达清晰，有逻辑。

成果样例：

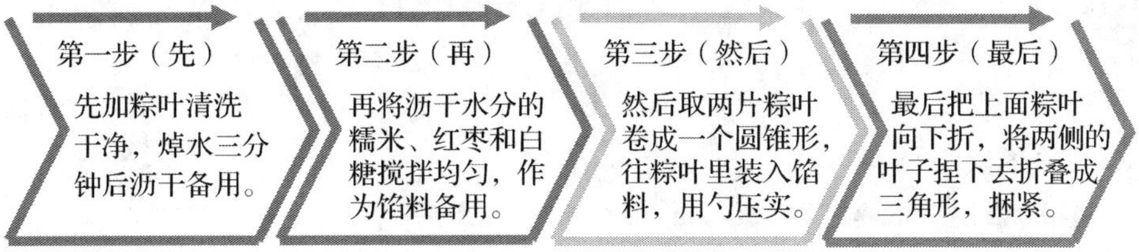

第一步（先）
先加粽叶清洗干净，焯水三分钟后沥干备用。

第二步（再）
再将沥干水分的糯米、红枣和白糖搅拌均匀，作为馅料备用。

第三步（然后）
然后取两片粽叶卷成一个圆锥形，往粽叶里装入馅料，用勺压实。

第四步（最后）
最后把上面粽叶向下折，将两侧的叶子捏下去折叠成三角形，捆紧。

图 4-1-5　成果样例

案例2　争做小小美食家

——品味饮食文化　积累汉字知识

【学生认知】

统编版语文教材二年级下册第三单元为识字单元，共编排了四篇课文，将汉字集中学习融入到多样化的形式之中。本单元不仅有效实现识字的巩固与内化，还借助诵读丰富学生对传统文化的积累。其中《神州谣》以"三字经"的形式写出了祖国的山川美，激发学生对伟大祖国产生热爱之情；《传统节日》以儿歌的形式逐一列举了我国传统节日，丰富了学生对祖国传统文化的认知；《"贝"的故事》通过呈现象形文字"贝"的演变，初步培养学生积极探究中国汉字文化的兴趣；《中国美食》以图文并茂的形式展现了一组中国特色的美食，有效激发了学生对中国饮食文化的兴趣，培养学生热爱祖国灿烂的传统文化的美好情感。

中国美食文化随着中华源远流长的文化历史传承至今，承载了中华五千年的文明积淀。低年级学生适合通过动手制作、语言交流等一系列有趣的体验活动将所学知识与日常生活建立联系，在生活中学习积累汉字学习经验。通过活动，丰富学生对中国美食的认识和体验，将美食礼仪运用到生活实践中，能够增强民族自信，树立传承和发扬中华传统文化的责任和意识。

一、增加对中国美食的了解

大部分小学低年级学生对美食并不陌生，但存在不能区分中西美食、对家乡特色美食缺乏认知、对美食了解浮于表面等问题。需要在已有生活经验的基础上，以单元主题为支撑，通过开展趣味盎然的体验活动增加与中国美食的接触机会。以时空为坐标轴，了解美食的历史由来和地域差异，意识到"民以食为天"的中华民族对美食的尊重和重视，体会"南甜北咸，东辣西酸"的不同地区的饮食文化差异。全方位、多角度了解美食的开发与利用、餐具的运用与创新、餐桌的礼仪与文化、食物的生产与消费，以及美食与社会生活、美食与文学艺术、美食与人生境界的关系，感受丰富多彩、博大精深的中华饮食文化。

二、感受美食中的传统情怀

中国美食文化注重品位、情趣，不仅对饭菜点心的色、香、味有严格的要求，而且对它们的命名、品味的方式、进餐时的节奏、座次等都有一定的要求。但学生由于年龄低，缺乏对饮食礼仪、美食命名、品评等方面的关注。以美食命名为例，中国菜肴的名称可以说是出神入化、色香味俱全。菜肴名称既有根据主、辅调料及烹调方法的写实命名，也有根据历史掌故、神话传说、名人饮食、菜肴形象来命名的，如"全家福""将军过桥""狮子头""叫化鸡""龙凤呈祥""东坡肉"等等。学生需要在已有生活经验的基础上，在平日的家庭聚会、节日团聚时多加留意，通过询问他人、简单搜集资料，理解每道菜乃至每桌菜背后的文化内涵。这也是增强自主探究能力和学习主动性的有效方式，在体验中学习，在体验中感受美食中蕴含的传统文化情怀。

【教学目标】

俗话说，"民以食为天"，中国人对于食物的热爱与钻研热情是有目共睹的。在食材选择上，上至飞禽下到走兽都能变成人们餐桌上的美食；在制作方式上，中国人可以通过油炸、清蒸、水煮、腌制、火烤、烟熏等展现出同一食材的不同风味；在味道上，人们对麻辣、糖醋、酸辣、咸香等各种口味进行探索的脚步从未停止。可以说，中国的美食文化发展早已脱离了物质特性，形成了独特的文化体系，并在其发展的过程中不断与地域、节日等民俗文化交融。美食文化记载着饮食方面的哲理内涵、宗教习俗、道德信仰，是最具特色的中国文化之一。

饮食文化是传统文化与日常生活结合的重要学习资源，可以丰富文化储备和生活经验，提升解读文化内涵的能力，还可以理解汉字特点，实现在生活中识字写字。"争做小小美食家"主题活动旨在将识字学习与日常生活中的饮食文化结合，引导学生探究美食的文化意蕴，感受传统文化的博大精深，积累汉字学习经验，全面提升语文素养。

基于此，将活动目标确定如下：

1. 通过学习《中国美食》一课，自主学习积累带有"艹""火"和"灬"等偏旁的汉字，发现偏旁与字义之间的联系，了解汉字的构字特点。

2. 体验制作一道美食的全过程，积累与食材、烹饪方式相关的汉字及汉字文化，分享自己的体验和收获。

3. 通过参观展览或观看纪录片等方式，了解饮食文化的丰富内涵，理解中国饮食文化的博大精深。

【教学过程】

活动一：选定美食

（一）了解《中国美食》

1. 组队报菜名

请同学们两两结对，完成组队报菜名的任务。

课文《中国美食》介绍了 11 种中国美食：凉拌菠菜、香煎豆腐、红烧茄子、烤鸭、水煮鱼、葱爆羊肉、小鸡炖蘑菇、蒸饺、炸酱面、小米粥、蛋炒饭。请仿照相声《报菜名》，按要求依次读出这 11 种中国美食。

快速报菜名：一名同学尽可能快速准确、流畅地报菜名，另一名同学对照课文检查对方是否认识"菠""煎"等 16 个生字，读准多音字"炸"，从读音、顺序、流畅度等角度评价。

慢速报菜名：一位同学放慢速度依次读出 11 种中国美食的名字，另一位同学在田字格中写出菜名，会写"烧、茄"等 9 个字，要求汉字书写正确、工整。慢速报菜名的同学负责检查、订正。

表 4-2-1　报菜名分数表

小组成员 1	菜名	小组成员 2
快速报菜名得分	凉拌菠菜	快速报菜名得分
	香煎豆腐	
	红烧茄子	
	烤鸭	
	水煮鱼	
慢速报菜名得分	葱爆羊肉	慢速报菜名得分
	小鸡炖蘑菇	
	蒸饺	
	炸酱面	
	小米粥	
	蛋炒饭	

2. 做法我知道

请认真重读《中国美食》，认识中国的美食，请依次说出制作美食时需要用到的烹饪方法并写出相应的汉字。

图 4-2-1　《中国美食》中的烹饪方法

3. 美食大转盘

请在完成前两个任务的基础上，继续两两合作，制作美食大转盘。将最常见的食材与烹饪方法的随机组合，会发现饮食文化的奥秘。

(1)请仿照示例制作一个由两张圆形组成的同心圆转盘，固定好圆心，作为美食转盘的基础道具。

(2)请将借助课本或字典，将你熟悉的烹饪方法依次写在大转盘的内圆中。可以从《中国美食》提到的 9 个烹饪方法中选择，也可以从生活中找到你熟悉的其他烹饪方法。要求正确书写汉字并标注拼音。

(3)请借助课本或字典，将你熟悉的食材、食物名称依次写在大转盘的外圆。可以从《中国美食》提到的食材中选择，也可以选择你喜欢的食物。要求正确书写汉字并标注拼音。

(4)尝试转动大转盘，将食材和烹饪方法随机组合，凭借你们的生活经验判断哪些组合是常见的菜名和食物，将它们写出来，比一比，看看哪组同学组合出的菜名种类丰富，并且符合生活实际。

表 4-2-2　美食大转盘

大转盘样例	组合菜名记录单	
	罗列组合的全部结果	选出恰当的常见菜名

(二)选定感兴趣的美食

通过学习《中国美食》，相信同学们已经了解了一些常见美食以及烹饪方法。你想好自己要制作的美食了吗？你要制作的美食可以是课本上的，也可以是课本外的。你可以先罗列一些自己喜欢的美食，然后依照兴趣和实际情况做出最终选择。选好后请与同学分享你选择它的理由。

表 4-2-3　选定感兴趣的美食

备选美食		最终选择	选择理由
菜名：_____	菜名：_____		
菜名：_____	菜名：_____		
菜名：_____	菜名：_____		
菜名：_____	菜名：_____		
菜名：_____	菜名：_____		

活动二：制作美食

（一）准备食材

制作这个美食需要用到哪些食材呢？你做好采购的准备了吗？让我们开启采购之旅吧！到厨房和市场里寻找课文中学到的和美食相关的汉字吧！

1. 食材种类我知道

为了帮助同学们建立对食材的分类概念，请依照以下"蔬菜""水果""调料""五谷""海鲜"的食材分类，在自家厨房找到 3 种以上的食物，将它们的名字写在分类表的相应位置。可选择课文中出现的食材，也可选择其他食材。写食材名称的时候可以借助食材包装上的标签，或者借助字典，向爸爸妈妈寻求帮助。

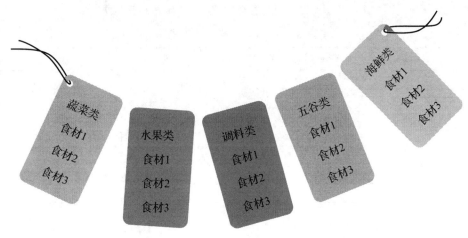

图 4-2-2　食材分类图

2. 食材清单我来写

请搜索或向爸爸妈妈请教你感兴趣的那道菜所需要的食材，依照"蔬菜""水果""调料""五谷""海鲜"的分类确定需要采购的食材和数量。

表 4-2-4　制作_____的食材清单

分类	需要购买的食材	需要食材数量
蔬菜		
肉类		
调料		
……		

完成采购清单后请以小组为单位进行讨论，看看大家都罗列了哪些食材。把大家用到的食材进行收集整理，填写到食材整理清单中。

表 4-2-5　食材整理清单

小组成员	制作的美食名称	蔬菜	肉类	调料

3. 偏旁奥秘我探究

请将食材清单里的物品按偏旁归类，并认真抄写下来，依次填入表下表，看看哪个偏旁的字多。然后组内讨论，尝试发现汉字偏旁部首的规律，说说你的新发现。注意：不认识的字，请查字典，注音并写出意思。

表 4-2-6　发现食材偏旁的奥秘

偏旁	带有相同偏旁的汉字	个人发现	小组发现

（二）烹饪美食

同学们的食材都准备好了吧，就让我们开启烹饪之旅吧！大家可以请教长辈了解美食的制作过程，也可以通过查阅相关资料，了解美食的制作过程。先将制作过程写下来，然后请你依据整理的制作步骤，在家长的陪同下完成美食制作。请家长用手机帮你记录下你制作美食的过程吧，一起为这段视频起一个有趣的名字。

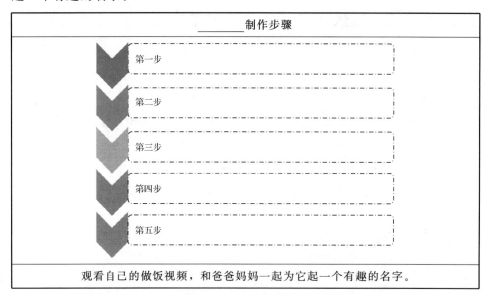

图 4-2-3　烹饪美食过程

（三）分享体验

通过这次学习，相信同学们不仅对中国美食有了一定的了解，而且还学会了制作美食，了解汉字的结构特点。请你将学到的东西进行整理，制作你的"美食集"。请先在组内展示你的美食集，选出你们组最优秀的"美食家"进行全班比拼，一起选出我们班的"小小美食家"。

活动三：研究美食

作为一名小美食家，大家对于美食的了解不能仅限于对食物色、香、味做出客观的评价，也不能仅限于体验食物的制作过程，还应该更为全面地了解饮食文化。我国的饮食文化博大精深，请线上或线下参观国家博物馆"中国古代饮食文化展"了解我国饮食文化的历史脉络，或观看《舌尖上的中国（第三季）》纪录片，了解美食的文化渊源和中国人对美食的情愫。

1. 记录菜名

参观过程中记录一道你感兴趣的菜名，写出这道菜的名称和烹饪方法，并尝试运用积累的偏旁知识，推测这道菜的做法。

2. 积累常识

参观结束后讲述一个你从中了解到的饮食历史故事或饮食礼仪传统。

国家博物馆"中国古代饮食文化展"
分为"食自八方""茶韵酒香""琳琅美器""鼎中之变""礼始饮食"5个单元，精选240余件套的文物，从食材、器具、技艺、礼仪等不同角度全方位地呈现了古代饮食文化的历史变迁，真实刻画古代劳动人民充满烟火气息的日常生活，深刻表达了中华民族对丰衣足食美好生活的憧憬和信心。

《舌尖上的中国（第三季）》	
分为《器》《香》《宴》《养》《食》《酥》《生》《合》八集，近观食物之美，远眺文化渊源，讲述了人与美食背后的温情故事和中国人的处世哲学。从历史演化过程中探究中国美食的迁徙与融合，深度讨论中国人与食物的关系。	

感兴趣的菜名		推测做法	
讲述一个参观或观看过程中印象深刻的饮食历史故事或饮食礼仪。			

图 4-2-4　观后感

【教学评价】

评价"活动三：研究美食"。

评价标准：

表 4-2-7　评价标准

	学生自评	生生互评	教师评价
参观、观看过程认真			
菜名书写正确			
烹饪方法推测合理			
饮食故事或礼仪介绍清晰准确			
能说出自己的参观、观看感受			

成果样例：

葱烧海参做法："烧"就是将前期熟处理的原料经炸煎或水煮加入适量的汤汁和调料，先用大火烧开，调味后改小中火慢慢加热至将要成熟时定色，定味后旺火收汁或是勾芡汁的烹调方法。

饮食礼仪：

茶壶嘴不能对着人。茶壶嘴对着人会让客人有一种被"冲"着的感觉，不尊重。壶嘴里冒出的水蒸气容易烫伤人。出于以上两种考虑，建议让壶嘴朝向无人的方向。

案例3　制作中国物质文化遗产"云旅行"攻略
——探寻文化遗产　汲取中国智慧

【学生认知】

统编版语文教材五年级下册第七单元以"世界各地"为单元主题，编排了阅读《威尼斯的小艇》《牧场之国》《金字塔》，口语交际"我是小小讲解员"和习作"中国的世界文化遗产"。《威尼斯的小艇》描绘了威尼斯这座水上城市的别样风光，《牧场之国》展现了荷兰牧场的田园风景，《金字塔》通过多渠道、多途径搜集到的资料介绍了埃及金字塔的异域风情；三篇课文共同构成了一幅丰富多样的世界物质文化风物图。围绕物质文化遗产这一主题，阅读版块关注世界，着眼世界物质文化遗产中蕴含的人类智慧，写作版块关注中国，聚焦中国物质文化遗产中蕴含的中国智慧。

中国的世界文化遗产蕴含着传承千载的中国智慧和丰富多元的中华优秀传统文化要素。对于小学高年级学生而言，传承物质文化遗产中蕴含的中国智慧，不应只是被动地接纳以符号为代表的知识，更应通过活动体验，将文化浸入血脉，逐渐内化为影响一生言行的内在文化力量。"介绍中国的世界文化遗产"活动设计体现了语文核心素养对"文化传承与理解"的要求。学生需要在探寻凝结着华夏祖先汗水和智慧的文明结晶的过程中，增加对中国物质文化遗产的接触和了解，理解并传承文化遗产中蕴含的中国智慧。

一、增加对中国物质文化遗产的接触和了解

大部分小学中高年级学生对中国的物质文化遗产了解较少，不能区分物质文化遗产和一般旅游景点、文化旅游和休闲旅游的差别。需要在现有认知的基础上，以单元主题为依托，通过丰富的线上线下活动增加学生与物质文化的接触机会，多角度、多渠道增加学生对物质文化遗产的了解，提升物质文化遗产旅行的兴趣和深入探究其中蕴含的中国智慧的渴望。

学生首先要认识到物质文化遗产不同于一般旅游景点，游览物质文化遗产属于文化旅游，不同于一般以放松身心为目的的休闲旅游。通常我们所说的文化旅游指的是通过旅游实现感知、了解、体察人类文化具体内容之目的的行为过程。针对物质文化遗产的文化旅游应以鉴赏传统文化、追寻文化名人遗踪或参加当地举办的各种文化活动为目的，用探究学习的精神寻求文化的享受。因此旅行前要做好功课，旅游过程中要带着任务，旅行结束后要总结提炼。

二、理解并传承文化遗产中蕴含的中国智慧

小学中高年级学生逐渐具备区分现象与本质、主要与次要、抽象与具体的能力，但思维方面仍具有较大成分的具体形象色彩。对于物质文化遗产蕴含的文化元素和承载的中国智慧等抽象概念的理解存在一定障碍，如果缺少实际观察体验和操作经验，很难准确理解其丰富内涵。因此需要创设真实的活动情境，引导学生在真实的语言环境中，借助中国文化、中国智慧和中国思维的载体——物质文化遗产，增加感官体验，丰富认知经验，让传统文化活起来并传下去。

【教学目标】

中国的世界物质文化遗产是中外文化交流互鉴的载体，需要吸收借鉴国外优秀文明成果，积极参与世界文化的对话交流，才能不断丰富和发展中华文化。探寻物质文化遗产蕴含的中国智慧，有助于学生树立文化自觉、增强文化自信、开拓文化视野，为世界文化遗产的传承和保护贡献中国智慧。

基于此，将活动目标确定如下：

1. 通过课文学习，认清世界文化遗产的价值，开拓文化视野，学习介绍文化遗产的方法。

2. 通过制作云旅行攻略，了解中国物质文化遗产的具体情况，挖掘其中蕴含的中国智慧。

3. 通过分享云旅行攻略，介绍感兴趣的物质文化遗产和学习收获，肩负文化传承的责任。

【教学过程】

随着科学技术的飞速发展和传播媒介的丰富多元，借助科技手段足不出户"云游"天下已不是梦。和用脚步丈量世界的传统旅行方式相同，云旅行同样包含选择旅行目的地、制订旅行计划、记录旅行收获等体验环节。通常在制订旅行计划的时候我们都会在旅行 App 浏览他人的旅游攻略，以便更好地规划自己的行程。旅行攻略是通过回顾自己的旅行体验，描述自己旅行经历，为其他要去同一个目的地的游客提供参考的旅行记录形式。旅行之后撰写攻略不仅能为他人提供参考，更是对自己旅行经历的记录和回顾。很多旅行爱好者会通过攻略手账或在自媒体平台上完成自己的旅行攻略，回顾行程、景点等旅行信息，整理照片、门票等旅行痕迹，撰写个性化的旅行感受。

本单元需要学生通过中国的物质文化遗产制作云旅行攻略，将自己感兴趣的中国物质文化遗产介绍、推荐给他人的情境任务。情境任务包含"备选目的地清单""学习名家名作""制作旅行攻略""推荐文化遗产"四个环节。

活动一：云旅行备选目的地清单

云旅行前我们首先要了解可选择的旅行目的地，请完成以下任务，筛选可供选择的中国物质文化遗产云旅行目的地。

截至 2021 年 7 月 25 日，泉州的宋元中国的世界海洋商贸中心入选《世界遗产名录》，中国世界遗产总数增至 56 处。请查阅《世界遗产名录》（截至 2021 年 8 月），依次整理中国的世界文化遗产，在表格中填入遗产名称、地点、类别、录入年份，并查阅它们在地图上的具体位置。

整理完毕，请在初步了解的基础上，选择三个你最感兴趣的物质文化遗产，用"★"标注在表格上。三个文化遗产中要包含一个你的家乡或你去过、了解较多的遗产。

表 4-3-1　云旅行备选目的地清单

序号	遗产名称	地点	类别（文化、自然）	录入年份
1（示例）	泰山	中国山东泰安	文化与自然双重遗产	1987
2				
……				

活动二：翻看名家的旅行攻略

明确了文化旅行的目的地后，需要进一步学习如何制作云旅行攻略。"翻看名家的旅行攻略"活动将三篇课文看作名家旅游攻略的旅行体验部分，通过学习《威尼斯的小艇》《牧场之国》《金字塔》三篇课文，了解世界文化遗产的相关知识，学习介绍世界文化遗产的方式。

在学习课内篇目的基础上，拓展阅读资料与世界物质文化遗产相关的资料，如余秋雨《文化苦旅——莫高窟》、朱自清《威尼斯》、林清玄《威尼斯船夫》；观看相关纪录片，如 BBC 纪录片《探秘埃及法老王的秘密》《威尼斯》，央视纪录片《故宫》《敦煌莫高窟美的全貌》等；登录联合国教科文组织官方网站，加深对世界文化遗产的了解。

请在学习过程中找到它们被录入世界遗产名录的理由，学习介绍物质文化遗产的方式，积累物质文化遗产的知识。完成三篇课文的学习后请制作威尼斯、荷兰、埃及金字塔的世界文化遗产卡片，小结翻看名家旅行攻略的收获。

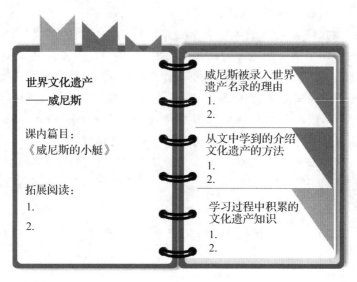

（1）

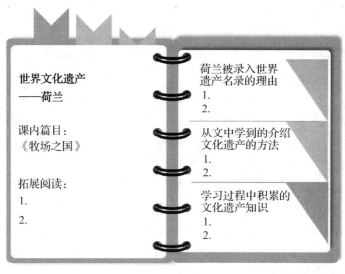

（2）

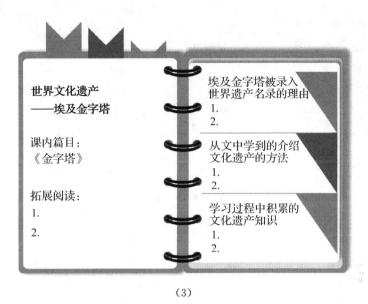

（3）

图 4-3-1　阅读收获

活动三：制作自己的旅行攻略

请查阅资料，借助相关网络资源云游你在第一个活动"目的地清单"中选出的三个感兴趣的中国世界物质文化遗产，充分了解、体验后，借用在第二个活动中学到的方法，依照要求制作云旅行攻略。云旅行攻略要包含以下几部分内容：

（1）制作攻略封面页

请检索相关物质文化遗产的图片作为封面，封面图要凸显物质文化遗产的特色。可选择名家画作、摄影作品等，选图要注明出处和选择理由。封面还应包含对应物质文化经典的官方标志，请登录相应物质文化遗产官网或公众号，检索官方标志并尝试解读标志的内涵。

封面选择理由：	封面页
官方标志解读：	

图 4-3-2　遗产封面页

（2）制作遗产档案页

世界遗产委员会通常会用简洁的文字概括遗产特征，作为入选理由给出评价。以威尼斯为例：

威尼斯及其潟湖 1987 年入选遗产名录，世界遗产委员会的评价为威尼斯始建于 5 世纪，由 118 个小岛构成，10 世纪时成为当时最主要的海上力量。整个威尼斯城就是一幅非凡的建筑杰作，即便是城中最不起眼的建筑也可能是出自诸如乔尔乔内（Giorgione）、提香（Titian）、丁托列托（Tintoretto）、委罗内塞（Veronese）等世界大师之手。

请摘录你选择的三个世界文化遗产入选理由，并补充能够体现人与自然智慧的地理环境和体现人与社会关系的历史渊源：

①地理环境：请查阅资料，了解当地地理特征，关注能够突出古人智慧的地理情况介绍。呈现的资料需要注明出处，字数控制在 300 字以内。

②历史渊源：请查阅资料，整理与之相关的历史事件。聚焦与文物、建筑、遗址相关的历史事件，探寻与其缘起相关的人物，讲述历史渊源。呈现的资料需要注明出处，字数控制在 300 字以内。

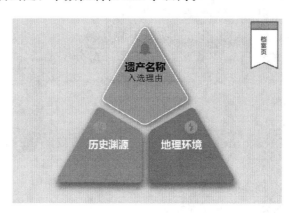

图 4-3-3 遗产档案页

（3）制作游览线路页

请查阅相关资料，可参考相应物质文化遗产的官网或公众号的官方信息。推荐若干最能凸显古人智慧的文化旅游景点，为"文化遗产爱好者"探寻古人智慧的旅行设计相应的旅行路线，依次标注在景区地图上。

①天人合一的智慧：人与自然路线

请挑选至少 3 个景区中能够凸显人与自然和谐相处的物质文化遗产景点，连成一条游览路线。围绕"天人合一"蕴含的中国智慧撰写一段线路和景点介绍的导游词。

②观风问俗的智慧：人与社会路线

请挑选至少 3 个景区中能够凸显人与社会关系的物质文化景点，连成一条游览路线。围绕社会关系，查阅相关资料，围绕其中蕴含的中国智慧撰写一段线路和景点介绍的导游词。

③致敬先贤的智慧：美好品德路线

请挑选至少 3 个景区中能够凸显古人美好品德的物质文化遗产景点，连成一条游览路线。围绕美好品德，查阅相关资料，围绕其中蕴含的中国智慧撰写一段线路和景点介绍的导游词。

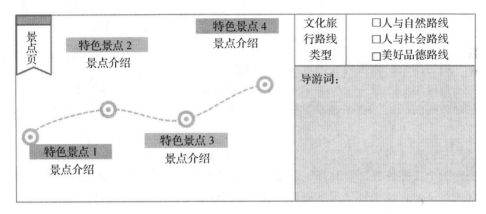

图 4-3-4　游览线路页

（4）制作攻略感受页

请将自己云游物质文化遗产的见闻和感受写成一段旅游笔记。见闻凸显具有特色的物质文化元素和其中蕴含的中国智慧。以"站在这里，眼前的＿＿让我惊叹于古人的智慧"开头。也可以使用 vlog 的形式记录旅行过程和旅行体验，将已完成的文字改写为视频设计脚本。

（5）制作旅行建议页

物质文化遗产旅游不同于一般的休闲旅游，需要以探究学习的精神寻求文化享受和精神满足。请为你选择的物质文化遗产撰写旅行建议："推荐游览人群"部分需要结合该物质文化遗产蕴含的文化元素明确适宜游览的人群。以故宫为例，对明清历史感兴趣的人群可以作为推荐游览人群。"必要知识储备"部分需要结合你的云游体验和制作旅游攻略的收获，整理与该物质文化遗产相关的知识，旅行前了解这些知识有助于丰富旅行体验。以故宫为例，明清历史、满族文化、古代建筑等都是必要的知识储备。

撰写完旅行建议后请针对推荐人群留下"一句话推荐",吸引他们加入文化遗产云旅游的行列。

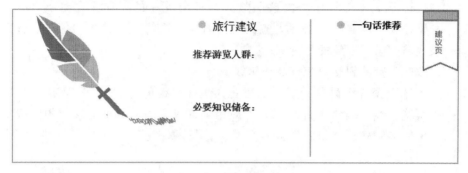

图 4-3-5　旅行建议页

活动四:向你推荐我的云旅行目的地

请以小组为单位,分享自己的云旅行攻略,将最喜欢的一处物质文化遗产推荐给同学们。介绍前,请回顾自己的云旅行攻略,列出分享提纲,录制介绍视频,方便线上分享交流。

完成后请将自己制作的云旅行攻略和录制好的推荐视频发布在视频网站,设置同学之间可互赞、互评。浏览同学的学习成果,完成 10 次点赞和 5 条评论。并从中选择一处你最感兴趣的文化遗产,开启下一段文化遗产云旅行。

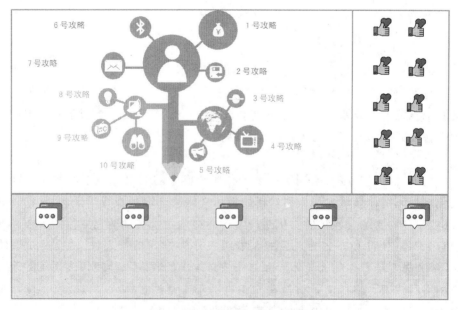

图 4-3-6　浏览、建议网页截图

【教学评价】

评价"活动二：翻看名家的旅行攻略"。

评价标准：

表 4-3-2　评价标准

层次	评价标准
前结构层次	不能归纳三个文化遗产纳入名录的理由，不能从课文中总结介绍文化遗产的方法，不能汇总积累关于文化遗产的知识，卡片信息填写错乱。
单点结构层次	能够从课文和拓展阅读中提炼部分理由，总结部分方法，积累部分知识，但卡片信息零散，不够完整。
多点结构层次	能够准确、全面地从课文和拓展阅读中提炼理由，总结方法，积累知识，并能依照一定逻辑层次整理在文化遗产卡片中。

成果样例：

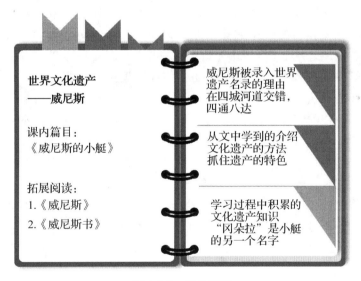

图 4-3-7　成果样例

【专家视点】

中华传统文化是指作为历史传承下来的思想道德、制度规范、风俗习惯、文学艺术以及思维和行为方式的总和，它无处不在、或隐或现，时时刻刻在影响着我们的日常生活。传统文化一方面具有浓厚的历史性和遗传性，另一方面又具有强烈的现实性和变易性。我们这里所指的"传统文化教育"，从狭义上讲是指根据社会现实需要，在学校里有目的、有计划、有组织地开展以学习优秀传统文化为主要内容，学生能从中获得知识技能、健全人格、陶冶情操的一种教育活动。

中国传统文化的内容包罗万象，独特的饮食文化是中华优秀传统文化的重要组成部分，自古以来，饮食活动就是人类生活与社会文化赖以维系的基本前提。我们国家的饮食文化同样博大精深，从饮食观念、饮食习惯、饮食风格、饮食趣闻，再到各大菜系的烹调技艺以及各种面点、各种小吃，甚至从饮食器具、厨师称谓等都包含着丰富的历史文化信息。而且我们传统的饮食习惯还依时令而变，因节气和时间不同吃的食物也所有不同，非常讲究吃时令菜。饮食早已成为融于我们日常生活中的一种文化，"一方水土养一方人"，然因各地自然生态环境的差异以及文化生存机制的不同决定了不同民族和地域的饮食生产、饮食生活的差异性，因而饮食文化也具有鲜明的差异性和地域性。每个地方都有其独特的风土人情，其中美食就可成为地域性的一种独特标志。

我们中国传统节日也各有其节日饮食，每个节日因地域差异也都有各自固定的饮食习惯和食物。比如除夕北方人要吃饺子，南方人则炸春卷；元宵节吃元宵，食用地域上则有"北元宵、南汤圆"的说法；清明节江浙一带有吃青团的习惯；端午节则要吃粽子，北方的粽子里主要放枣，南方的粽子里还放肉，一些地方还有饮用黄酒的习俗；中秋节各地都有吃月饼的习俗……每个节日都有独特的美食。这些中国传统节日文化的物质载体，不是生搬硬套地传授给下一代的，而是以具体的习俗代代传承，它是自然而然地生成在人们的认知与日常行为之中，已经融于我们的日常生活的衣食住行中，让人们欢度节日的同时，体味传统文化里的精神内涵。

汉字作为世界上现存最古老的表意文字，虽然经过隶变与不断的简化而趋于线条化与符号化，但在其形体结构中依然隐含着丰富多样、含意深远的中华传统文化，是研究我们中华历史和文化丰富的矿藏。同样饮食文化方面的信息蕴含于汉字及其形体结构之中也是自然而然的。分析汉字的形体，可以很好地阐述中国古代饮食文化以及美食制作文化。我国现存最早并成系统的字书是《说文解字》，从其部首中的食部、米部、羊部、鱼部、肉部、火部、酉部、卤部等字群里，就可知蕴藏着内容丰富的古代饮食文化信息，从而得以窥知我们民族饮食文化历史发展变化的轨迹和中国古代传统饮食的审美心理。

小学语文课程在推动汉字教学与传统文化传承有机融合过程中，那些表现人们衣食住行等生活方式的汉字教学是必须要关注的重要文化因素。教师可以引导学生在衣食住行中，探寻我们民族的传统文化，体味中华传统文化的力量，感受中华文明的博大精深，从中汲取精华，提升个人道德修养，提高自身的文化底蕴，并为继承和发扬中国传统文化做出贡献。

《品味舌尖上的家乡味道——了解饮食文化　感受家乡情怀》和《争做小小美食家——品味饮食文化　积累汉字知识》是从饮食的地域文化和节日文化入手，而《制作中国物质文化遗产"云旅行"攻略——探寻文化遗产　汲取中国智慧》则是从学习和认识文化遗产的角度进行设计的。三篇综合实践活动案例，有如下突出的特点：

其一，把课本教材内容与学生真实的生活情境紧密相结合来设计综合实践活动内容。单纯地学习课本内容有些枯燥和抽象，而且仅仅从文字描述中学习并不能完全真正理解有很大收获。在案例中，每一次活动都有明确的主题任务，让学生兴致盎然地在真实的生活场景中亲自体验、参与。在此丰富的实践活动过程中，还能保证实践活动与语文教学之间的契合度，学生们的听、说、读、写、思的语文能力，自主发展、学会学习、创新实践的核心素养，也可以不断形成。以《品味舌尖上的家乡味道——了解饮食文化　感受家乡情怀》为例，学习《端午粽》这篇课文，为了让学生深入了解节日饮食文化，以撰写"包粽子说明书"为主要切入口，引申出节日美食和美食蕴含的寓意，进而完成介绍并制作地域特色美食的任务，如此，把传统节日文化和中国地域文化结合起来。学生在完成这些活动任务时，整个过程既生动活泼、趣味横生，又可加深学生的记忆，尤其在亲自制作特色美食的过程中，让他们真正了解了节日文化、饮食文化的相关内涵，不仅了解地域文化环境特色与饮食特色的关系，而且还有助于学生在日常生活中运用饮食文化语言。通过这一系列的活动设计，把传统节日文化与语文的听、说、读、写以及汉字学习等实践活动有机融合，以传统的节日文化、饮食文化丰富语文实践活动，以语文实践活动来学习和了解传统节日文化、饮食文化，学生可以真切感受到传统文化节日的特点、韵味、情感，真正让中国的传统文化在孩子的心中生根发芽，增强了民族自豪感和自信心，激发和培养学生的爱国主义情感。

其二，传统文化教育与汉字学习相辅相成。汉字具有文化性，我们的社会习俗、风土人情与我们的节日饮食文化是密不可分的，这在汉字词汇中也多有体现。在实践活动过程中，利用汉字所蕴含的节日饮食文化内涵引起学生的注意，既符合汉字认知规律，又可以激发学生学习汉字的兴趣，增强学生学习汉字的自信心，从而有利于解决汉字难认、难学、难记这一教学难题。以《争做小小美食家——品味饮食文化　积累汉字知识》为例，在"选定美食""制作美食""研究美食"一系列的过程中，教师即把学习汉字与中国饮食文化结合在一起，学生不仅学习与美食相关的汉字，而且更进一步加深对汉字的理解，感知汉字的趣味与神奇，增进对汉字文化的了解，也加深了对饮食文化的认识，这对于弘扬中华文化、增强文化自信都是至关重要的。对于学生而言，由于不理解汉字字理与不熟悉汉字文化，学生学习汉字只能死记硬背，日常学习中时常出现误用或者只认识汉字而对汉字的字义模糊不清的问题。因此，将传统文化教育与汉字识字教学有机融合起来，这种设计可以使得二者相互促进、相得益彰，也能确保立德树人任务的实现。

其三，依托课本教材内容，适当拓宽阅读资料。语文教材是对语文综合实践活动进行开发的重要资源，对于相关主题的综合实践活动的设计与开展，需要将教材内容作为基础，精确找准教学内容以及开展实践活动之间的契合点。而在为小学高年级学生设计的综合实践活动时，可以适当拓展延伸教学内容。以《制作中国物质文化遗产"云旅行"攻略——探寻文化遗产　汲取中国智慧》为例，为了让学生更好地认识世界文化遗产，理解并传承文化遗产中的文化内容与智慧，除了学习本单元内要求的课文，还要适当拓展丰富补充与实践活动相关的阅读资料，以期形象地达到加深对世界文化遗产的了解，进而在此基础上完成制作中国世界物质文化遗产的活动任务。在这样的一系列的活动中，学生学会如何检索资料，在查找资料、总结资料、整理资料、分析资料等的过程，学生的参与度不仅充分深入、丰富而且也深刻，学生在完成活动任务的过程中，都能学有所思、学有所获，学生的动手能力都得到相应的锻炼，综合能力也有相应的提升。学生通过实践活动，不仅能够掌握知识，也能够对知识进行思考应用，完成一个思维创新的过程。

其四，重视活动评价以及评价主体的多元化。评价的目的在于改进，并增强学生参与综合实践活动的积极性。在完成每一项活动任务后，为了综合考量学生在活动中的具体表现，都设有评价标准表，便于师生作出及时有效的评价。评价来自三方面：一是学生的自我评价。在综合实践活动中，学生可以对自我进行评价和分析，反思自己的学习态度、活动参与程度等，通过反思回顾自身在完成整个活动任务的优劣，可以让学生对自身的实践活动拥有清晰的认识，及时反省如何改进等；二是来自学生之间的互评。"旁观者清，当局者迷"，通过学生之间的互评，学生们均可以学习借鉴他人的优点长处，及时发现、反思自身在学习方式、学习态度等方面的不足。同时，在互评的过程中，学生能学到互相鼓励和尊重他人的美德。三是来自教师的评价。教师针对学生完成任务过程中的不同表现，客观及时地给出相应的有效评价，以帮助学生发现自身的优点、增强信心，并促进学生探究精神和创新意识的发展。案例中设计的教学活动任务单，也具有评价的功能，活动任务单可以清晰地反映出学生完整的学习过程，以及由此带来的学习效果。

　　建议未来在设计以各种不同主题为主的综合实践活动时，除了统整一个单元内的教学课文内容，还可以根据实际教学情况将不同单元的相关课文整合起来，然后再开展相应的综合实践活动。

　　在学生参与实践活动时，教师要注意时刻不忘语文学科的特点，要求学生用学习语文的方式遣词造句，不仅可以使学生将课堂所学知识应用于生活实践当中，还可以促进学生对语文知识的理解，从而调动学生学习语文的兴趣。

　　在设计综合实践活动任务时，由于学生个体学习能力的差异，对活动任务内容的接受速度也存在一定的差异性，因此建议教师在设计活动内容时，要注意难易程度的层次性，争取让每一位学生都能够充分参与进去。

（常雪鹰，北京教育学院）

第五章　文化艺术类单元实践式课程

"审美创造是指学生通过感受、理解、欣赏、评价语言文字及作品，获得较为丰富的审美经验，具有初步的感受美、发现美和运用语言文字表现美、创造美的能力。"审美创造是核心素养的重要组成部分。语文课程培养的核心素养"是学生在积极的语文实践活动中积累、建构并在真实的语言运用情境中表现出来的，是文化自信和语言运用、思维能力、审美创造的综合体现。"

积极的语文实践活动和真实的语言运用情境是审美创造能力建构的基础，我国悠久的历史文化传统和丰厚的传统文化积淀是涵养高雅情趣，培养健康的审美意识和正确的审美观念的重要资源。

艺术是广泛的人类活动或活动产品，是人们通过创造性的想象力表达技术熟练程度、美感、情感力量或概念观念的社会活动。艺术是社会生活的反映，是人们对社会生活进行形象的概括和创作。艺术形式种类繁多，形式多样，不胜枚举，划分方式也很多样，常见的艺术性形式有文学、绘画、音乐、舞蹈、建筑、雕塑、戏剧、电影八大类，或分为语言艺术、造型艺术、表演艺术和综合艺术四大类。随着社会的发展，艺术形式日渐丰富，展现着不同时代人们的一定审美观念、审美趣味与审美理想。

文化艺术类综合实践活动立足艺术与学生实际生活的关联，以生活中文化艺术资源为素材，以教材涉及传统艺术的单篇、单元、综合实际活动为依托：体验艺术实践，增加和传统艺术的接触机会，感受艺术魅力，欣赏艺术形象；阅读浅显的艺术鉴赏片段，学习模仿评价艺术作品的角度，提升艺术鉴赏能力。

【传统文化核心概念】

• 汉字文化。

• 书信文化。

• 传统艺术。

汉字是记录汉语的符号，经历了甲骨文、金文、大篆、小篆，至隶书、楷书、草书、行书的演变。汉字属于表意文字的词素音节文字，汉字造字法是古人对汉字的结构和造字规律的总结，东汉许慎在《说文解字》中将汉字造字方法概括为"六书"：象形、指事、形声、会意、假借和转注。汉字是迄今为止持续使用时间最长的文字，也是上古时期各大文字体系中唯一传承者，承载着丰富的历史文化内涵。

汉字文化是以汉字为基本载体的特殊文化。它是中国传统文化的重要组成部分，汉字承载着中华民族优秀的文化基因，记录着古人的社会生产生活方式、意识形态等。汉字文化是古老中国传统文化的符号化表现。宏观层面上讲，汉字文化是指汉字的起源、演变历程、构字规律及其音义形所积淀的中华文化信息；从微观层面上讲，汉字文化是指每一个汉字承载的多姿多彩的文化信息。要想继承和弘扬汉字文化，就要从汉字的起源出发，了解古人创造汉字的方法和汉字的用途，并从汉字字形和字义的演变过程中探寻其内隐的深刻历史文化意蕴。汉字与社会、自然、宗教、家庭、生产关系密切，记录着中华先民对自然万物的朴素认识，涉及古代人们社会生活的方方面面。

汉字的构型是中华民族精神的体现。有学者是这样解读"天"字的："天"字的构成就是"人"敞开了双臂成为"大"字，在广阔的天空下，拥抱苍穹，就形成了"天"字，这个字就很好地反映了天人合一的思想。汉字书写时需要注意避让和穿插。当一个字变成偏旁时，为了给汉字的其他部分留足空间，在形态上会变小、变窄，有时还会发生笔画上的变形。避让与穿插也从另一个方面代表着中华民族礼让的精神。

书信曾经是人们和远方的亲人朋友互通消息、交流感情的主要方式，现在仍然是重要的联络手段。在文字发明以前，人们就早已有了信息传递的需要。于是通过第三方传递"口信"的信息传递方式便应运而生。为了避免口说无凭，或者信息传递出现误差、不准确等麻烦。在漫长的历史演变中，逐渐出现了书信这一文体。从广义角度来看，书信是一种社会交往的普遍交流工具，人们可以通过书信来交流信息、传递信息、分享信息；从狭义角度来看，书信又是一种私密的、面对特定群体、特定人物传递私人信息的载体工具。

久而久之，书信成为一种重要的传统文化载体，逐渐形成书信文化传统。在悠久的历史沉淀中，书信渐渐被赋予了各式各样的礼仪内容，是浓厚的中华民族传统文化的集中体现。因写信对象、书信内容的不同，其中蕴含的文化特质和礼仪风俗也产生了差异。书信作为交流工具，使得寄信、收信双方都能够通过文字来传递情感。虽然双方只能通过文字进行交流，但文字背后传达的却是对对方的无限思念和期望早日见面的心情，抑或即将久别重逢的喜悦，从而达到了见字如面的效果。历史上有许多蕴含丰富情感的书信，引人深思，深受感动。

中国自古以来都是礼仪之邦，注重对于礼仪的培养。在书信中，也体现了中华民族传统文化悠长的浸润力。如称谓：写信对象的不同，对其称呼也不尽相同。如在面对长辈的时候，常用尊敬的×××，面对平辈或关系亲密的人常用亲爱的×××。在书信内容中，称呼也应有所差异。给长辈写信时，要用敬称"您"，在给好友、平辈关系写信时可以用"你"来相称。书信的来回之间也隐含着来而不往非礼也的礼仪特点。一封书信的寄出，往往也伴随着后续的几次来回通信。双方来往信件频繁，标志着两人私交甚好。若有一方突然断绝了回信，那么也标志着两个人的关系陷入冰点。

作为一种特殊的文体，书信的题材内容也像其他几种常见文体一样，被赋予了具有独特意蕴的文学性特征。无论是南北朝文学家吴均的《与朱元思书》，还是现代著名文艺评论家傅雷的《傅雷家书》，都无疑以一种富有教育性、亲近性、艺术性等特点，阐发内隐的思想情感，受到不同时期文学领域的广泛认同。汉代司马迁的《报任安书》同样也具有极高的文学价值，全文结构严谨，层次井然，前后照应；说理和叙事融为一体，清晰透辟；语言丰富而生动，句子或长或短，以排比、对偶句穿插其间，使文章更富于感情色彩。

中国传统艺术最早起源于新石器时代，书法、音乐、剪纸、绘画、戏曲、美食、服饰等都是几千年的文化积累和生活积淀，反映着五千年文明古国的深厚文化底蕴。我国历史文化悠久，传统艺术遗产丰富而辉煌，是历代画家、书法家、手工艺者、诗人、建筑师等通过塑造形象对社会生活的典型反映。

艺术源于生活，是人们思想情感的形象化、艺术化表达。传统艺术用音乐、书法、绘画等多种形式传承着以儒家文化为代表的中华民族传统思想，如天人合一、中庸之道与人与自然辩证统一等古老的文化思想、精神内涵。

一、天人合一

中华民族是一个崇尚"和谐"的民族，中国的哲学智慧，集中体现在一个"和"字上。"和合"思想根植于中国传统文化之中，整体强调事物的和谐以及多样性的统一，它提倡的是对于不同事物相互兼容的思想和能力，在艺术中体现为"气中有韵，气韵生动"。

例如中国传统音乐强调"中和之美"，是审美过程中各因素的和谐统一。中国古代音乐的"中和"是自然和谐、乐在人和、和而不同及对比统一的"中和"。再如书法艺术，强调的是"笔心合一"。在书法的发展历程中，书法家们更加注重进行书法表达思想的完整性，能够做到书法和想要表达的思想之间的高度的和谐统一。从文本结构来说，它要求笔墨形成的局部因素与周围的环境因素进行和谐结合，不仅要求字体线条生动灵巧，更要能够充分地体现笔者想要表达的思想核心。

二、中庸之道

中国人为人处世的普世价值观讲求中庸之道，即不偏不倚、过犹不及，凡事力图恰到好处，这种思想在艺术发展过程中也产生了深刻影响，体现为

"中和为美，圆融中和"。

例如中庸思想在书法艺术中体现为"不温不火"，它意味着书法艺术对于情感以及思想的表达要适度，不会因为笔墨的过多过少而导致表达的不准确。在书写的过程中高品质的书法字体需要同时具有灵活性以及表达的弹性，不仅是线条要具有力度和劲度，更加要具有流畅性和灵动性。

三、人与自然辩证统一

中国传统文化通过遵循自然规律，自然地去做事情，自然规律是宇宙与自然中存在的无形法则。在艺术中体现为"境生象外，虚实相生""以神领形，形神兼备"。

例如书法艺术，对立统一的思想影响了书法中各种因素例如色彩的黑与白；笔锋的粗与细、浓与淡、枯与润；字体的虚与实、大与小、方与奇等。书写中的浓淡枯润、线条的张弛有度、章法上的虚实相间、篇幅上的疏密布局都体现了中国传统文化中的相辅相成、对立统一的思想。在戏曲上表现为"象征性、表现性、抽象性和时空自由性"的特征，都是写意性的扩展和延伸，以获得了"烟雨空濛、虽淡犹浓"的艺术效果。

文化艺术活动设计深入挖掘身边的文化艺术形式，依照文化艺术载体到文化艺术内涵的探究路径展开。旨在引导学生关注身边的文化艺术载体，丰富文化艺术体验，提升挖掘文化内涵的能力，培养审美鉴赏和创造的能力。实际教学中应关注以下两点：

第一，以激发兴趣为目的，丰富资源种类，涵养审美修养。

拉近学生与传统艺术的距离是文化艺术类综合实践活动的首要任务，学生缺乏对较为专业和颇具时代感的文化艺术载体的生活经验。汉字、书信、传统艺术与学生的实际生活存在一定距离，通过教材资源、生活经验资源、博物馆文化资源增加与文化艺术载体的接触机会，激发学生对传统艺术的兴趣，涵养审美修养，开拓鉴赏视野，提升鉴赏能力。

第二，以活动体验为中心，汲取文化精髓，积累艺术知识。

以文化艺术载体为活动设计缘起，通过"制作汉字书""书信之旅""生活中的传统艺术"的活动设计，增加阅读积累，丰富知识补充，拓展活动体验，引导学生建构从文化载体到文化内涵的探究路径。在活动体验中积累有关汉字缘起、书信撰写和邮寄、传统文化类别等文化艺术知识，体验文化艺术载体承载的文化精髓，增强文化自信。

案例1 制作"我"的第一本汉字书

——写好中国汉字 传承汉字文化

【学生认知】

统编版语文教材一年级上册第一单元共编排了五篇课文，分别是《天地人》《金木水火土》《口耳目》《日月水火》《对韵歌》。第一课以"天地人、你我他"开篇，体现了"三才者，天地人"的思想，蕴含了浓郁的传统文化的气息。《金木水火土》是一篇短小精悍的儿歌，揭示出中国人从古至今认识世界的一种思维观念。在《口耳目》中，创设情境，让学生结合课文插图认识与人的身体有关的汉字。《日月水火》则采用了象形识字的方法，通过展示汉字从甲骨文到楷体的演变，让学生初步了解和感受汉字造字方法的玄妙，感受汉字蕴含的深厚文化内涵，激发学生对学习汉字的喜爱之情。这一单元通过韵语识字、看图识字、象形字识字等方法，给学生创设了多样、有趣的学习情境，帮助学生在头脑中构建起汉字音、形、意之间的联系，并初步体认了中国汉字的文化内涵。

汉字是中国文化的脊梁，汉字承载着丰富的中华文化，凝聚着古人的聪明才智，记载着我们社会生活的方方面面。一年级的学生识字量少，他们刚刚接触汉字，还没有形成将字形和字义建立联系的习惯与能力，也没有形成在生活中留意汉字、学习汉字的习惯。因此，通过"我的第一本汉字书"活动，让学生不再是被动地接收老师教的生字、拼音、词语，而是化身为一名发现者、探究者、汉字文化的传承者，积极主动地学习汉字。

一、激发学生识字兴趣，提高自主识字能力

一年级小学生识字量较少，相对于文字，更倾向于动画片、游戏、色彩艳丽的图片。因此，需要具有一定趣味性的学习活动和感染力的活动设计，通过课堂学习活动与课下实践活动相结合的方式，提高学习汉字的兴趣。通过活动体验了解字源及汉字的演变历程，看见汉字的原始形态和发展过程，激发探索欲望，并能够将讲授的内容"举一反三"，迁移运用到自己"第一本汉字书"的编写中。在探寻汉字的演变奥秘，触摸汉字的"前世今生"的过程中，养成在日常生活中学习汉字的能力和自主识字兴趣。

二、培养人文素养，传承汉字文化

一年级学生喜欢听故事，在识字初始阶段需要将汉字起源、构字规律等知识以故事或轻松有趣的方式，潜移默化地渗透。具备一定数量的汉字储备时，需要逐渐引入形声字，提升归类识记汉字的能力。因此，需要老师在课堂上生动有趣地讲解和耐心细致地指导，在理解汉字的形态美、结构美的同时感受写好中国汉字的意义。伴随着汉字学习进程的推进，学生会逐渐形成体认汉字简单笔画背后蕴含的汉字文化的能力。在理解笔画含义以及笔画与笔画组合方式的基础上，总结发现汉字的构造规律，并依照规律有意识地将汉字进行归类。在汉字识记、书写、返现规律的过程中，逐渐理解中国汉字所蕴含的独特思维方式和思想观念，从静态的汉字形体走向动态的文化传承。

【教学目标】

基于对汉字文化的认识设计"制作我的第一本汉字书"主题活动，不仅能够让学生了解汉字文化，继承和弘扬优秀传统文化，还能从不同方面提升学生认识汉字、书写汉字、运用汉字的能力。通过制作"我的第一本汉字书"活动，培养学生在学习和生活中主动识字的意识，激发他们主动展现汉字形体美的意愿，提高基本的语文素养。《完善中华优秀传统文化教育指导纲要》中指出："小学低年级，以培育学生对中华优秀传统文化的亲切感为重点。认识常用汉字，学习独立识字，初步感受汉字的形体美……"，制作"我的第一本汉字书"主题活动，能够让学生初步感受汉字文化的魅力，在语文学习积累和日常生活发现中，认识常用汉字，感受汉字与生活的密切联系。

基于此，将活动目标确定如下：

1. 通过学习教材，认识课内部分较为基础的汉字，积累拼音、看图、联系生活等识字的方法，提高自主识字能力。

2. 通过制作汉字书，发现汉字构形的奥秘，初步了解汉字是音、形、义的统一体，产生主动识字的愿望。

3. 通过分享和完善汉字书，介绍自己喜欢的汉字并聆听他人发言，激发对汉字的热爱，并提高运用汉字的能力。

4. 通过夸一夸同学的汉字书，总结学习汉字的经验，评价同学的作品，学习清晰表达。

【教学过程】

汉字是世界上最古老的文字之一，随着数千年的发展，它并没有像其他古老文字那般被历史尘封，反而随着时代的进步其自身不断进行着蜕变，散发着独有的光辉，被人们亲切地称为"方块字"。象形、会意、形声等构字方法使得每一个汉字的诞生与演变都有着各自的故事。而出现在不同词语、句子中的它们更是有着不同的用法。因此，汉字有许多值得被记录的地方。想要编纂图书需要积累许多相关知识，制作属于自己的汉字书，需要充分地了解汉字的结构、起源和使用方法。同时，汉字书写也是将自己所学内容向他人展示的窗口。制作汉字书时，不单单要将知识讲清楚，还要注意排版、图片搭配等。同时，除了书本内容本身，还需要关注封面和封底的设计，以确保制作的汉字书美观生动，吸引读者。

本次活动需要学生在学习基础的汉字后，制作一本汉字书，并把自己制作的汉字书介绍给同学，学会评价同学的汉字书。

活动一：积累书本中的汉字

在制作汉字书前我们要认识一些基本的汉字，请你根据下面的提示，开始一场属于自己的识字之旅吧！

1. 字画结合，游戏识字

语文书是积累汉字最重要的工具。在教材的第一单元，包含《天地人》《口耳目》《金木水火土》等五篇课文。在这几篇课文中，包含着我们生活中最常见的汉字。你能选择其中感兴趣的汉字把它画出来吗？在绘制图片后，请你和书上的插图、汉字对比一下，说说你的发现。

我喜欢的汉字：_____

我会画：

我发现：

图 5-1-1　我喜欢的汉字

2. 观察发现生活中的汉字

同学们，除了书本里，我们的汉字也出现在生活中的各个地方。你喜爱的零食袋上、街边商铺的广告牌上，还有电视屏幕里……仔细观察我们的日常生活，就会发现，汉字无处不在。现在，请你成为汉字小侦探，在生活中去发现汉字、认识汉字，并把它们记录下来。你可以用相机拍摄记录，也可以将带有标签的字剪下来贴到记录单上。

汉字	出现场景	拼音
京		jing

图 5-1-2　我的汉字记录单

3. 故事分享，听读识字

我们要善于借助读（读书）、写（写字）、讲（讲故事）、听（听故事）的方式来认识汉字、记住汉字。请你选择一个自己最喜欢的成语故事，按照"金钥匙"的相关要求，把故事读给大家听。

图 5-1-3　"金钥匙"

活动二：制作自己的汉字书

我们在活动一中已经认识了很多汉字，学会了一些识字的方法，同时学会了该如何使用这些汉字。请你整理活动一中的学习成果，选择一到两个汉字根据要求制作属于自己的第一本汉字书。汉字书中要包含以下几方面内容：

1. 制作书本封面和封底

我们的书名就叫作"我的第一本汉字书"。除了书名以外，汉字书的封面与封底上还可以有很多内容。身为作者的你要标注在封面上。同时，你也可以为自己的封面和封底画上有趣的插图或者配上一条腰封。如果你有简短的话想要说给读者听，也可以写在书的封底上。请注意，封面和封底的设计一定要同书的题目和书中内容息息相关。

2. 制作书本内容页

第一页：汉字基本信息页

包括要介绍的汉字、书写此汉字的注意事项、该汉字的演变过程、汉字的笔顺、与此汉字相关的插图等。

图 5-1-4　汉字基本信息页

第二页：汉字具体案例页

你所选择的汉字一定出现在了很多地方。它或许在你上学的路上；或许在你读的故事书里。请你从三个不同的场景中找出你所介绍的汉字，并记录在你的汉字书中。你可以像在活动中一样，拍照或者粘贴。

图 5-1-5　汉字具体案例页

第三页：汉字实际运用页

请你仿照第三单元语文园地中"车"字组词的案例，尝试为你介绍的汉字进行组词。你也可以用不同的颜色标注词语，为它们分类。在组词后，请你试着写一些包含这个汉字的句子。

图 5-1-6 汉字实际运用页

活动三：向同学介绍自己的汉字书

四个人为一个小组，在小组内交流自己的汉字书，将你书中的内容、设计的理念和想法说给同学们听。在进行分享前，要熟悉自己书中的内容。在别人分享的时候，要仔细聆听并客观公正地进行组内互评。请根据同学的表现在相应的评比栏中画上一到三颗星星。在所有人分享结束后，组内评选出"内容丰富奖""最美书本奖""最佳演说奖""认真学习奖"。

表 5-1-1 汉字书评比表

组员姓名	书本设计精美	书本内容丰富	分享表达充分	认真倾听

活动四：夸一夸同学的汉字书

观看了同学们的汉字书，你认为谁的汉字书最精彩？请用一句话从汉字书设计、汉字书内容两个角度夸一夸你心中的"最佳汉字书"，当面向"最佳汉字书"的作者表达你的赞美。

【教学评价】

评价"活动四：夸一夸同学的汉字书"。

评价标准：

表 5-1-2　评价标准

评价维度	生生互评	教师评价
有理有据，表达清晰		
一句话夸奖，条理分明		
当面夸奖，大方自然		

成果样例：

1. 你们组的汉字书好棒啊！内容丰富充实，图文并茂，相信它能帮我认识更多汉字！

2. 我非常喜欢你们小组的汉字书！最吸引我的就是手绘的封面，还有提示主要内容的腰封，为精美的封面画龙点睛！

3. 这是我心中的最佳汉字书！汉字书内容精彩，分享得更好！让我迫不及待翻开它！

案例2 "见字如面"书信撰写活动
——中国人的情感载体

【学生认知】

统编版语文四年级上册第七单元以"学习写书信"为语文要素，编排了习作"写信"部分，充分体现了编者对于"写信"这一语文教学内容的重视。习作部分提供了"小杰写给叔叔的一封信"作为学习样例，让学生了解书信体式的具体构成要素。同时，还进一步提出了解"写信封的注意事项"，"通过邮局或电子邮件"的方式寄送信件的要求。在北师大版小学语文教材中编排了巴金《给家乡孩子的一封信》，通过平实的话语为孩子们讲述了生命的意义，激励了孩子们要好好学习。在鲁教版的小学语文教材中也编排了冰心的《寄小读者》，通过记录异域风情，表达了作者对祖国的无限眷恋。这些选文从不同角度、多个方面为同学们展现出了该如何写一封信、该如何写好一封信的关键要素。

一、了解书信背后蕴含的中华礼仪品质

书信作为一种古老的沟通交流方式，在当今社会生活中已经少有人使用。对于大多数学生而言，此次活动可能是其首次接触书信。因此，了解书信的主要构成要素极为重要。通过教材中提供的学习资源，初步了解书信的基本构成要素。借助教师补充的书信构成要素，如信封的填写规则、信件折叠的方法等，完善对书信的认识。通过查找资料的方式，初步了解书信撰写的体式要求；通过观看折信的教学视频，在班级内分享折信的多种方法，体验书信礼仪。

书信的外在表现形式背后蕴含着丰富的文化知识。学生在参与实践活动的过程中需要汲取规范书信用词、格式、折信方式知识，了解形式所蕴含的礼仪文化缘由。不仅会写信，更能够做到格式规范、用词恰当，彰显文化大国的礼仪风范。

二、理解并传承书信蕴藉的礼仪文化精神

书信背后蕴含渊博的礼仪文化知识，而这些知识常常被大家所忽视。作为传统文化的传承者，学生需要在了解礼仪文化知识的基础上，要通过细致、准确的表达，以信件的方式传递给更多人，这些都需要建立在实际体验和操作的基础上。在真实的语言运用中，以书信为载体，丰富认知经验，将传统文化传承下去。书写书信的过程就是体认中华传统礼仪文化的过程，书写的内容就是传承礼仪之邦精神内涵的集中体现。

【教学目标】

书信作为一种古老的沟通方式，在形式上蕴含着丰富的交际礼仪元素，在内容上则汇聚了浓厚丰富的思想情感，在表达上也显示了强烈的文学色彩，

字里行间蕴藉的文化价值、文学价值均不容忽视。对于初次学写书信的小学中段年级的学生来说，除了要学会书信的书写格式之外，还要从对书信各要素的了解中，探寻中华传统礼仪文化的深刻内涵。学习撰写书信的价值，不仅体现在文从字顺的表达上，还体现在文字背后蕴藏的深厚情感中。通过书信撰写的实践体验活动，将礼仪文化浸入学生血脉之中，逐渐内化为影响一生言行的文化力量。"见字如面"主题活动设计体现了对语文核心素养"文化传承与理解"和"语言建构与运用"相关要求。学生在撰写书信的过程中建构言语体系，在书信交流中体认中华文化的精神内涵。

"见字如面"主题活动主要着眼于核心素养的两大方面：一是文化传承与理解，学生不仅需要了解书信的格式规范，更要了解其中积淀的历史文化。从学习书信写作规则着手，在书信实践中体验中华民族礼仪之邦的文化内涵。通过理论结合实际的方法，以综合实践活动的方式，实现学生从内心深处体认文化价值的教育目标；二是语言建构与运用，即从书信的内容入手，以精妙的文笔观照浓厚的思想情感。立足学生日常生活，书写表达真情实感的书信，与笔友交流自己的所见、所闻、所感，进而达到培养写作能力的目标。

基于此，将活动目标确定如下：

1. 学习课本中有关书信的书写要求，了解书信的知识，感受书信背后蕴含的文化魅力。

2. 尝试书写一封信件，学会得体、合理、恰切地表达情感。

3. 综合运用多种方式搜集资料，了解并体验撰写书信的基本要求和邮寄流程。

【教学过程】

随着网络信息技术的迅猛发展，我们的日常沟通被短信、微信、QQ、微博、电子邮件等取代。信件离我们的日常生活越来越远，写信这种慢节奏的沟通方式也渐渐淡出我们的生活轨道。"从前慢，车马、邮件都慢，一生只够爱一个人"。这种唯美浪漫的生活方式似乎一去不复返。被忙碌、快节奏填满的生活，让我们无暇回首，看看自己走过的路，望望身边亲近的人。今天让我们重新拿起纸笔，给你身边最想念的他（她）写一封信，表达你深深的思念之情吧。

活动一：学习写信

如何写好一封信主要从两方面内容思考，一是符合书信的书写格式；二是丰富书信的书写内容。因此，活动一聚焦于书信格式和书信内容两个方面，通过对教材内容的学习，了解书信格式的具体构成要素。通过小组交流，细化符合情境背景的书信内容。最后，将所习得的书信知识运用的书写实践中，撰写一封书信。

1. 学习书信格式

请自主学习教材中的相关内容，并查阅资料，说说书信都有哪些构成要素，将构成要素填写到下图的对应位置中，并在右侧"注意事项"中写明每一个要素在撰写时需要注意的关键点。（例如：是否空格、依照对象不同，称呼和问候与使用的差异等）

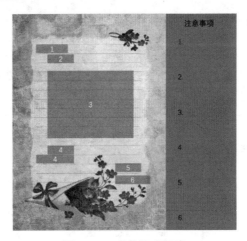

图 5-2-1　书信构成要素

2. 交流写信内容

根据活动要求"拿起纸笔，给你身边最想念的他（她）写一封信，表达你深深的思念之情吧"，请你拟列书写提纲，并在小组范围内讨论交流：你想给谁写一封信？为什么要给他（她）写？想要写些什么？

图 5-2-2　书信提纲

3. 尝试写一封信

根据小组讨论结果，重新拟写或细化书信写作提纲。并结合习得的书写写作格式规范，给思念的他写一封 300 字左右的信，要求通过对具体实践的描写，表达你对他的思念之情，并邀请他给你回信。

活动二：体验寄信

1. 学习信纸的折法

面对不同的收信对象，信纸的折叠方法也有所不同。请你自行查找相关教学视频、流程演示图，分别学会给长辈写信信纸的折叠方法、给好朋友写信信纸的折叠方法。并选择其中一个对象，写一个折叠方法教程，在班级展示，教会其他同学折叠，并尝试说明为什么选择这种折叠方法。

图 5-2-3　信纸折叠过程

2. 信封的填写

请大家认真阅读《信封的填写规范》，归纳信封填写的具体步骤和注意要点，并在准备好的空白信封上按步骤准确填写信封信息、粘贴合适的邮票。

拓展资源

信封的填写规范

①通过观察实物，了解信封的左上角画着六个方格，应在里面填上收信人的邮政编码。右上方应粘贴邮票。

②在信封的第一行写收信人的地址，字迹要工整，地名要详细。写地名要由省、市、县，一直写到区、街和门牌号码。如果是给农村写信，还要写上乡名和村名。

③在信封的第二行中间写收信人的姓名。此处应写收信人的真实姓名，

不宜写"爷爷收"。

④在信封的第三行写上寄信人的地址和姓名。应在信封的右下角填写寄信人的邮政编码，信件万一出现投递错误的情况，邮局可以凭借这些信息，迅速地把信退还给寄信人。

⑤信封正面距右边 55 至 160 毫米、距底边 20 毫米以下的区域是条码打印区，不要在这个区域里写字或署名，以免影响投递。

⑥信封上的字不能用铅笔写，以防模糊不清；更不能用红笔写，因为这是不礼貌的行为。

⑦在信封上除了要填写邮政编码、收信人信息和寄信人信息外，在信封的右上角还要粘贴邮票。邮寄地址的不同，决定了邮票邮资的不同。一般市内邮寄一封普通信件，邮资是 0.80 元。外省市资费是 1.20 元；如果超重，续重 101 至 2000 克每重 100 克本市增加 1.20 元、外市增加 2.00 元。

⑧邮票粘贴位置的位置也要特别注意。邮票一般都是粘贴在信封正面的右上角位置，并且要粘贴在方框内。如果是两枚以上的多枚邮票，都贴在正面就有可能影响收件人、寄件人的读取信息，所以我们要将邮票全部粘贴在信封背面，此时我们需要注意邮票间不得相互遮盖。

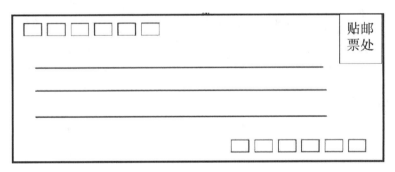

图 5-2-4 信封封面

活动三：一封信的旅程

1. 绘制流程图

前两个活动我们已经初步完成了书信的撰写、信封的填写等活动，接下来我们要将准备好的信件寄送到收信人手中。一封信从寄出到送达需要经历许多流程，请你自行查阅资料，了解信件传送的具体流程，并尝试绘制一幅流程图。

2. 一封信的旅程

假如你是一封信，在邮寄的过程中你会有怎样的经历？在收信人拿到信件并阅读的时候，你会从他的表情中读出什么？请你充分发挥联想与想象，以"一封信的旅程"为题，写一篇不少于300字的文章。

活动四：等待回信

"从前慢，车马、邮件都慢，一生只够爱一个人"，等待回信是一个漫长又幸福的过程。每天都期待着收到回信，而当接到回信的那一刻，情绪往往是欣喜与意外并存的。在漫长的等待中，何不以日记的方式，将每天等信的心路历程记录下来，待以后慢慢回忆。

【教学评价】

评价"活动三：一封信的旅程"。

评价标准：

表 5-2-1　评价标准

层次	评价标准
前结构层次	不能通过查找资料绘制书信寄送流程图，使用文字描述或关键词罗列的形式展示提取信息，线索不清，要素欠缺。
单点结构层次	通过查阅资料绘制流程图，提取有效信息，能够展示书信寄送的部分过程，要素或顺序存在问题，线索不够清晰。
多点结构层次	通过查阅资料绘制流程图，流程图简明清晰，能够体现书信从寄件到收件的全过程流程，要素齐全、流程完整、顺序正确，整体设计美观大方。

成果样例：

寄信—放进邮袋—送到邮局—分信—盖戳—通过交通工具送信到另外的邮局—邮递员送信—投进邮箱—收信人收信

图 5-2-5　成果样例

案例3　最美中国传统艺术
——发现中国传统艺术之美

【学生认知】

统编版语文教材六年级上册第七单元以"艺术之美"为单元主题，编排了阅读《文言文二则》(《伯牙鼓琴》《书戴嵩画牛》)、《月光曲》、《京剧趣谈》、口语交际"聊聊书法"和习作"我的拿手好戏"。从中国传统艺术的角度挖掘，《伯牙鼓琴》表现了中国古代音乐艺术的美妙；《书戴嵩画牛》则涉及古代绘画的技巧。《京剧趣谈》介绍了马鞭、亮相等中国戏剧知识。口语交际则可在交流中感受书法艺术的博大精深。教材展现了多种类、多层次的中国传统艺术魅力，既有情趣，也有理趣。

一、认识、了解中国传统艺术主要门类的基本表现形式，基本技法和特点

随着时代的发展，中国的传统艺术已经与人们的生活渐行渐远。学生对于笔墨会友、和曲一首、看戏赏舞等带有传统艺术魅力的娱乐方式知之甚少，对"高山流水""黄钟大吕""行云流水""笔走龙蛇"等艺术之美的感知也较为浅薄。因此需要借助现有学习资源，在已有生活经验和学习经验的基础上丰富传统艺术门类表现形式、基本技法及特点的知识。以教材为依托，利用音频、视频、书籍的补充，通过了解中国传统艺术的门类、各艺术门类最重要特点初步接触，激发兴趣，深入探究，体会中国传统艺术的博大精深。

二、初步懂得如何欣赏中国传统艺术，感受传统艺术的美，提高审美能力

中国传统音乐的意境悠远、舞蹈神形兼备、书画写意畅快，教师应引导学生领悟中国传统艺术散发出的魅力，让学生捕捉到、感受到，并陶醉其中，欣赏艺术之美。学生对中国传统艺术的审美能力的提高，也使这些传统艺术形式再次散发魅力。学生需要以中国传统艺术启蒙，为下一学段进一步学习音乐、美术等承载传统文化元素的学科学习打下基础。完善知识体系和知识架构，提升文化自信与文化自觉，成长为以传统文化为底色的社会主义新时代的新青年。

【教学目标】

"欣赏"一词的含义是享受美好的事物，领略其中的情趣。"美鉴赏力"亦称审美能力。人们认识美、评价美的能力，包括审美感受力、判断力、想象力、创造力等。在人学习、训练和实践经验、思维能力、艺术素养的基础上形成与发展，是以主观爱好的形式体现出来的对客体美的认识、评价和再创造，是感性与理性、认识与创造的统一。主要在艺术创造与欣赏中形成并获得发展，因此有时也称"艺术鉴赏力"。它既具有鲜明的个性特征，又具有社会性、时代性、民族性。审美鉴赏力的提高，有助于以美的规律和美的理想去改变世界，发展文明的、健康的、科学的生活方式。

基于此，将学习目标确定如下：

1. 通过课文学习，初步了解中国传统艺术的门类，感受文本传达出的"艺术之美"。

2. 通过参观故宫"数字文物库"，运用传统艺术的门类知识，找到相应门类的文物，丰富对传统艺术门类的理解。

3. 通过听、看或聘请的专业人员展示并介绍中国传统艺术，了解中国传统艺术的专业和文化内涵。

4. 在实践中初步体验传统艺术入门技艺，进一步感受传统艺术体现出的精神内涵，产生把中国传统文化发扬光大的意愿。

【教学过程】

活动一：回顾课本中的中国传统艺术

艺术是通过塑造形象以反映社会生活而比现实更有典型性的一种社会意识形态。中国的传统艺术可以看作是历代艺术家通过他们对中国人、社会和环境的理解所呈现给我们的，反映中国社会历史生活的一幅文化长卷。

相信同学们在学习"艺术之美"单元《文言文二则》《月光曲》《京剧趣谈》三篇课文的过程中，对中国传统艺术有了初步认知。请将本单元提及的艺术形式标注在"中国传统艺术树状图"的相应门类中，回顾课文内容并查阅相关资料，说说这些艺术形式主要特点、历史发展、代表流派、代表人物及作品，以及你将它归入这一门类的理由。

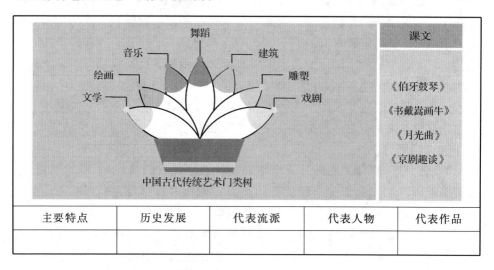

主要特点	历史发展	代表流派	代表人物	代表作品

图 5-3-1　课文归类

活动二：走进博物馆的中国传统艺术

请浏览故宫博物院官网"数字文物库"（https：//digicol.dpm.org.cn），依照"中国古代传统艺术门类树"的七大类划分，依次观赏七类艺术文物，记录你感兴趣的文物和所属门类。借助分类栏和检索栏，在观赏卡片中依次标注2个相应的艺术门类文物名称和基本信息；选择你最感兴趣的一类艺术形式，借助年代检索栏，观赏这种艺术形式不同时代的呈现方式，介绍它们的基本信息。参观结束后说说你的观赏感受和对传统艺术门类的新认识。

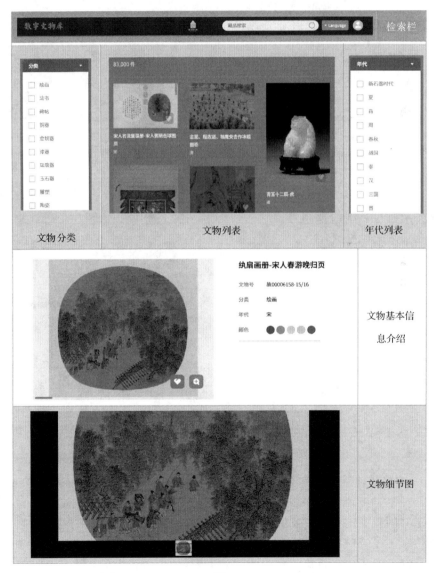

（1）

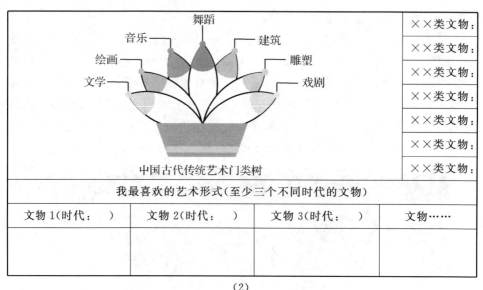

我最喜欢的艺术形式（至少三个不同时代的文物）			
文物1（时代： ）	文物2（时代： ）	文物3（时代： ）	文物……

（2）

图 5-3-2 文物归类

活动三：学习图书馆的中国传统艺术

回顾了课文中的传统艺术形式，观赏了博物馆中的传统艺术文物，相信同学们对传统艺术门类和自己感兴趣的艺术门类只是有了初步了解。更多的知识还需要进行补充学习。

1. 根据自己的感兴趣的贯通艺术形式门类结成小组，思维学习和参观感受，交流体验，补充学习。

2. 讨论：为满足进一步学习需求，挖掘身边各方面资源，了解这种传统艺术形式在当今生活中的呈现方式，制作本组"资源卡"。

表 5-3-1 "最美中国（   ）"资源卡

图书馆资源		教师资源	社会资源	其他
书目	文章			

3. 本次活动学生可根据自己的实际情况进行分区——学习区和助教区，双线并行。学习区学生，根据资源卡提供的学习资源制订计划，按部就班地在规定时间范围内自主学习或合作学习，完成学习收获单。一部分具有一定中国传统艺术特长的学生可应聘为教师或助教，为活动四的体验课程做好实践指导准备，完成宣讲稿。

（1）填写"学习收获单"

表 5-3-2　收获单

起止时间	数据类型及数量					
	阅读文章（篇目）	阅读图书（书目）	撰写读书心得（题目）	撰写观后感或参观记（题目）	参与学习讨论（次）及主题	其他成果
总计						

根据自己的学习方向，确定一个小主题，结合学习所得，完成"最美中国（　）之（　　）"的梳理，要求：1图文并茂；2结合"最美"二字抒写自己的感受。

例：

"最美中国（画）之（我最喜欢的唐代画家）"

"最美中国（书）之（颜筋柳骨）"

（2）撰写宣讲稿

被聘为主讲或助教的学生结合宣讲题目撰写稿件。

要求：主题明确，结构清晰；内容丰富，体现文化；表述完整；图文并茂，并配合 PPT。

活动四：体验生活中的中国传统艺术

宣讲团准备完毕后，可以全年级择日联动，推出"最美中国传统艺术"主题日活动，如"最美中国舞"主题日、"最美中国画"主题日。并配合发布宣传海报，吸引参与者学习体验。

准备：1. 为使参与者获得良好的体验感，可结合视频或现场示范。2. 提前了解观众情况，准备相应的体验器材、道具等。3. 可招募志愿者，参与体验日服务、海报制作、前期宣传等工作。4. 通过"问卷星"等调研工具，制作调查问卷，了解参与者的体验效果。

· 写"活动策划书"。

一、活动主题

二、活动目的

三、活动时间

四、活动地点

五、活动对象

六、主讲人介绍

七、活动安排

(一)前期策划准备工作

(二)活动当天事宜

1. 活动流程

2. 注意事项

(三)后期活动反馈

八、应急预案

九、主办方联系人

• 撰写活动新闻稿,并投递校园网。

• 制作活动日小视频,投递学校抖音号。

【教学评价】

评价"活动三:学习资料库中的中国传统艺术"。

评价标准:

表 5-3-3 评价标准

标准	评价
多途径挖掘身边资源	
资源内容丰富,适合自身特点	
符合实际,具有可操作性	
资料来源丰富,出处标注清晰	

成果样例:

表 5-3-4 "最美中国(戏)——京剧"资源卡

图书馆资源		教师资源		社会资源	其他
书目	文章	校内	校外		
1.《京剧的故事》徐城北	1.《京剧趣谈》	1. 音乐教师:×××	1. 京剧演员:×× 妈妈	1. 北京戏曲博物馆	1. 纪录片《京剧》
2.《梅兰芳传》等京剧代表人物传记	2.《京剧入门科学小知识,带你了解国粹艺术》	2. 校京剧社学员:××× 同学		2. 京剧艺术博物馆	2. 京剧经典名段
				3. 梅兰芳故居	3.《最美中国戏》
		4. 梅兰芳大剧院			

【专家视点】

何为"文化"？《周易·贲卦》云："观乎人文，以化成天下。""文"人文也，"化"教化传播也。汉字、书信、音乐绘画等艺术都是最典型的人文，而这些人文得以教化和传播，就成为文化。

汉字是中华民族传统文化的象征，它是文化的载体，汉字作为汉语的书写符号记录了汉民族光辉灿烂的古代文化，汉字的形体结构反映了中国文化的诸多特征。首先汉字反映了汉民族的形象思维特点。汉族人习惯于以直觉形象的眼光看待一切，注重图象性。"象形"是基础，"指事""会意""形声"都是在象形的基础上形成。拿象形来说，它是一种直观描绘外物形态的方法，描绘了山川日月草木牛羊等自然形态，如"象""虎""鹿""豕""犬""马"反映了人类对动物特征的认识，"象"突出长鼻，"虎"突出利齿，"鹿"突出角，"豕"（猪）突出腹，"犬"突出翘尾，"马"突出奔跑扬起的鬃毛。汉字的设计反映了古代人狩猎和畜牧的生活，对野生动物驯兽和一些猛兽都有近距离观察的生活经验。合体象形字或会意字反映出古人的生活图景，如"向"，原义是古代房屋向北的窗户，《诗经》说"塞向墐户"，就是说冬天封住北面的窗户，后来引申出"方向"。汉人的这种思维方式决定了他们的认字方式也是由形及义的，这是汉人在造字过程中自觉或不自觉地给认字留下的一条通道。其次，汉字还反映了汉民族的精神寄托。"天"像一个正立的人形，并对人的头部作了强调。这一强调似是对人的智慧的歌颂。也透露出天人合一这一宇宙观的端倪。再次，汉字还反映了汉民族的哲学思想。在汉字字义的孳乳中，一字具有正反两意的所谓"反训"现象，如"乞"既是"求"，又是"施"，"介"既有"小"又有"大"意等，则是中国人二分法思维特点在语言文字上的生动体现。其中所蕴藏的心理意识正是中国人"无往不复，无平不破"的朴素二分法思维特点的影响所致，即目前学术界所说的"一体二元"的思维方式。最后，汉字还反映了人的伦理道德，如古文字中的"仁"，从人从二。许慎说："仁，亲也。"段注："犹言尔我亲密之词。"显然，这是针对人类的群际关系而言的，它体现了建立一种温情脉脉的群际关系的道德理想。《礼记》《孟子》都有"仁者，人也"的记载。它们从人的本性入手，认为群体之间亲密关系应是人的本性所固有，即所谓"性善"。

书信文化是中国传统文化的一个重要组成部分。且不说以"结绳记事"为代表的始于西周时期的实物信件，即便从文字书信出现时算起，中国的书信文化也已有两千多年的历史。《诗经·小雅》有句曰："岂不怀归，畏此简书。"这是以竹简为书简的最早记载之一。古代把一般的书信叫"书"，如汉司马迁《报任安书》、魏曹植《与德祖书》、唐白居易《与元九书》、宋黄庭坚《答洪驹父书》、王安石《答司马谏议书》、明宗臣《报刘一丈书》等。除此之外书信还有"函""札""尺牍""尺翰""尺素""简"等名称。在中国古典诗歌中，花笺、双鲤、鸿雁是常见代书信的意象，它优美典雅，给人无穷的想象。如晏殊《清平乐》："红笺小字，说尽平生意。红雁在云鱼在水，惆怅此情难寄。斜阳独倚西楼，遥山恰对帘钩。人面不知何处，绿波依旧东流。"今天，当我们重读杜甫的"烽火连三月，家书抵万金"，张籍的"欲作家书意万重"，李清照的"云中谁寄锦书来，雁字回时，月满西楼"时，依然可以窥见书信在历代人们情感交流中的重要地位，读出其中所蕴含的家国情怀和款款亲情。不仅如此，书信还是书法、文学、艺术的综合文化载体，具有超越信息传递的种种文化功能。很多书信不仅有实用价值，还具有文献价值、手迹价值和艺术欣赏价值。传统书信记载了历史，也为历史所记忆。

中国的传统艺术具有极强的生命精神，艺术作为文化精神方面的一个领域，不仅与文化的其他领域如信仰、道德等相互影响以促进自己的发展，而且通过自己的某种语言鲜明表现特定时代特定地域的文化。例如《诗经》记载了三百余首民间歌曲；秦汉时期出现了中国历史上最早也是最负盛名的中央音乐机构——"乐府"，其作用是"博采风俗，协比音律"；唐诗宋词元曲都是音乐艺术的复杂拓展，具有极高的艺术价值，每种艺术形式经过众多大家智者的总结提高，又演变出了不同的风格流派。有大家熟知的"琴瑟和鸣"典故，也有《乐记·师乙篇》中对声音要像明珠串起来那样圆润连贯的要求。中国绘画其最显著的特点是讲究"留白"的艺术和"天人合一"的思想。注重写意，含蓄深沉且境界旷远。中国画书、画同源，集诗、书、画、印于一体，这个特点在人文画中尤为凸显。梁启超指出："如果说能够表现个性，就是最高美术，那么各种美术，以写字为最高。"书法艺术齐备了全部审美观念的条件，有线条美质，有结体美质，有萎颓与不整齐的姿态中显出美质等。而京剧更是凝聚了中华民族在历史长河中积淀出的文学、历史、音乐、表演、舞台、乐器、唱腔、服饰、化妆等多方面的文化。

汉字、书信、音乐、绘画、戏剧、书法所体现出的是我们中国文化，通过浓郁的情感抒发，体现了中国传统艺术的生命精神。

传统文化实践活动——文化艺术篇的突出特点如下：

一是汲取了传统文化的精髓。《制作"我"的第一本汉字书》选取的课文《天地人》《金木水火土》《口耳目》《日月水火》《对韵歌》体现了"天人合一"的思想，这些识字一方面关注到人，包括人的身体部位；另一方面关注自然，天地、金木水火土、日月水火这些自然现象，而这背后正是体现了"自然和人"的一体性；《见字如面》以统编版四年级上册第七单元习作"写信"为任务，选取了北师大版的巴金的《给家乡孩子的一封信》和鲁教版的冰心的《寄小读者》例文，浓缩了人们对历史的记忆，也保留了我国传统文化的"原生态"味道，是一种富有仪式感的交流方式，它体现了儒家的"卑己尊人"的处世哲学，有着"见字如面"那样的脉脉温情，使简单的问候也变得厚重。《最美中国传统艺术》选取了六年级上的"艺术之美"单元，"中和之美""中庸之道""笔心一体""讲究留白""辩证统一"的音乐、绘画、书法、建筑、戏剧等艺术，都体现了"天人合一"的思想。

二是注重传统文化的知识理解。《制作"我"的第一本汉字书》设计了看图识字、联系生活识字、成语故事识字活动。看图识字和汉字的"图像性"相关，一般来说最适合象形字的认识，如"人""木""水""火""日""月""山""石""田""禾""羊""鸟""兔""网""竹"都是象形字，可以借助图画来识字，第4课也是这样的设计；联系生活识字是关注了"字"的生活语境，如这一单元的身体部位"口""耳""目""手""足"就是一个最真实的身体语境，再如一些马路上的标语、路牌，超市中的标牌等，都是在真实语境中认识汉字；而成语故事识字也是关注了"字"的语境，只是这种语境具有学科认知语境，最好在已知的成语故事中去识字，否则成语故事是陌生的，字也是不认识的，对于一年级刚入学的孩子比较困难。《见字如面》提到了称谓知识和书信的文体知识，称谓上，敬词和谦词是书信中常用语，也是最容易混淆的。熟悉的敬词"令尊""令堂"和谦词"家父""家母"，谁是"高足"？"台兄"是何兄？不能自称"府上"，报告人自己也不能说"谢谢聆听"。正因如此，《报任安书》文中"太史公牛马走"，"公"是敬词，司马迁不可能自称"公"，据此钱穆等人认为是后加上的；书信是与特定读者交流思想感情的工具，它借用书面文字表达出来，可以毫无保留地吐露作者内心深处的思想情感。司马迁的《报任安书》、吴均的《与朱元思书》、傅雷的《傅雷家书》，都具有极高的文学价值，有以叙事为主的，有以描写为主的，有以说理为主的，有三者融合的，但都是为了抒情，抒发作者的情感。故而书信形式上蕴含着丰厚的礼仪要素，内容上承载着书信者深沉的思想情感，这也是书信最重要的文体特征。《最美中国传统艺术》设计了认识了解中国传统艺术主要门类的基本表现形式、基本技法和特点，初步懂得如何欣赏中国传统艺术、感受传统艺术的美，提高审美能力。在活动中做"中国古代传统艺术门类树"，收集文物信息、观察文物细节图、了解京剧知识，注重传统文化的理解，并在此基础上去欣赏和鉴赏。

三是注重传统文化实践活动的程序操作。《制作"我"的第一本汉字书》采用了样例学习法，以"京"字为例，介绍了制作"京"字书的每一页都包含哪些内容，而这些内容正是上面三者的结合，字的演变（图像性）、字的生活语境和字的组词，之后的口语表达介绍和点评都是围绕着制作的汉字书来进行。《见字如面》的书信介绍了学习写信：格式、内容；体验寄信：信纸折法、信封的填写；一封信的旅程：流程、旅程；等待回信；《最美中国传统艺术》让中国传统艺术从课本走到博物馆、图书馆、生活等，最后再写策划书等，这些可操作的程序步骤，对初步实施传统文化实践活动具有一定的示范性，简单易学。

关于传统文化活动实践，对未来实践的思考与建议，主要是处理好两种关系：

一是处理好传统文化实践活动与语文学科的关系。以"语文学科"为本展开的传统文化实践活动要以"语文要素"以贯之，如关于汉字的认识，不能以传统文化之名漫无目的地展开，一定要区别现在的演绎图和具有理据价值的象形图，对于现代的演绎图，其实是现代人给予汉字一种新的意义。如引用北京奥运会"京"的图片，"京"字形状酷似一个向前奔跑，迎接胜利的运动人形。但这并非"京"字的意义，教师在文中也说到了，那幅图片是使用环境，而并非"京"的象形图，所以以奔跑的人形解释"京"是行不通的，也就没达成汉字的形音义一体性特征的语文学科目标。如书信，"见字如面"除了写信活动以外，如何让我们更深地理解写信人的情感，莫过于去读信，读成什么样，反映了读者对信的理解，对写信人情感的把握。艺术的鉴赏不等于提取信息，艺术门类也罢，文物信息也罢，京剧资源卡也罢，更多的是在提取信息。而作为语文学科核心素养的审美鉴赏——如何欣赏和鉴赏艺术的美，不是通过信息收集就能达到，所以要打通传统文化理解和审美鉴赏这两个语文学科核心素养。

二是处理好传统文化实践活动形式和内容的关系。不管是制作汉字书还是写信寄信回信还是体验艺术，注重的更多的是形式，前两者主要是格式上怎么做怎么写，后者是换各种场景，活动的内容都比较匮乏。制作汉字书，即使把汉字书的每一页要写什么明确告诉学生，即使有样例"京"的汉字书，但一年级的学生也没办法填充其具体的内容，尤其是字体的演变图；写信，即使学生学会写信的格式，依然不知道写些什么，依然不知道想向对方传达什么样的情感，如何写出具有真挚情感的书信，则没有任何教学活动上的提示。欣赏艺术，即使收集再多的信息，如果不教会学生欣赏艺术的方法，可能也只能有一说一，遇到陌生的艺术依然不会鉴赏，像京剧，要从京剧知识的内涵去设计活动，如个性脸谱、角色生活和表现舞台，这就比单纯的一个资源卡更能体现出传统文化实践活动的核心本质。所以很多传统文化实践活动都只有架子，而没有血肉。

（朱俊阳，北京教育学院）

第六章　风土人情类单元实践式课程

"风土人情"即一个地区特有的自然环境和风俗、礼节、习惯的总称，其中"风土"倾向山川风俗、气候等自然特征，"人情"侧重习惯、习俗等人文特征。

《完善中华优秀传统文化教育指导纲要》对小学低年级和中年级推进中华优秀传统文化的侧重点做了明确要求：小学低年级以"以培育学生对中华优秀传统文化的亲切感为重点，开展启蒙教育，培养学生热爱中华优秀传统文化的感情"；小学高年级"以提高学生对中华优秀传统文化的感受力为重点，开展认知教育，了解中华优秀传统文化的丰富多彩"。由培养"亲切感"到提高"感受力"，由"启蒙"到"认知"的有序进阶在传统节日、礼仪等风土人情方面尤为突出。

学生对于风土人情传统文化的理解和感知受生活经验和学习经验的影响，因此纲要指出小学低年级要"知道中华民族重要传统节日，了解家乡的生活习俗，明白自己是中华民族的一员；初步了解传统礼仪，学会待人接物的基本礼节""培育热爱家乡、热爱生活、亲近自然的情感"。小学高年级要"知道重要传统节日的文化内涵和家乡生活习俗变迁；感受各民族艺术的丰富表现形式和特点，尝试运用喜爱的艺术形式表达情感""热爱祖国河山、悠久历史和宝贵文化"。家乡习俗、礼仪文化、文化变迁、民族文化特色都是风土人情的不同表现形式和文化载体，随着学生生活经验的丰富，对风土人情的理解日渐丰富，知识储备逐渐完善，从根本上会指向对家乡、祖国的热爱和民族自豪感、自信力的提升。

【传统文化核心概念】

• 风俗：中国风俗、节日风俗。

"风俗"指关于民间风俗的记录和描述，被社会认为是正当的、良好的行为或行为模式，这种行为模式保持了传统文化的继承性。在民俗学研究中，属于"纪录民俗学"的范畴。风俗的表现形式具有多样性，既有如居住、服饰、饮食、生产、交通等物质的风俗形式，又有如村落、民间组织、岁时习俗、人生仪礼等社会的风俗形式，还有如信仰、宗教、道德、仪礼、民间文学、艺术等精神的风俗形式。

"风俗"表现了地域团体的社会文化性质。风俗作为历代相沿传下来的社会规范，具有稳固性和广泛影响性等主要特征。具体而言，风俗的特点包括如下几个方面：

1. 日常性：风俗的内容主要是关于人们的社会生活方式，如衣、食、住、行、婚、丧、礼、仪等。

2. 象征性：风俗是人们社会的社会生活方式的集中表现，其背后往往蕴含着丰富的民族文化情结，如中秋节吃月饼象征着团圆、春节贴春联象征着对新一年美好生活的期盼。

3. 共同性：风俗的广泛性决定了其具有共同性特征。在某一社会团体中，大家约定俗成、共同遵守的社会生活行为。

4. 地域性：风俗的形成具有地域差异，不同地区、不同民族都有自己特殊的风俗习惯，例如傣族的泼水节、蒙古族的那达慕，都是地域独有的社会风俗。

5. 综合性：风俗往往由多种关键元素组成。以春节为例，不仅要张贴春联福字。还要祭祖、放鞭炮、吃饺子等，具有综合性特征。

6. 个体指导性：风俗赋予个人行为以社会意义，它能够指导个人的行动方向。

"中国风俗"是指中国各民族历代相沿而成的风尚和习俗。风俗即民俗，依照内容可分四方面：经济的民俗、社会的民俗、信仰的民俗、游艺的民俗。生产、生活、心理、语言、行为上所形成的民俗事象都是风俗的表现。中国风俗主要有两方面特征：一为内在特征，二为外在特征。

1. 内在特征：是民俗事象内在的属性，包括民族性、阶级性、共通性。

①民族性：是指同一类民俗事象在不同的民族中具有不同的特点以及不同的民族有不同的民俗事象。中国风俗从古至今，就是多民族的。

②阶级性：是指同一阶级有相同的民俗事象，不同阶级有不同的民俗事象，而各个阶级或阶层还具有共同的民俗事象。

③共通性：对人类而言，不同的国度、不同的民族，在形成和发展的过程中，有着许多相同、相近的民俗事象，这是人类社会发展过程中相当的阶段所形成的相同、相近的文化在民俗上的反映的缘故。

2. 外在特征：是民俗事象在时间、空间及发展中显示的特征。

①时间上的特征：表现为随着历史的演进，影响着民俗事象的形成、发展和消失。

②空间上的特征：表现为每一民俗事象的形成、发展和消失均与一定的地域有关。

③发展中的特征：表现为民俗事象的因革性，即民俗的形式与性质既有

传承的一面，又有变异的一面。

"传统节日风俗"是中华民族悠久历史文化风俗的重要组成部分，其中包含原始信仰、祭祀文化、天文历法、易理术数等人文与自然文化内容，蕴含着深邃丰厚的文化内涵。传统节日不仅是民族发展过程中文化不断积淀凝聚的产物，也是祖先丰富而多彩生产、生活的记录，积淀着博大精深的历史文化内涵。

中国传统节日与神话是密不可分的，许多我们熟悉的古老节日大多起源于原始信仰。传统节日的发展大多是原始信仰观念的叠加、置换与变形，或者说中国传统节日的原型就是中国神话的体现。例如中国最富有代表性的传统节日——春节，其相传于古时一个叫"年"的怪物经常隔 365 天左右就要下山吃人，但人们发现它惧怕红色、光亮、爆炸声，于是人们便在这一天放鞭炮、守岁来希望平安度过年关。久而久之，这便成为劳动人民最为看重的一个节日。又例如端午节、清明节等，其中也或多或少有着神话的影子，由此来加强节日的寓意感与厚重感。当我们站在比较文学平行研究的视野下进行民俗学以及神话学的研究，我们不难从中看出，中国传统节日要么起源于神话，要么与类神话有着或多或少的影子。每一个节日的不同文化习俗，都是与其背后的文化积淀密不可分，每一个传统节日背后的历史传承感，都是由鲜活且耐人寻味的故事拼凑而成，寄托着劳动人民对于美好生活的无限向往。

风俗源于我国不同地域、各个民族人民不同时代的生产和生活，是民间智慧的结晶，具有地域性、社会性、时代性、多样性、生活性的特征。风土人情类综合实践活动基于风俗特征，从时间和空间两个维度探寻生活中文化现象蕴含的文化内涵，实际教学中应关注以下两点：

第一，充分考虑时代性，挖掘符合时代价值的风俗文化特征。

传统风俗，特别是节日风俗保留了不同时代人们对于美好生活的向往，很多节日风俗带有较为强烈的封建色彩，因此在文化风俗的选择上要注重时代性。选择符合时代价值的风俗文化特征，引导学生理性地看待传统风俗，具备辨别和客观评价风俗的能力，对风俗蕴含的文化内涵取其精华去其糟粕，用优秀的中华优秀传统文化滋养审美创造能力。

第二，充分考虑地域性，完善学生对地域文化多样性的认知。

十里不同俗，不同地区的风俗差异极大，活动设计中要充分考虑风俗的地域特色，拓宽学生的风俗文化视野。可以选择恰当的风俗节点，以社会中人们热议的话题作为感受地域风俗差异的话题，如"甜粽子 vs 咸粽子""汤圆 vs 元宵"等。培养学生风俗探究的敏感性，熟悉从社会热点到风俗现象再到风俗文化的探究路径。

案例1　我为家乡拉票

——了解地域风俗　领略家乡风采

【学生认知】

统编版语文教材二年级上册第四单元以"家乡"为单元主题，编排了《古诗二首》《黄山奇石》《日月潭》《葡萄沟》和语文园地四。《古诗二首》中《登鹳雀楼》及《望庐山瀑布》描绘了作者到鹳雀楼登高望远、气势雄浑的意境与庐山瀑布的壮观与美丽；《黄山奇石》介绍了黄山奇峰罗列，怪石嶙峋的神奇景色；《日月潭》则描绘了宝岛台湾日月潭的优美风光；《葡萄沟》介绍了一个物产丰盈、生活幸福的"葡萄沟"。四篇课文囊括古今，跨越海峡，充分展示了华夏大地各地域的文化风俗，展现了祖国的大美河山。

一、增加对家乡风俗的认知与了解

大多数学生只是从家长口中知道自己的家乡在哪里，但是对独属于自己家乡的风土人情知之甚少。在日常生活中，学生对自己生长空间所属地域的风俗有一定了解，需要拓宽对于风俗的了解，不仅关注各地风俗的共性，也要意识到不同地域的个性。需要在对家乡风俗有整体认知的基础上，以单元为依托，了解祖国各地风俗特征，初步感知风俗文化的多样性特征。通过询问家长、查阅资料、观看纪录片等多媒介综合运用的方式，了解自己家乡的风土人情。

在已有生活经验的基础上意识到不同地域、不同民族的风俗习惯具有显著差异性。对于家乡风俗习惯的体察认知要建立在尊重差异的基础上。学生要察觉在共性的风俗中发现家乡风俗的特性，这就需要学生充分了解自己家乡的风俗习惯，在对比中寻找独属于家乡的风俗。同时，学生要明确风俗的表现需要一定载体，可以是物质层面的载体，也可以是精神层面的载体。因此，学生需要带着问题意识走进本单元的学习活动，在不同载体中探寻独属于家乡的风俗特征。

二、传承家乡风俗文化，体认祖国大好河山

传统文化风俗是在长期的历史发展过程中形成和发展起来的。但随着时代的变迁和社会的发展，一些传统的风俗习惯也随着城市化的进程逐渐被"淡化"。虽然在单元的课文学习中已经对祖国各地风俗有了一定的了解，但在实际生活中学生参与民俗活动较少，对于自己家乡具体的民俗活动形式也很少有系统了解。学生缺乏真实的学习体验，便难以发现民风民俗之美，为文化传承制造了障碍。需要通过线上线下结合的方式，开展学习实践活动，搜集、积累与家乡风俗有关的语言文字材料，在阅读分析中、交流互动中体认家乡风俗，感受家乡的民俗风貌和文化内涵，体悟家乡文化风俗之美。在真实的活动体验中重新审视、感悟家乡的传统风俗，感受祖国的文化之美。提升审美能力的同时，促进其对传统文化的感知与传承能力的发展。

【教学目标】

"家乡"对于中国人来说是一个兼具情感与文化的词语。不同地域蕴含着不同特色的风俗习惯。中国人是"有根之人"，对于家乡的向往与追寻是深入骨髓的。对于小学低年级的学生来说，家乡既是孕育自己的地方，也是一个风俗特色与民族文化符号聚集的"梦中之地"。从古至今中国人民对民俗都十分重视。历朝历代统治者，尤其是有作为的君主更加注重风化，将观风察俗，移风易俗视作经国之要。研究中国风俗是了解中国历史、中华民族传统文化的重要环节，对于物质文明、精神文明的建设发挥着至关重要的作用。

本次活动让学生通过采访、调查的方式感知家乡文化；通过用绘制家乡风俗的方式，赞颂自己的家乡；通过与同学分享家乡风俗习惯的方式，让更多人了解自己的家乡。综合上述活动成果，促进学生对家乡的整体感知，激发对家乡的热爱之情，进而达到感受祖国的大好河山的目的。通过"我为家乡拉票"主题活动，学生不仅能够了解家乡风俗，落实体认中华优秀传统文化的教育目标，为树立文化自强和文化自信奠定基础，还可以让学生的语文能力得到多方面的提升。

基于此，将活动目标确定如下：

1. 学习收集资料的基本方法，收集和整理关于家乡风俗的资料。

2. 绘制家乡明信片，运用本单元学习的语言表达方式和积累的语言经验，简要介绍自己的家乡的风俗。

3. 参与"最美家乡评选"，了解自己家乡的风俗及其文化内涵，初步树立文化自强与文化自信意识。

【教学过程】

本单元需要学生通过搜集和整理资料的方式，认识、了解自己家乡的风俗特征，并将最感兴趣的、印象最深刻的家乡风俗介绍分享给同学。在完成任务的过程中，体认家乡风俗特征，感受家乡美好，进而达到体悟祖国壮美山河的目的。基于此，本单元将开展"我为家乡拉票"主题活动，活动任务分为四个环节："知家乡""画家乡""话家乡"和"赞家乡"。"知家乡"是指通过查阅资料、调查访谈的方式对家乡的风俗特征有初步感知。"画家乡"是指在初步感知家乡风俗的基础上，选取自己感兴趣的、最具代表性的风俗元素，以绘画的方式呈现，并配以讲解文字。"话家乡"是在活动二的基础上，对选取的家乡元素做简单介绍与讲解。"赞家乡"则是指综合上述学习成果，调用多种媒介，在学校范围内展出代表自己家乡风俗特征的学习产品。

活动一：知家乡

同学们的家乡分布在祖国的各个省份、地区，但是由于我们的生活地点并不在自己家乡，所以我们很难全方位地了解自己家乡的风俗特征。请学习下面几种获取信息资料的方法，并选择其中的一种或多种，调查自己家乡的风俗，并制作"家乡风俗名片"。

听
- 可以通过听家乡老人讲述家乡风土人情、物候习俗等，在心里形成初步印象。
- 可以对自己的父母或者祖父母进行采访录音，通过他们字里行间的讲述、抑扬顿挫的语气和眼神中流露的热爱与思念去进一步感知家乡的印象及故乡人对家乡的特殊情感。

(1)

看
- 可以通过回忆自己在过年过节时回家乡所看到的场景，将内心最直观的印象记录下来。
- 可以通过查阅现有的庞大、丰富的网络资源，进一步探知家乡风采。

(2)

感受
- 随父母回到家乡，和一直土生土长的当地人相处几天，会有怎样的感受？
- 看当地的建筑、风土民情会有怎样的想法？
- 真正沉浸式地感受家乡又会有怎样的感觉呢？

(3)

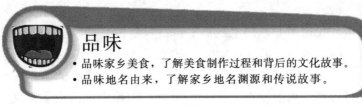

品味

· 品味家乡美食，了解美食制作过程和背后的文化故事。

· 品味地名由来，了解家乡地名渊源和传说故事。

（4）

家乡风俗名片

家乡
照片

家乡名称：_____

家乡地址：_____

调查方法：_____

家乡风俗：_____

_____

（5）

图 6-1-1　制作家乡风俗名片

活动二：画家乡

通过活动一我们已经对家乡的风土人情有了整体感知，对家乡的风俗习惯也有了初步了解。接下来，结合语文园地中的《画家乡》一文，请你选择家乡一个最感兴趣的方面，画一张具有浓厚家乡风味的明信片。内容可以是物质方面的，如居住、服饰、饮食、生产、交通等；可以是社会方面的，如村落、民间组织、岁时习俗、人生仪礼等；还可以是精神方面的，如信仰、道德、礼仪、民间文学、艺术等。画完后，请运用单元课文学习中积累的好词佳句、句式写一小段话来介绍你选择的家乡风貌。

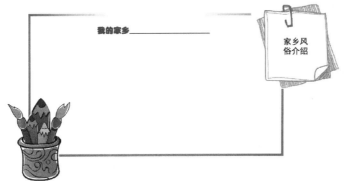

我的家乡_____

家乡风俗介绍

图 6-1-2　家乡风俗介绍

活动三：话家乡

活动二中，我们用七彩画笔绘出了自己家乡独有的风貌，撰写了一小段话介绍了家乡的风俗。下面就让我们结合"画家乡"的作品，以"我的家乡＿＿＿＿"为题，写一篇介绍家乡风俗的小短文（可以包括家乡的名字、地点、地域特征、风俗习惯、生活方式、节日习俗等），并用生动的话语将自己家乡的魅力之处讲给大家听，让更多的同学了解、喜爱你的家乡。

活动四：赞家乡

通过上述三个活动，我们对自己家乡的风貌有了深入而全面的了解。接下来学校要举办"最美家乡"评选活动，班级计划选派你为代表，参加此次活动。请你整合前三项活动的学习成果，准备参评的相关材料，参与"最美家乡"评选，为自己的家乡拉票吧！本次活动的参评材料主要包括家乡方位图、家乡风俗明信片、家乡介绍短文和家乡介绍微视频。

（1）家乡方位图

本次活动，学校需要综合所有参赛者家乡方位情况，制作活动展板。展板内容为在地图上展现每一位参赛选手家乡的位置，体现参赛选手家乡的多元性。因此，请你在地图中标注清楚自己家乡的位置，并提交给学校。

（2）家乡风俗绘画与介绍短文

此部分内容已经在活动二和活动三中完成，但是仍旧存在一些不足，请认真听取老师和同学对你两项学习成果的评价，做好建议记录。选择合理的建议，修改自己的绘画作品和介绍短文。

表 6-1-1　家乡风俗明信片/家乡介绍短文 建议汇总表

序号	建议内容	建议人	是否采纳	原因
建议 1				
建议 2				
建议 3				
……				

（3）介绍家乡微视频

以修改后的家乡风俗明信片和小短文为基础，录制 4 分钟的微视频，介绍自己的家乡。视频内容要融合活动一到活动三的学习成果。以介绍家乡短文为讲稿，以"家乡风俗名片"和"家乡风俗明信片"为主要介绍素材，还可以查询更多其他图文材料丰富微视频的内容。

【教学评价】

活动一："知家乡"活动评价表

评价标准：

表 6-1-2　评价标准

评价维度	学生自评	生生互评	教师评价
名片关键要素齐全			
能够准确运用多种调查方法			
家乡风俗表述准确			
文字书写正确			
语言表达流畅			

成果样例：

家乡风俗名片

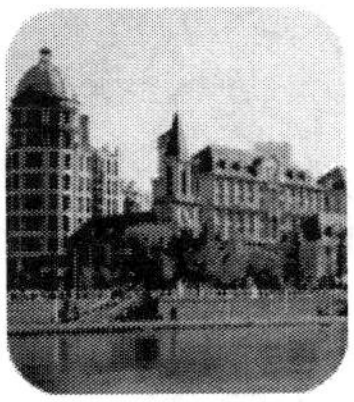

家乡名称：天津

家乡地址：天津市和平区

调查方法：听、看、感受

家乡风俗：天津过年会贴年画，最有名的就是杨柳青年画。吉庆年画内容丰富，福禄寿喜、花鸟鱼虫不仅能够增强节日喜庆气氛，更重要的是表达了人们欢度节日的心情。

图 6-1-3　成果样例

案例2　我的传统节日心愿单
——安排节日活动　记录过节点滴　探寻文化内涵

【学生认知】

统编版教材三年级下册第三单元，围绕深厚的传统文化和中国人的根展开。阅读板块关注节日，着眼中华传统节日中蕴含的节日风俗，写作板块关注习俗，聚焦中华传统节日中蕴含的文化底蕴。阅读板块编排了《古诗三首》《纸的发明》《赵州桥》和《一幅名扬中外的画》，其中《古诗三首》包含王安石的《元日》、杜牧的《清明》、王维的《九月九日忆山东兄弟》，感受春节、端午节、中秋节蕴含的深厚文化内涵和独特习俗；《纸的发明》介绍造纸术发展的历史，了解古代科技成就；《赵州桥》介绍赵州桥作为我国宝贵历史文化遗产的建筑特征和价值所在；《一幅名扬中外的画》展现《清明上河图》的内容和艺术特色，以及对古代普通百姓生活的记录价值。综合性学习的主题为"中华传统节日"，要求开展一次综合性学习活动，在了解重要传统节日的基础上，收集传统节日的资料，交流节日风俗习惯，写写过节的过程，以不同的方式展示综合性学习的成果。

中国的传统节日蕴含着传承千载的中国智慧和丰富多元的中华优秀传统文化要素。对于小学中年级学生而言，传承传统节日中蕴含的中国智慧，不应只是被动地接纳以符号为代表的知识，更应通过活动体验，将文化浸入血脉，逐渐内化为影响一生言行的内在文化力量。中华传统节日活动设计体现了语文核心素养对"文化传承与理解"的要求。学生需要在探寻凝结着华夏祖先汗水和智慧的文明结晶的过程中，增加对中华传统节日的接触和了解，理解并传承中华传统节日中蕴含的中国智慧。

一、积累与传统节日相关的文化习俗和文学作品，增强文化储备

随着生活经验的丰富，学生对传统节日的认识日渐深入，需要以传统节日为线索，回顾所学，结合生活体验梳理已有的节日经验，较为全面地积累中国传统节日的知识，增强文化储备。了解各个中国传统节日的简介、由来或传说、节日习俗、古今诗词等，在实践中走进中国传统节日，了解中国传统节日，研究中国传统节日，用实际行动践行并宣传节日文化传统。体验活动和合作探究不仅能够增加对中国传统节日相关知识的了解，增强民族自豪感，养成美好的道德品质和高尚的思想情操，从传统文化中汲取营养，获得"真、善、美"的形象体验，形成对中国传统节日正确的看法，增强文化储备和文化自信。

二、多角度感受传统节日的丰富性和趣味性，提升探究能力

中国传统节日历史悠久、内涵丰富，探究活动涉猎与主题探究活动相关的学科知识，如历史、政治、经济、文化等领域的内容。学生需要明确检索关键词和检索目的，通过多种途径搜集资料、筛选资料、整理资料，对已有资料进行初步分析判断，恰当运用。有选择地处理海量资源是学生在日常生活中需要具备的基本能力，活动设计扎根生活情境，旨在帮助学生打通语文学习与生活的壁垒、传统文化知识与真实生活的壁垒，以及实践探究路径，具备探究能力。

在活动中激发对传统文化的探究兴趣，动手、动脑结合，采用上网查询、查阅资料、参观访问等自己喜欢的方式收集资料，选择自己感兴趣的方面深入研究，发挥自己的优势、个性，能够将探究路径运用到实际生活中。通过梳理熟悉的传统节日习俗，提高收集信息、选择信息、整理信息的能力；通过对信息的思考分析，学会提出问题、解决问题，通过合作学习，形成合作学习的习惯和能力；通过学习成果的发布，展现自我表现和交流表达的能力和信心。

【教学目标】

习近平总书记在中国共产党第十九次全国代表大会上指出"深入挖掘中华优秀传统文化蕴含的思想观念、人文精神、道德规范，结合时代要求继承创新，让中华文化展现出永久魅力和时代风采"。目前，社会各个层面对传统文化的呼声越来越高，新时代青少年要深入挖掘中华优秀传统文化蕴含的思想观念、人文精神、道德规范，结合时代要求继承创新，让中华文化展现出永久魅力和时代风采。

统编版语文教材 1—6 年级涉及的传统节日共 10 个，截至三年级下册第三单元涉及的传统节日共 8 个：端午节、泼水节、春节、元宵节、清明节、七夕节、中秋节、重阳节。"我的传统节日心愿单"活动以"中华传统节日"的综合性学习任务为依托，以一整年为时间单位完成传统节日全过程体验。以教材中涉及的传统节日为起点，带领学生对照日历梳理一年的传统节日，了解节日习俗文化，立下过节要体验的节日文化心愿单，完成后拍照打卡，年底汇总分享。通过明确心愿单、立下心愿单、践行心愿单、总结心愿单，真实感受传统节日的由来、习俗以及与日常生活的关联，用行动体验传统文化在生活中的真实存在。

基于此，将活动目标确定如下：

1. 通过回顾所学课文中的传统节日，对照日历补充并梳理一年中全部传统节日；

2. 通过查阅资料和采访调查，了解节日传统习俗和文化渊源，制作节日资料卡；

3. 结合节日特点和实际情况，设计能体现节日文化内涵的体验活动，完善卡片；

4. 通过多种方式体验记录，写下体验过程和体验感受，整理并分享自己的成果。

【教学过程】

"立下传统节日心愿单"活动围绕传统节日展开，以一年为单位，通过制作心愿单任务卡的方式依照时间顺序梳理一年中全部传统节日；回顾所学或查阅资料，了解传统节日的时间、由来、习俗、诗词等内容，形成对传统节日较为全面的认识；结合节日特点、现有条件和个人兴趣立下每个节日的体验活动心愿单；逐一体验、记录，实现心愿单，记录体验过程和体验感受，年底汇总并分享。

活动一：传统节日有哪些

1. 节日名称头脑风暴

中国的传统节日历史悠久、种类繁多，你知道哪些传统节日？请以小组为单位，在一张 A4 纸上罗列尽可能多的传统节日，相互启发，彼此提醒，完成传统节日名称头脑风暴。同学们可以充分利用教材，回顾本单元所学和之前几册教材中学到的课文，里面藏着许多传统节日。

完成后统计数字，小组比拼，看看哪组想到的传统节日最多。请在分享过程中将其他小组想到的节日补充在本小组的表格中。

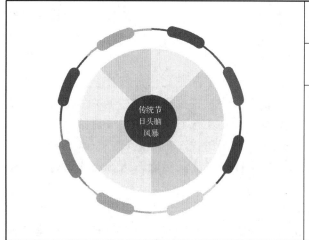

图 6-2-1　传统节日头脑风暴

2. 整理传统节日年历

请对照下一年的年历，将头脑风暴整理出的传统节日依次标注在年历相应的月份和日期中。如果遇到不熟悉的节日，请查阅资料，了解这个节日的准确时间。请注意，很多传统节日使用农历日期，对照标注时要准确。

标注完成后请拿着你的传统节日年历，请爸爸妈妈帮忙补充其他的传统节日，完善你的节日年历。

表 6-2-1　节日年历

常见传统节日名称及时间	常见传统节日名称及时间
春节（农历正月初一）	元宵节（农历正月十五）
龙抬头、社日节（农历二月初二）	上巳节（农历三月初三）
寒食节（清明节前一二日）	清明节（公历 4 月 5 日后）
端午节（农历五月初五）	七夕节（农历七月初七）
中元节（农历七月十五）	中秋节（农历八月十五）
重阳节（农历九月初九）	下元节（农历十月十五）
冬至节（公历 12 月 22 日前后）	除夕（农历十二月廿九或三十）
……	……

活动二：制作节日基本信息卡

相信经过此前的学习发现和生活经验，同学们已经了解了部分传统节日的文化习俗。请为传统节日年历上的节日依次制作基本信息卡。信息卡要包含以下内容：节日名称、节日时间（农历）、节日来历、传统习俗、特色食物、相关诗词。大家可以通过调用已有知识储备，请教爸爸妈妈，自行查阅资料等方式收集、整理节日的相关信息。

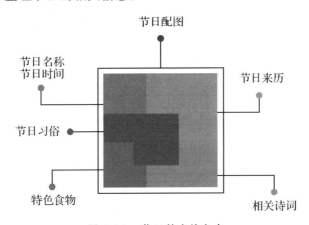

图 6-2-2　节日基本信息卡

1. 节日名称：节日通常叫法和各种别称。

2. 节日时间：农历时间和公历时间对应。

3. 节日来历：查阅资料，了解有关节日来历的各种说法，对比选择，用简练的语言概括。

4. 节日习俗：查阅资料并结合自己的生活体验，尽可能多的罗列各种节日习俗，为下个活动"立下传统节日心愿单"的体验活动积累素材。

5. 特色美食：列举与节日相关的各地区特色美食，关注不同地区的节日饮食习俗。

6. 相关诗词：请结合课内所学并查阅资料，为每个节日选择一个与之相关的古诗词，工整地摘抄在卡片上。

7. 节日配图：为了卡片的美观，请选择或绘制一幅能凸显节日文化特色的配图。

活动三：立下传统节日心愿单

请对照传统节日年历和传统节日信息卡，依次浏览节日的风俗习惯，结合生活实际和个人兴趣，设计可操作的传统节日体验活动，为每个节日立下一个体验节日传统文化的心愿单，将它写在节日信息卡的背面。

立下自己节日体验心愿单前要认真回顾卡片上的节日习俗，考虑可操作性和新颖性，想一想此前有没有认真过过这个节日，做过哪些活动，有过哪些收获……对传统节日文化有了一定了解的你，明年再过这个节日想获得哪些新鲜的体验，想设计哪些活动与家人、伙伴一起体会节日的快乐，感受节日的哪些内涵……

传统节日心愿单要符合以下特征：

1. 符合节日特色，凸显节日文化：活动选择要凸显传统节日特色，达到宣传、推广传统节日的目的。

2. 参与性强，体验性强，形式多样：充分了解节日习俗，从中选择活动性强、参与性强的体验，可以走出房间、走出家门、走出校园，调用多感官体验节日传统习俗。

3. 具有可操作性，体验内容可独立完成也可合作完成：传统节日形成表达了人们对幸福团圆的美好期盼，选择节日体验活动时可以选择与家人、朋友一同完成的项目，感受节日中蕴含的情感牵绊。

4. 新颖，有一定的挑战性，符合年龄和小学生身份：立下的心愿单要有一定的挑战性，走出舒适区和日常习惯，体验不一样的节日风俗。当然，心愿单也不能脱离实际，给周围的人制造困难，影响正常生活。如果你从没过过寒食节，就立下寒食节吃一次冷食的心愿单吧；如果每年的端午节你都只是吃粽子，就立下个学习包粽子的心愿单吧；如果每年春节你家都是买春联、福字，就立下个写春联、福字的心愿单吧……

完成后请标注你完成它的信心指数，依照时间顺序整理并妥善保管好自己立下的心愿单。

图 6-2-3　制定传统节日心愿单

活动四：完成传统节日心愿单

请依照传统节日年历和心愿单卡片，依次完成传统节日体验。完成过程要留有图片或视频的记录，完成后在年历上做标记，并以胜利者的身份与这张心愿单卡片合影，整理心愿单完成情况反馈资料袋，全方位记录你的体验和感受。

传统节日体验心愿单完成情况反馈资料袋要包含以下内容：

1. 节日体验完成与否。

2. 体验过程的图片、视频记录。

3. 体验结果成果展示。

4. 描述体验传统节日习俗的过程。

5. 记录体验传统节日习俗的感受。

＿＿＿节日体验心愿单完成情况反馈资料袋		
心愿单内容		
心愿单完成情况	□ 已完成	□ 未完成
体验过程文件夹	资料清单 • 图片资料 • 视频资料	
描述体验传统 节日习俗的过程		
记录体验传统 节日习俗的感受		

图 6-2-4　传统节日心愿单完成情况

　　一年后整理全部卡片和反馈表，制作成《我的传统节日体验心愿单纪念册》，回顾一年的节日风俗体验过程。纪念册包含年历、心愿单卡片和一份年终总结，给自己一年的挑战做一个简单的总结。完成后与同学分享你的纪念册，并选择让你印象深刻的三个节日心愿单卡片体验介绍给同学们。

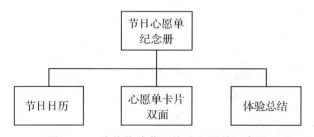

图 6-2-5　我的传统节日体验心愿单纪念册

【教学评价】

评价"活动三：立下传统节日心愿单"。

评价标准：

表 6-2-2 评价标准

项目	生生互评	家长评价	教师评价
突出节日特色			
活动新颖多样			
符合身份特征			
具有可操作性			

成果样例：

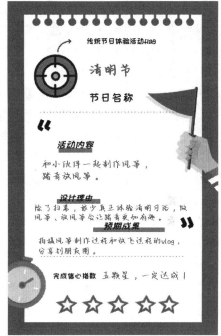

图 6-2-6 成果样例

案例3 录制民俗微课 推广风俗文化
——体验民风民俗的传承与传播

【教学目标】

统编版语文教材六年级下册第一单元以"民风民俗"为主题，共编排了四篇课文：《北京的春节》《腊八粥》《古诗三首》《藏戏》。《北京的春节》按照时间顺序，展现了老北京人过春节的习俗，感受老北京人过春节的隆重和热闹。《腊八粥》以小孩儿的视角写他盼粥、分粥、猜粥、看粥、喝粥的过程。《古诗三首》分别介绍了古代人们过寒食节、七夕节、中秋节的习俗。《藏戏》是一篇说明文，从不同方面介绍藏戏的起源、面具、舞台形式、演出方式及少数民族风情，非常有地域文化特色。几篇课文各有侧重，都充满了浓郁的民俗风情。从教材的编排来看，六年级下册"民风民俗"主题单元下的这四篇课文不仅涉及了传统的节日，还涉及了民间的艺术，内容丰富而广泛。

我国地域辽阔、民族众多，形成了丰富多彩的民风民俗文化。民风民俗是"民族之魂"，和"文化基因"，积淀着中华民族多样的、宝贵的精神财富。对于小学高年级的学生而言，不仅要知道我国重要的传统节日，更要通过传统节日感受民俗文化的特点，了解中华优秀传统文化的丰富多彩和发展变化。学生需要在探寻传统节日风俗的过程中，增加对民俗文化知识的宽度和深度的理解，推动民俗文化的延续，增加对民族文化的认同感，树立民族自豪感，增强文化自信。

一、亲近传统节日，增加对传统节日的深入理解

作为一名小学六年级的学生，需要具备一定的信息加工的能力，能够读懂文本的内容，提取关键信息，也能够熟练掌握简单的网络搜索技能，查找自己需要的资料。六年级学生处于青春期，正值思想意识、价值观形成的关键时期，但是随着全球文化的发展，他们对于传统文化的认识匮乏，兴趣淡薄。因此，需要加强对于传统文化的认识和理解，树立文化自信，使传统文化在新时代重新焕发生机。基于学生的需要，活动设计重在挖掘课本内的资源，结合学生能力发展阶段的认知水平，全方位、多角度认识传统文化，激发传承文化基因的热情和兴趣。

二、贴近最近发展区，主动推动民俗文化的延续

"分清内容的主次，体会作者是如何详写主要部分的"是六年级下册第一单元的学习目标。这是在学生已经学习过的如何把握文章的主要内容、怎样围绕中心意思来写等学习能力的延伸。学生需要在分清作者介绍民风民俗等内容的主次，领会作者表达的意思的基础上，进一步学习作者是如何把要表达的主要意思写详细。探索民俗文化的过程需要运用多学科知识解决情境问题，有效关联学科知识。同时，还要将日常生活中对民俗民风的体验，提升为对自然、社会的整体认识，最终转化为对传统文化的理解，肩负起传承、传播民俗文化的责任。

【教学目标】

《完善中华优秀传统文化教育指导纲要》中提出："小学高年级，要知道重要传统节日的文化内涵和家乡生活的习俗变迁；感受各民族艺术的丰富的表现形式和特点，尝试运用喜爱的艺术形式表达情感。"①因此，"学习民俗文本"的活动，旨在拓宽学生对于民俗文化的了解，丰富民俗的知识。"录制民俗微课程"，重在加深对民俗文化的理解，从而成为民俗文化的小大使。

基于此，将活动目标确定如下：

1. 重读课文，回顾文中的民风民俗，积累民俗现象，理解民俗文化多样性。

2. 拓展阅读，学习详略得当的写作手法，分析作者是如何详写民俗特征的。

3. 撰写脚本，录制微课，体验民风民俗与新媒体的融合，肩负传播的责任。

【教学过程】

传统节日文化是中国人民的智慧结晶，内容涉及人们生活的方方面面，又蕴含着丰厚的文化内涵。想要系统、深入地理解传统文化，一定要基于自己的实际能力需求，进行传统节日文化内涵的探索，形成自己对于民俗文化的理解和认同。

本次活动需要在学习关于民俗的文本后，动笔回忆自己家乡的风俗，将自己最喜欢的节日风俗或者其他民俗文化录制为民俗微课并介绍给他人。任务包含"阅读欣赏 课文里的民风民俗""群文阅读 名家笔下的民风民俗""录制微课 厚植童心的民风民俗"三个环节。

活动一：阅读欣赏，课文里的民风民俗

"十里不同风，百里不同俗"，快让我们一起走进课文，一起去了解不同节日的风俗，去感受不同地方的风俗，体会这丰富多彩的风俗趣味吧！

请你分别仔细阅读《北京的春节》《腊八粥》《古诗三首》《藏戏》四篇课文，

---

① 中国教育报：《完善中华优秀传统文化教育指导纲要》，《中小学德育》，2014 年第 4 期，第 5 页。

思考课文都分别介绍了哪几个传统节日，节日活动的内容是什么，梳理后标注出内容的主次，体会作者是如何详写主要部分的。

表 6-3-1　课文里的民风民俗

篇目	节日	风俗内容	如何详写主要部分
《北京的春节》	春节		
《腊八粥》			
《古诗三首》			
《藏戏》			

活动二：群文阅读，名家笔下的民风民俗

统编版教材中有很多关于风俗的记忆，在详写民俗的时候，作者都是根据自己想要表达的思想情感来安排内容详略的。那么鲁迅笔下的《社戏》、贺敬之的《回延安》、刘成章的《安塞腰鼓》，以及吴伯箫的《灯笼》又为我们展现了哪些地方的民俗呢？快来一起体会其中蕴含的情感吧。

表 6-3-2　名家笔下的民风民俗

名家名篇	体会情感
《社戏》	
《回延安》	
《安塞腰鼓》	
《灯笼》	

通过阅读你是否感受到鲁迅笔下的《社戏》在江南尤为盛行；贺敬之的《回延安》通过陕北民歌"信天游"的形式向我们展示了浓郁的陕北风情；用黄土高原特有的艺术形式让我们感受到了一种粗犷豪放之美，刚健雄浑之气；吴伯箫的《灯笼》回忆起自己童年和灯笼有关的一些生活景象，这里的灯笼既有对往昔生活的怀念，也有对家国天下所寄予的不同情感。

抓住民俗的主要特点，根据作者要表达的情感来安排文章的内容和形式。你学会这样的表达方式了吗？请你积累素材，唤起自己家乡的记忆，为自己的家乡或者自己喜欢的民俗做个宣传吧！

活动三：录制微课，新媒体上的民风民俗

通过前两个活动，相信同学们已经具备了如下的学习准备。

1. 了解了不同地方的风俗特点。

2. 能够分清内容的主次，体会了作者如何详写主要部分的。

232

3. 介绍一种风俗的时候能够抓住风俗的主要特点，进行详细的介绍。

4. 依照民风民俗的分类整理民俗资源。

有了这些学习准备，为制作文化宣传的微课提供了内容素材。请你选择介绍自己习作中的家乡风俗，也可以介绍自己最感兴趣的地方风俗，每人认领一个任务，思考主要介绍风俗的内容和表现形式，填在下面的表格中。

表 6-3-3

省市	民风民俗	授课小讲师
示例：黑龙江	二人转（解说历史＋表演）	
吉林省	……	
辽宁省	……	
上海市		
江苏省		
浙江省		
安徽省		
福建省		
台湾省		
江西省		
山东省		
北京市		
天津市		
山西省		
河北省		
内蒙古自治区		
河南省		
湖北省		
湖南省		
广东省		
广西壮族自治区		
海南省		
重庆市		

续表

省市	民风民俗	授课小讲师
四川省		
贵州省		
云南省		
陕西省		
甘肃省		
青海省		
宁夏回族自治区		
新疆维吾尔自治区		
西藏自治区		
香港特别行政区		
澳门特别行政区		

选定了自己的任务后，需要进步一学习如何制作微课程。这就需要对选定的民俗有充分的了解和体验后，将前三个活动学习到的方法、积累的素材，通过微课的形式，清楚、有重点地表达出来。录制微课主要包含以下几个部分：

(1)写微课脚本

请检索与自己选定的风俗的相关信息，从不同的资料中筛选出自己要从哪几个方面来介绍这个风俗，重点介绍风俗的哪些方面。语言表述要清晰，重点突出。请将搜集资料、筛选资料、把重点内容介绍清楚等方法迁移到完成真实的任务中。

完成微课脚本的同时，还要制作精美的课件。这都是录制微课必不可少的内容。需要运用同学们在信息课上学到的知识，如何制作内容清晰，显示美观，重点突出的课件，比如屏幕上不能有太多文字，口播稿里面的文字不能全部出现在课件上，需要将重点内容进行排版和进行必要的设计等。请参照样例，完成你的风俗微课脚本。

表 6-3-4 微课脚本样例

PPT	口播稿
	大家好，我是……，今天我将给大家介绍北京的冰糖葫芦。
	这节课分为四个部分，一、冰糖葫芦的简介；二、冰糖葫芦的起源；三、冰糖葫芦的制作；四、小问题。
……	……

（2）录制微课

完成了口播稿和 PPT 制作后，就要进入微课的录制阶段，这一阶段你也需要运用到录制微课的信息技术，需要参照提供的文字版的录制说明，教师和信息技术掌握比较好的同学可以提供技术支持。在录制的过程中，你如有问题随时可以请教同学和教师。

录制微课涉及的内容需要用不同学科知识来解决问题，比如你介绍的是壮族的山歌、凤阳花鼓等，除了有知识的介绍，还需要表演一段，这就需要你运用音乐学科的知识，唱一段或者跳一段；比如你要做海派面塑、新疆小花帽，在制作的时候就需要调动美术方面的知识，一步一步地告诉大家如何设计，需要做哪些准备，要注意哪些事项。这样就可以将学习成果收录在一起，做成班级民俗微课的宣传页，方便大家随时按自己的兴趣扫码听微课，了解不同地方的民俗文化。

（3）听微课，共体验

请你将自己喜欢的民俗文化推荐给同学们，介绍前请自己回顾民俗文化的内容，最好能够借助课件，现场展示给同学们。如果想了解更多的内容，也可以扫码观看更多的线上分享。在线上分享的过程中同学们之间可以相互点赞、评价，提出改进意见。

请你浏览同学们的微课目录，学习自己喜欢的民俗文化微课。可以在班级学习群上传自己的学习成果，一起来做民俗文化的传承者和弘扬者吧！

（4）制作微课检索工具

请汇总同学们的民风民俗微课，依照物质民俗、社会民俗、精神民俗、语言民俗的民俗分类整理微课，制作微课检索工具，方便浏览者分类查阅。

【教学评价】

评价"活动一：阅读欣赏，课文里的民风民俗"。

评价标准：

表 6-3-5　评价标准

层次	评价标准
前结构	不能找到文本中包含的传统节日，风俗内容，不能体会出作者的情感。
单点结构	能够找到文本中包含的传统节日，信息不够完整，不能全部体会出作者的情感。
多点结构	能找到所有文本中包含的传统节日，信息完整，能准确体会出作者表达的情感。

成果样例：

表 6-3-6　成果样例

篇目	节日	风俗内容	如何详写主要部分
《北京的春节》	春节	腊月初八：喝腊八粥、泡腊八蒜	腊月初八，抓住腊八粥的食材丰富、腊八蒜的色味双美； 腊月二十三，重写吃糖，补充灶王爷的传说； 除夕重在写忙碌、热闹； 元宵节重在写花灯，突出红火美丽，张灯结彩
		初九到二十二：小孩：买杂拌儿、爆竹、各种玩意儿；大人：预备过年吃的、喝的、穿的、用的	
		腊月二十三：放鞭炮、吃糖	
		二十四到除夕前：大扫除、预备过年的东西	
		除夕：做年菜、穿新衣、贴对联、放鞭炮、吃团圆饭、守岁	
		正月初一：男人出门拜年、女人在家待客、逛庙会	
		正月初六：店铺开张 元宵节：挂灯笼、观花灯、放鞭炮、吃元宵 正月十九：春节结束	

【专家视点】

"风土人情"主题包括"我为家乡拉票——了解地域风俗 领略家乡风采""我的传统节日心愿单——安排节日活动 记录过节点滴 探寻文化内涵""录制民俗微课 推广风俗文化——体验民风民俗的传承与传播"三个课例,分别是小学二年级、三年级、六年级,涵盖低、中、高三个学段。在一个主题之下,既有共同的教学思路和课程要素,也有针对学生发展要求的鲜明的能力进阶,还有丰富多样的可操作的活动样例,充分体现了中华传统文化教育在小学语文教学中的落实落地。想必这些课例一定是源于几番教学实践的讨论与检验,无疑是一线语文教师开展传统文化教育的重要参考,也是语文教学研究者进一步思考的典型案例。笔者将从传统文化的本体内容、教学实践的突出特点、对未来实践的思考与建议三个方面来谈,恰好所谈内容都涉及数字"三"。

一、外层、中层和内层:文化的三个层面

说到文化的含义,说法较多,内容复杂。英国人类学家泰勒在《原始文化》一书中对文化下的定义为"文化是一个复杂的整体,其中包括知识、信仰、艺术、道德、法律、风俗以及作为社会成员的人所具有的其他一切能力和习惯"[①]。他认为凡是人类创造的一切成果都可以称为"文化"。如此而言,"文化"的内容非常广泛,无所不包。中华传统文化,对"文化"做了地域与时间的限定,是指居住在中国地域内的中华民族及其祖先所创造的、反映民族特色和精神风貌的、为中华民族世世代代所继承发展的物质与精神产物的总和。而风土人情,就是一个地方特有的自然环境和风俗、礼节、习惯的总称,是中华传统文化的集中体现。如果说"我为家乡拉票"是以空间维度认知和探究风土人情,"我的传统节日心愿单"则是以时间维度认知和探究风土人情的文化内容,"录制民俗微课 推广风俗文化"就是在时空两个维度的综合考量。

如果从另一个角度来界定文化的含义,让我们在文化的整体内容中看到其中的层次性和相互之间的关联性。从结构层次而言,文化可以分为外层、中层和内层三个层面。"文化的物质层面,是最表层的;而审美趣味、价值观念、道德规范、宗教信念、思维方式等,属于最深层;介乎二者之间的,是种种制度和理论体系。"[②]简言之,文化可以分为物质文化、制度文化与精神文化。对应着课例而言,"风土人情"主题之下的地域风俗、传统节日和民风民俗虽然内容繁多、形式多样,但总体上可分为物质文化、制度文化与精神文

---

① [英]泰勒著、蔡江浓编译:《原始文化》,杭州:浙江人民出版社,1988年,第1页。

② 庞朴著、冯建国编:《师道师说:庞朴卷》,北京:东方出版社,2018年,第57页。

化三个层面，这在三个课例之中都有不同程度的体现。在"我为家乡拉票"中，风俗的表现形式具有多样性，既有如居住、服饰、饮食、生产、交通等物质的风俗形式，又有如村落、民间组织、岁时习俗、人生仪礼等社会的风俗形式，还有如信仰、宗教、道德、礼仪、民间文学、艺术等精神的风俗形式。这其中隐含的便是物质文化、制度文化与精神文化三个层次，而这三者之间也是相互关联、逐渐深入。在传统文化积淀与传承的过程中，也许文化的某一层面会随着时代的发展发生变化，但是文化的深层内涵代代流传，融入中华儿女的血液之中。这一点在"录制民俗微课　推广风俗文化"案例中也同样看到：民俗文化一般可以分为：物质民俗、社会民俗、精神民俗和语言民俗。在录制微课的活动中，学生依照民俗分类整理微课，制作微课检索工具。通过此项活动，学生能够体验到文化的结构层次，发现不同文化层面之间的逻辑关联。

二、语言、语文、文化：语文教学三位一体

"总体来说，语文教材中的这三部分内容的学习是这样一种递进过程：由语言文字的学习，进而渐进到文学的学习，再由文学的学习进而到文化的学习。"①对于语文课程内容而言，应当是语言、文学和文化三位一体。但是在不同学段，依据学生不同年龄阶段的认知规律这三个方面有所侧重。在基础教育阶段，中华传统文化的教学内容不仅体现在语文教学中，在道德与法治、历史、英语等重要学科课程中都有涉及。在小学语文教学中融入中华传统文化教育，是通过语言和文学的学习进入到传统文化的学习。这与语文学科核心素养四个方面是一个整体、一个意思。"语言文字是文化的载体，又是文化的重要组成部分；学习语言文字的过程也是文化获得的过程。"文学作品也是如此，学生们可以通过文学作品的阅读来了解和感知传统文化，也可以通过习作发表自己对于传统文化的内心体验。

依据学生的需求和课程标准的规定，三个案例将传统文化的教学内容转化为语文教学的阅读、习作/写作和综合性学习三个维度，以活动样例的形式整体实施，将传统文化的内容渗透在活动目标、活动过程以及评价标准各个环节。绘制家乡明信片，运用学习的语言表达方式和积累的语言经验，简要介绍自己的家乡的风俗。是语言学习与传统文化教育的整合，是以学生自己的言语实践活动来展示家乡的风俗。通过查阅资料和采访调查，了解节日传统习俗和文化渊源，制作节日资料卡。是综合性学习与传统文化教育的整合，

① 倪文锦：《文化强国与语文教材改革》，北京：语文出版社，2015年，第293页。

是通过资料查阅与实地调查了解传统节日的习俗。重读课文，回顾文中的民风民俗，积累民俗现象，理解民俗文化多样性。拓展阅读，学习详略得当的写作手法，分析作者是如何详写民俗特征的。是文学阅读甚至是课外阅读与传统文化教育的整合，是借助文学作品的阅读感知民俗文化的多样性与独特性。每个案例充分体现了在语文教学中落实传统文化教育，通过语言和语文的学习继承和弘扬中华优秀传统文化。

另外，传统文化教育不仅出现在小学阶段，它贯穿基础教育与高等教育始终，不同阶段有不同的能力侧重点。有评论文章说："小学中低年级，侧重启蒙教育，主要培育学生对中华优秀传统文化的亲切感；小学中高年级，开展认知教育，引导学生了解中华优秀传统文化的丰富性，提高学生对中华优秀传统文化的感受力；初中阶段，增强学生对中华优秀传统文化的理解力；高中阶段，增强学生对中华优秀传统文化的理性认识。"[①]如果将语文教学中传统文化的内容做一个整体排布，应该是螺旋式上升的结构。既有相同内容的重复出现，也要突出对于相同内容不同的能力要求。传统文化教育既要有教学内容的划分，也应有同一内容不同的能力进阶，如此进入到语文教学之中。例如，在小学低段的案例中，收集和整理关于家乡风俗的资料，通过绘制家乡明信片，简要介绍自己的家乡的风俗。或者是，查阅资料和采访调查，了解节日传统习俗和文化渊源，结合节日特点和实际情况，设计能体现节日文化内涵的体验活动。以具身认知的学习方式，主要通过鲜活的资料、实地的采访调查和有趣的实践活动感知民风民俗，培养学生主动亲近真诚热爱我们的传统文化。在小学高段，增强了对于传统文化的感受力与理解力，也为中学阶段的进一步学习打下基础。例如，积累民俗现象，理解民俗文化多样性；抓住民俗的典型特征；体验民风民俗与新媒体的融合，肩负传播的责任。

三、家庭、学校、社会：三结合营造传承氛围

文化是一张网，从历史到现在到未来，充盈在我们生活的每一个角落。因而，传统文化教育不只是存在于正式的学校教育，在不同地点不同方式的非正式教育也对少年儿童有着很大的影响。因此，优秀传统文化教育体系，应当重视家庭、学校、社会教育，营造良好的优秀传统文化传承氛围。

首先，学校教育是优秀传统文化教育的中心，也是传统文化教育的知识系统。从"风土人情"主题下的三个案例可以看出，教师对传统文化本体知识进行了筛选，选择了适合小学阶段的学习内容。例如：地域风俗、传统节日

① 温立三：《对语文教材加强传统文化教育的思考》，《语文建设》，2015年第7期，第8—10页。

和民风民俗。同时，案例依据课程标准和学生发展需求，清晰地阐述了教学设计的内容与教学实施的过程。这些案例均源自统编版语文教材，满足了学生积累文化知识、感受风土人情的发展需求。另一方面，传统文化教育得以有效落实，离不开家庭教育与社会教育的协同促进。"家庭教育是优秀传统文化教育的起点，也是传统文化教育的行为系统。社会教育是优秀传统文化教育的重要组成部分，也是传统文化教育的价值导向。"[①]学校教育的一头是家庭教育，另一头是社会教育，只有三者形成合力，才能营造良好的教育氛围。在三个案例之中，教师充分利用综合实践活动的形式，让学生通过资料的梳理和身边的生活调查来认识民风民俗。在教学中可以更多地将传统文化的内容与家庭的日常行为和普遍的社会现象相结合。例如"立下我的传统节日目标"案例，同一个传统节日不同的家庭是怎样做的？节日前后，在社会上透露出哪些不同的迹象？这样，将学校教育与家庭行为、社会现象连接起来一同思考，让学生在其中发现传统文化的继承性和时代性：哪些风俗与做法在世代传承，说明我们有着共同的习俗，是一个民族共同体；哪些风俗与做法已经逐渐式微，需要加以提倡和保护；哪些风俗与做法在新时代的环境下被淘汰，增加了新的内容变成了新的样式……

总之，在小学语文教学中落实中华传统文化教育，是语文学科重要的课程内容，是在基础教育实践中继承和弘扬中华优秀传统文化、培养文化自信的集中体现。

（胡春梅，北京教育学院）

---

① 于春海、杨昊：《中华优秀传统文化教育的主要内容与体系构建》，《重庆社会科学》，2014年第10期，第67—75页。

第七章　家国天下类单元实践式课程

《义务教育语文课程标准(2022年版)》明确指出：要在语文学习过程中"培养爱国主义、集体主义、社会主义思想道德，逐步形成正确的世界观、人生观、价值观"。爱国主义、集体主义、社会主义思想道德的培养有助于学生铸牢中华民族共同体意识，增强中华民族自尊心、爱国情感、集体意识和文化自信。因此在学习过程中应"注重理解中华优秀传统文化蕴含的核心思想理念、中华人文精神和传统美德，表达自己作为中华民族一员的归属感和自豪感；体会中国共产党在长期奋斗历程中培育形成的崇高精神和人格风范，体认英雄模范忠于祖国和人民的优秀品质，培育民族气节和爱国主义情怀"。

"修身齐家治国平天下"是儒家最高的政治理想和人生追求，"家国天下"涵盖了个人成长和个体生命的几乎全部社会环境，是个体和集体关系的完整体现。家国天下意识的培养有助于增强个体归属感和责任感，有助于形成正确的世界观、人生观、价值观。在传统"家天下"的意识形态影响下，家庭是社会的最小单位，也是和个体成长关系最密切的环境。当个体逐渐成熟，从家庭走向社会，逐渐具备社会属性，承担更多的责任，肩负国家发展和时代进步的使命。

【传统文化核心概念】
- 姓名文化。
- 红色文化。
- 爱国主义。

姓名是代表个人的社会符号，是人类活动不可缺少的元素。姓名文化是中国传统文化中重要的组成部分。相较于今天的我们所说的姓、名，古人的称谓构成更加复杂，内涵也更加丰富，大致包括姓、氏、名、字、号。姓，是氏族、家族共用的名。名，是个人独用的姓。字是对"名"的解释或补充，它和"名"相表里关系，故旧时常对人客气地称作"表字"。"号"是一种固定的别名，故又叫"别号"。别号多为本人自取，故更能从中标榜一个人的性格、情操。

姓名文化折射出取名的长辈对子辈的美好祝愿和个人对未来的美好期望，古人的姓名具有如下四大类内涵：对于自然的热爱、对富贵吉祥的追求、对健康长寿的渴望、对理想志向的体现。通过对姓名历史发展的分析和各自特征的探究，不难发现，姓名作为一种区别性象征符号，不仅能够起到辨别个体差异的作用，更是对中华传统文化的传承与体现。让学生了解自己姓名的内涵，是传承中华民族优秀传统文化的过程，也是体认家庭关怀、父母期待的过程。对自己姓名的认同，既是对中华民族传统文化的认同，也是对宗族观念、"家风"的认同。

姓名的产生在人类文明进程中具有里程碑意义，而姓名的延续则是人类文明发展的符号化表现。姓名文化有自己的结构、内容、礼仪、法规等独特的特点，具有自身演变和形成"制度"的内在规律。中国人的姓名由两部分构成，即姓氏和名字。姓氏是宗族的共称，它的产生先于名字。我国共拥有五千多个姓氏，其中大多源于上古时代，几乎每个姓氏都有各自的起源故事和嬗变历史。中国姓氏具有宗族性、稳定性、多样性。

"红色"象征团圆、吉祥、喜庆、勇敢，中国人的红色情结与生俱来，它流动在民族的血脉中，代代相传。红色文化指的是革命战争年代，由中国共产党人、先进分子和人民群众共同创造并极具中国特色的先进文化，蕴含着丰富的革命精神和厚重的历史文化内涵。红色文化包括物质文化和非物质文化，具有重要的开发价值。

红色文化具有历史印证价值，它见证了"没有共产党就没有新中国"的历史；红色文化具有文明传承价值，能让一代代中国人了解过去，开拓未来；红色文化具有政治教育价值，通过传播崇高思想境界和革命道德情操，让红色革命精神深入人心；红色文化具有经济开发价值，红色文化作为文化产业的重要组成部分已成为新的国民经济增长点。总之，发掘和利用红色文化独特的价值功能，有利于坚持社会主义核心价值体系的实践性，还对打造具有中国特色和世界影响的红色文化产业新品牌具有重要的促进作用。

中华民族历来具有深厚的爱国主义精神。中国人民的爱国主义同革命、建设、改革的伟大实践紧紧联系在一起，为实现民族独立解放、国家繁荣发展、人民幸福生活不懈努力、接续奋斗。爱国精神体现了人们对祖国的深厚感情，揭示了个人与祖国的依存关系，是人们对家园以及民族和文化的归属感、认同感、尊严感与荣誉感的统一，是民族精神的核心。爱国主义作为社会主义先进文化的核心内容，具有继承性、科学性、人民性、开放性和时代性等特征。

千百年来，抒发爱国主义情怀的文学作品层出不穷，不同历史时期，爱国主义精神的具体表达呈现差异性。

（1）中国古代：文人政客以诗、词、曲、赋等文学体式为载体，通过边塞诗、抒情诗、山水诗、送别诗等具体内容，表达诗人对祖国大好山河的喜爱、对收复失地的渴望、为民心立命的报国之志、期待和平的忧国忧民之感。可以说"家、国、天下，爱、恨、情、愁"都可以在古诗中找到相关的诗句来表达，饱含诗人情感的诗文是我们涵养人性的宝贵财富，也是传承爱国情怀的历史根基。

（2）中国近现代：伴随着鸦片战争枪声的打响，中国近代史大幕徐徐拉开。面对外国列强的侵入，涌现出一大批爱国志士，他们努力推行变法运动，以铿锵有力的文笔躬身实践，践行着自己对爱国情怀的理解。五四运动之后，大量具有批判精神的文学巨匠涌现。他们通过犀利的文风，引领着中国历史的变革，为民智开化、先进思想宣传开辟道路。此时的爱国情怀是建立在保家卫国基础上的革命精神。

（3）抗战时期：面对法西斯侵略和国共战争的内忧外患，红军战士不怕牺牲，用血肉之躯构筑保卫家园的防御长城。在战争胜利与生命陨落的交叉中，最终建立了新中国。而在此过程中以无数革命烈士为代表的牺牲精神、保家卫国精神，成为当时爱国情怀的集中写照。

（4）新中国成立后：新中国成立后，爱国主义情怀的内涵也发生了转变。在风雨跌宕的国际政坛中、在新中国发展的建设路途上，涌现出一大批具有爱国主义情怀的仁人志士。他们在联合国大会上舌战群儒、在奥运申办陈述中激昂慷慨、在维和部队中彰显大国风范、在祖国最需要的地方忍受孤独。此时的爱国情怀集中表现为中华民族伟大复兴的坚定信仰。

爱国情怀的发展与演变是中华民族精神丰富完善的重要彰显，是中国历史发展进程的抽象体现。不同历史时期，爱国情怀的具体内涵既具有稳定性，同时也具有发展性。引导学生学习不同历史时期体现爱国情怀的文学作品，体会作品中表达的思想情感，能够让学生深入了解中华民族的发展历史、爱国情怀的演变历程，进而达到涵养爱国精神的目的。

家国天下活动设计以学生真实的成长经历为主线，引导学生理解国与家的关系，从生活实际和真实体验出发，感受家国情怀。三个案例展示由家到国的过渡，以学生的实际生活为依托：从自己的姓名走进命名文化，借红色研学探访红色文化，由家乡爱国人物感受爱国精神。实际教学中应关注以下两点：

第一，选择具有典型性的文化载体，帮助学生理解个体与群体的关系。

随着学生学习经验和生活经验的丰富，接触到的学习资源越来越多，其中不乏家国情怀的文化载体。教师在设计家国天下综合实践活动时要关注所选文化载体的典型性。文化载体不仅要贴近学生实际生活，易于学生表达真实的情感体验，还要能够体现个体与群体的关系，强化对于家庭、社会、国家的归属感，意识到家国一体，从而由衷地愿意承担家国责任，肩负时代使命。

第二，设计操作性较强的活动任务，引导学生将感悟践行于实际生活。

对于家国情怀的理解不应仅停留在意识层面，知行合一、践行才是最好的传承。活动设计要兼具目的性和操作性。姓氏文化、红色文化、爱国主义对于小学生来说较为抽象和陌生，活动设计要尽可能地拉近距离，借助姓氏、研学、家乡爱国人士帮助学生感受家国情怀就存在于日常生活中。探寻姓氏由来、设计研学手册、介绍家乡爱国人士的活动设计具有较强的操作性，不仅能够引导学生走进传统文化，理解家国情怀，还能在活动中表达对于家国情怀的感悟。有助于学生在生活中真正践行修身齐家治国平天下的理想观念，肩负对家庭、国家、社会的责任。

案例1　姓名文化发布会
——走进姓氏名字　了解文化内涵

【学生认知】

统编版小学语文教材三年级上册第四单元设置了"名字里的故事"口语交际活动。要求学生通过多种方式了解自己或他人名字背后的故事，并能够把了解到的信息向家人和朋友讲述清楚，做到有礼貌地回应他人。其实，与姓名相关的内容从小学低年段就有所渗透，贯穿于小学语文教材的各个阶段。低年段教材编排了用拼音拼写自己姓名的活动，如在一年级上册中编排了"读一读，记一记，再说一说你的名字里有哪些声母和韵母"的课后活动；一年级下册第一单元编排了集中识字《姓氏歌》，旨在帮助学生识记生字的同时，了解姓氏的奥秘与历史。高年级段通过学习撰写调查报告，探寻文学作品中名字的由来和内在含义，加深对姓名文化的认知。

一、增加对中国姓名文化的了解

中年级学生虽然在第一学段接触过《姓氏歌》，但只是以识字为目的，简单认识了中国姓氏，对中国姓名背后代表的文化意蕴了解较少。对姓氏的来源没有溯源性的整体认知，对名字的用字也缺乏基于文化视角的深入了解。大部分学生没有认真了解过自己名字的由来以及其背后蕴藏的家族期许、民族文化。基于上述学情，需要在学生原有认知的基础上，以统编版语文教材三年级上册第四单元中口语交际的内容为依托，通过创造丰富多彩的语言实践活动为学生搭设走进姓氏文化的交流平台。运用查阅资料、与他人交流等多种方式，激发学生对传统文化探索的热情。

二、理解并传承姓名蕴含的传统文化

语文素养不是一种纯粹的语言技能，而是一种综合的文明素养，是个体融入社会、自我发展不可或缺的基本修养。"姓名文化发布会"是具有包容性的综合学习活动，既有学生自主进行探究性的学习活动，如通过家族姓名，发现社会变迁；也有交流合作性的学习活动，如师生、家长和孩子共同在口语交际活动中介绍名字的由来、背后的故事以及文化意蕴。在此过程中，学生需要调用多方面能力，广泛查阅资料，设计发布会手册，撰写发布会讲稿。活动中借助生动形象、真实有趣的生活情境激发语文学习兴趣，发现、思考、探究姓名背后的文化意蕴。从语文学习的小天地步入社会生活的大课堂，从对自己姓名的体认走向对家族、国家文化传统的传承。

【教学目标】

姓氏文化作为中华民族传统文化的重要组成部分，在传承传统文化方面发挥着重要作用。对于小学生而言，认识和发扬中华传统美德，仅凭生硬的灌输道德理想是远远不够的。小学生自身的品德形成源于他们对生活的体验、认识和感悟，只有源于儿童生活的教育活动才能引发他们内心的而非表面的道德情感，真实的而非虚假的道德认知。"姓名文化发布会"活动设计体现了语文核心素养"文化传承与理解"的要求。学生可以走进姓名文化的语文学习活动中探究文化、感受文化、体验文化，能让学生增加对中国优秀传统文化的认同感和自豪感。

"姓名文化发布会"单元主题活动，聚焦姓名背后的寓意，以自己的姓名为抓手，探寻中国文化的发展脉络，了解宗族家风的具体内涵。不但能实现中华优秀传统文化教育目标，还能提升学生多方面的语文能力。

基于此，将活动目标确定如下：

1. 通过查阅资料、调查访谈的方式，系统梳理家族成员名字，清楚成员之间的关系。

2. 通过询问父母、查阅资料的方式，了解自己姓氏和名字的由来，以及背后所代表的文化意蕴。

3. 统整归纳，整合搜集到的信息，加入自己对姓名内涵的理解，撰写发布会文稿，以文字的形式深入体认、传承传统文化。

4. 结合学习体验，在了解自己姓氏由来和名字内涵的基础上，给自己取名字，制作个人名片。

【教学过程】

活动一：我的家族关系谱

1. 绘制家族树

姓名由"姓氏"和"名字"两部分组成。姓氏具有宗族性、继承性等特征。名字则蕴含着家族、父母长辈对你的美好期许。无论是大家族还是小家族，姓名永远都是连接家族成员的精神纽带。请你通过查阅族谱、访谈长辈的方式，用思维导图呈现家族成员的姓名和人物关系。

图 7-1-1 家族树

2. 姓氏迁移图

除了家人之外，我们身边还有许多与我们拥有相同姓氏的人。这从另一个方面证明姓氏具有流动性，它会随着人口的迁徙，遍布世界各地。而姓氏的迁徙带来的是家族文化、传统文化的散播。下一步，让我们通过访问调查的方式，在地图中标注出"家族树"上每一个成员的位置，并用线条将他们的迁徙路线绘制出来。绘制结束后，同班级内向与你姓氏相同的同学介绍你的家族姓氏迁徙史。

活动二：说说姓名背后的故事

姓名由姓氏和名字两部分组成，二者分别具有不同的含义。姓氏是家族继承而来的，是一个家族的灵魂和纽带；名字是父母长辈给予的，是家人对你未来美好人生的期许。每一个姓氏、每一个名字都有独属于自己的故事。请广泛调查、整理材料，说说自己姓名背后的故事。

1. 姓氏溯源记录表

有学者认为，中国姓氏的最初来源，是基于"天道"的原始宗教崇拜、图腾崇拜与祖先崇拜。结合活动一中绘制的"姓氏迁移图"，寻根溯源，通过在图书馆、档案馆、网络平台、访谈长辈、专家咨询等方式，溯源自己的姓氏，并整理记录。

表 7-1-1　姓氏溯源记录表

我的姓氏：			
调查方法	有效信息	是否采纳	理由
图书资料			
历史档案			
访谈调查			
媒体资源			

2. 名字背后的故事

对自己姓氏溯源调查后，接下来我们将关注点聚焦在自己的名字上。在我们还没有出生的时候，父母长辈就开始查阅资料给我们起名字。自我们出生之日起，便有了跟随我们一生的名字。每一个名字背后，都蕴含着家族成员对我们浓厚的爱意和美好的期盼。历史中，许多名人志士的名字都有着特殊的含义，例如宋代文豪苏轼，"轼"代表古代马车上前方的横木，是马车不可缺少的一部分，但在战场上也是最安全、牢固的部分。从"轼"的意义中可以看出，其父苏洵对于苏轼建功立业、一生平安的美好期望。那么，在你的名字背后又蕴含了父母怎样的美好祝愿呢？请你通过多种途径，了解自己名字背后的意义，撰写提纲，并依据提纲内容试着讲给同学听。

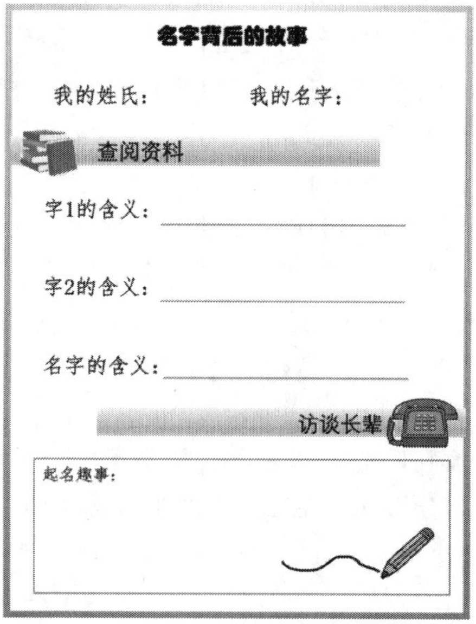

图 7-1-2　名字背后的故事

活动三：姓名文化发布会

在完成活动一活动二的过程中，我们已经对自己姓氏的由来、名字的文化内涵有了深入的了解。班级计划召开"姓名文化发布会"，以姓名为依托，向全校师生传递姓名背后蕴含的传统文化内涵。在召开发布会之前，需要完成以下几项筹备任务。

1. 撰写发布会公告

本次发布计划会面向全校师生和学生家长，请你代表班级撰写一则发布会公告，粘贴在学校宣传栏或刊登在微信公众号上，目的是介绍本次活动的主要内容，并邀请全校老师、同学，以及家长参与此次活动。

2. 制作姓氏标志

姓氏的起源有崇拜图腾的说法，每一个姓氏都拥有特定的图腾符号，但是在千百年的发展历程中，许多图腾符号已经散逸。请你根据自己姓氏发展的历程和背后蕴含的文化特质，为自己的姓氏设计一个独特的标志，并针对其文化内涵做简要阐释。

3. 拟定解说关键词

在活动二中，我们通过多种方式充分了解了自己名字背后的含义，包括从字义角度分析的含义和从父母长辈口中了解到的含义。为了能够吸引观众的注意，让大家更直接地了解你名字的具体内涵，请你围绕自己名字的故事，拟定四个关键词，要求能够表现名字背后的文化意蕴、结构统一，表现形式创新。

4. 撰写发布会讲稿

通过前几项活动，我们对自己姓氏的发展历程、名字的基本内涵都有了深入的了解。作为发布会的"姓名发言人"，请你综合以上学习活动成果，撰写一篇讲稿，讲述自己姓氏的由来、家族的分布，以及名字的文化内涵和起名时发生的趣事，并在发布会上面向同学、老师和家长宣讲，让大家能够更为直观地了解你姓名的真正内涵。

5. 制作活动成果手册

通过上述活动任务，我们已经基本完成了构成宣传手册的各个要件。请你综合所有学习成果，制作一份独属于自己的"姓名文化发布会"成果手册。

活动四：自制全称谓名片

姓、名、字、号是古人的全称谓，现代人一般只有姓、名。经过前面的活动，同学们对姓、名的基本知识有了一定了解，也追溯到了自己姓氏的由来和名字的内涵。请在此基础上制作包含姓、名、字、号的"全称谓名片"。

1. 求"字"取"号"

"字"是古人本名以外所起的表示德行或本名的意义的名字，通常为父母或师长为自己取的与本名意义相关的别名。"号"是人的别称，又叫"别号"，"号"的实用性很强，除供人呼唤外，还用作文章、书籍、字画的署名。

收集五个古人的姓名字号，关注字、号与名的关系：

(1)请尊敬的长辈为你取字，写明"字"的内涵和"字"与"名"的关系。

(2)结合对未来自己的期待，给自己取一个号，写明"号"的由来和内涵。

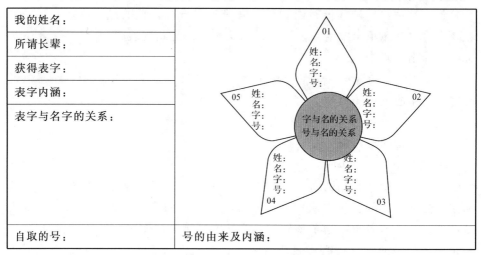

我的姓名：	
所请长辈：	
获得表字：	
表字内涵：	
表字与名字的关系：	
自取的号：	号的由来及内涵：

图 7-1-3　字、名、号关系图

2. 制作名片

请将你的全称谓(姓、名、字、号)设计成一张个性化名片，正面包含姓、名、字、号的基本元素，可结合家族历史，名字内涵等加入相关元素；背面一句话介绍姓、名、字、号的内涵。

【教学评价】

评价"活动三：姓名文化发布会之'制作发布会宣传手册'"。

评价标准：

表 7-1-2　评价标准

评价维度	学生自评	生生互评	教师评价
板块齐全完整			
内容翔实可靠			
表达严谨充分			
设计美观大方			

成果样例：

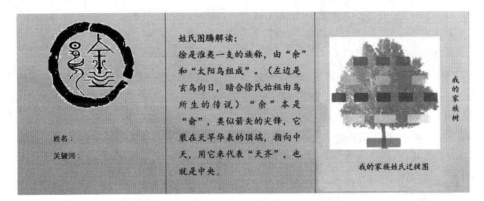

姓氏图腾解读：
徐是淮夷一支的族称，由"余"和"太阳鸟组成"。（左边是玄鸟向日，暗合徐氏始祖由鸟所生的传说）"余"本是"俞"，类似箭矢的尖锋，它装在天竿华表的顶端，指向中天，用它来代表"天齐"，也就是中央。

姓名：

关键词：

我的家族树

我的家族姓氏迁徙图

图 7-1-4 成果样例

案例2 制作红色文化旅行手册
——依托红色研学 培养爱国情感

【学生认知】

统编教材在四年级上下两册编有很多写景散文和游记。四年级上册阅读板块描绘了浙江钱塘江大潮，潮来前、潮来时、潮过后的雄伟壮观景象；描绘了"我"和阿妈在云南苍山洱海边，夜晚走月亮的喜悦、幸福的画面；叙述了"我"和爸爸去安徽黄山爬天都峰的经历……四年级下册阅读板块描写乡村白天和夜晚及春夏秋三个季节的景色，记叙晴天和有云时，海上日出的不同景象；按游览的先后顺序记叙了作者游览双龙洞的经过……除此之外，写作板块包含《观潮》《走月亮》《爬天都峰》《乡下人家》《三月桃花水》《海上日出》《记金华的双龙洞》《颐和园》《七月的天山》等例文。这些文质兼美的文章，或描写祖国山河壮丽的景色，或介绍当地环境和风土人情，让学生对文中美景充满期待，对旅行充满向往。教材为我们的活动提供了丰富的资源，学生可以在学习中了解游记和写景散文的写作方法，获得独特的审美体验，激发对祖国的热爱之情。

研学旅行是一种突出探究性、实践性与开放性的综合性教学活动，它能够打破传统教学中的空间限制，将学生带到实际情境中进行探索与感知，使他们向社会和自然迈进。红色文化研学旅行活动以红色教育资源为重要载体，旨在通过探究学习的方式，帮助学生在研学过程中感受红色内涵，不断涵养爱国情怀。可以说，它是核心素养落实的重要载体。红色文化研学旅行活动是"学在行中，行中有学，知行合一"的创新校内外融合教育形式，是一种丰富的语文综合性实践活动，在"教书"的过程中全面落实"育人"理念，对学生进行爱国教育，实现"树人"的教育目的。作为小学生爱国情怀培养的一种形式，能使学生走进红色文化基地，近距离地感知革命历史与红色文化精神，既激发了学生的参与热情和探索精神，又使他们将革命传统与现实生活联系起来，从而实现利用革命意志发展学生人格品质与爱国精神的教育目标。

"读万卷书，行万里路。"当下小学生热爱生活，热爱旅行，家长们也很重视从旅行中增长孩子的见闻、增加孩子的生活阅历。家长和学生都希望能出去走一走，看一看。随着学生年龄增长，四年级的学生已经不仅仅满足于"走马观花"地看景色这个层面，而是更愿意去探索该景点背后历史背景、人文知识、文化内涵等方面的知识。家长对学生的旅行的规划逐渐从自然之旅向文化之旅过渡。然而在实际旅行和游览的过程中，由于学生缺少自主探究的能力以及系统、专业的指导，对景观只是简单地欣赏，对于景点背后的人文知识、历史背景、文化内涵等了解不够深入，认识得不够准确。其次，学生在旅行之后无法把自己的所见所闻所感通过不同的方式进行有序而准确地表达，表达方式比较单一。

一、通过红色文化研学旅行活动，了解、关注红色文化，提升深度认知能力

红色文化所包含的内容非常丰富，它包括了我国革命先烈在斗争中所留下的精神财富和精神力量。现在的小学生对革命历史主要通过课堂、影视、书籍等进行了解，但认识停留于表面，不够深刻，而研学活动正好可以作为弥补。需要结合研学活动任务深刻认识到红色文化精髓集中体现在红色文化中的精神层面。红色精神积极、乐观、向上，充满正能量，是小学生身心健康成长的优良营养剂和精神动力。研学课程是综合的课程，是各种学科交叉统合的课程，能够帮助学生对问题进行深入完整的思考，促进思维深度发展。学生在解决红色研学旅行的相关问题时，需要利用已学的知识去解决，提升迁移运用能力。在实际情境中，将收集到的感性材料转化成理性认识，提升包括分析与综合、归纳与演绎等思维能力。

二、通过红色文化研学旅行活动精神，传承红色精神，加深爱国情感

红色精神主要表现为坚定的共产主义信仰、实事求是的品格、艰苦奋斗的作风、全心全意为人民服务的宗旨、爱国主义的情怀。以红色精神为核心的红色文化研学活动具有特殊的教育意义，对健全学生人格体系和综合能力具有重要的作用。学生需要通过研学活动理解并传承红色精神，牢记幸福生活来之不易，塑造正确的价值观念，萌发爱国、爱党的积极主动性。在研学旅行课程中激发挑战自我、超越自我、奉献社会和忧国忧民的崇高精神，加深爱国主义情感。

【教学目标】

2016 年，教育部出台的《关于推进中小学生研学旅行的意见》，将红色研学旅行放在重要位置。开发红色研学活动着重立足本地区红色教育资源，开展红色旅行，鼓励学生通过研究性学习体验，真切理解今天的幸福生活"从哪里来"，从而让红色基因在潜移默化中融入孩子们的血液，落实核心素养培养，帮助学生充分认同自己的身份，激发其爱国的意识和行动。

红色研学以其所具有的凸显爱国主义教育、革命传统教育和现代化建设成就等丰富的红色教育资源，成为研学旅行的重要组成部分。它对于促进学生感受祖国大好河山，感受革命光荣历史，形成正确的世界观、人生观、价值观起到了积极作用，也因此成为学校德育与校外教育衔接的创新形式，以及综合实践育人的有效途径。

基于此，将活动目标确定如下：

1. 通过课文学习，了解作者笔下的旅途见闻，理解行文顺序，开阔文化视野。

2. 通过小导游活动，介绍感兴趣的红色文化和自己的学习收获，激发学生的爱国情感。

3. 通过制作《红色文化之旅手册》，了解红色文化的实际情况，肩负传承红色文化的责任。

【教学过程】

"制作《红色文化之旅手册》"活动包含"跟着课本去旅行""我的红色之旅足迹""我是小小导游""汇编《红色文化之旅手册》"四个环节。学生以制作《红色文化之旅手册》为任务驱动完成四个环节的学习活动。通过课文学习和自己的实地旅行经验绘制游览路线图，对重点景物编写导游词，实地导游，把自己的实践成果汇编成册。活动以教材中的课程为资源，用一篇篇文质兼美的课文指导自己的旅行生活，让学生学会在旅行前规划行程，了解历史建筑，查阅历史典故，了解风土人情、文化特色，享受精神的自由，交流真切的情感，开启红色文化探索之旅。

活动一：跟着课本去旅行

四年级下册第五单元的几篇课文和习作范文都是按照一定顺序写景，请重读几篇文章，用思维导图展现写景的顺序。提示大家关注季节、游踪等写景顺序，在重读课文的过程中，圈画突出行文顺序的关键词，积累丰富的语言。梳理过程中感知祖国各地景色的特点，培养热爱大自然、热爱祖国的情感。

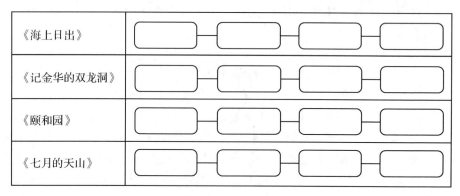

图 7-2-1　思维导图

活动二：我的红色之旅足迹

请同学们在两周时间内选取自己感兴趣的、富有红色文化特点的景点进行实地考察。建议大家提前先查阅地图或导览，熟悉景点的基本信息并充分利用网络资源做线上云考察，并做好行程的规划和物品的准备。

以北京为例，可选择的红色旅行地点有天安门、圆明园、故宫、中国共产党党史纪念馆、北大红楼、焦庄户地道遗址、李大钊烈士陵园、鲁迅博物馆、中国人民革命军事博物馆、中国人民抗日战争纪念馆、香山双清别墅等。

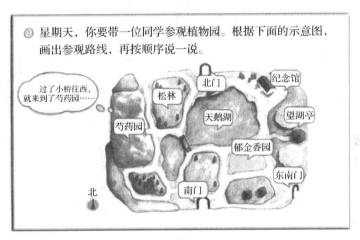

图 7-2-2　游览图示例

考察的过程中请同学们根据自己选定的游览顺序制作旅行路线图。以四年级下册第五单元植物园的参观游览图为例，游览图要给游客以直观的印象，包括图例、文字、方向标等内容。提醒大家绘制过程中不需要面面俱到，要有主次，主要关注自己的这次游览经历。

表 7-2-1　我的红色之旅足迹

红色之旅目的地	具体地址	行程规划	陪同人员	物品准备
地图				

活动三：我是小小导游

在明确了游览路线之后，请同学们选取旅行游览途中一处印象最深的景物进行详细介绍，比如外形特点、历史背景、影响力等。活动分为两种形式——实地小导游和模拟小导游。

形式一：实地小导游

学习撰写导游词，经过老师评价和小组互评之后进行修改。背诵导游词后再次到达游览景点，真实地作为小导游为游客们进行互动和介绍。

导游词是导游人员引导游客游览时的讲解词，是导游人员同游客交流思想，向游客传播文化知识的工具。导游词非常口语化，兼具知识性、文学性、礼节性的特点。结构一般包括开头语、概括介绍、重点讲解、结束语四部分。见面时的开头语包括问候语、欢迎语、介绍语、游览注意事项和对游客的希望五个方面，放在导游词的最前面。概括介绍是概括地介绍旅游景点的位置、范围、地位、意义、历史、现状和发展前景等，目的是帮助旅游者对景点先有个总体了解，引起游览兴趣，犹如"未成曲调先有情"。重点讲解是对旅游线路上的重点景观从景点成因、历史背景、审美功能、文化意义等方面进行详细的讲解，使旅游者有一个全面、正确的了解。这是导游词最重要的组成部分。离别时的告别语可以是感谢语、惜别语、征求意见语、致歉语和祝愿语五个方面，放在导游词的最后面。

形式二：模拟小导游

如果由于客观条件所限无法真实地尝试，也可以进行线上云参观，借助导游卡，以模拟小导游的身份在班级进行模拟介绍。

表 7-2-2　我是小小导游（导游卡）

红色之旅目的地	具体景点
导游词	

活动四：汇编《红色文化之旅手册》

请在前三个活动的基础上将这次红色文化之旅落笔成文，用一篇游记的形式记录。提醒同学们，游记既要按照一定的顺序，又要突出重点。完成后班级展示分享，交流自己的旅行感受和撰写经验，整理汇编成一本《红色文化之旅手册》。

《红色文化之旅手册》要包含以下内容：

(1)手册名称：请结合大家选择的红色旅行景点和旅行感受，为你们的旅行手册起一个有个性的名称。名称要简洁、精练、突出亮点。起好名称后将它写在手册封面上。

(2)封面设计：请为手册选择一个恰当的封面，可以使用电脑制作，也可以手绘。要突出红色主题和地域特色。

(3)旅行地图：请在一张全国或所在地区的地图上标注同学们参观的红色旅游景点，将它作为手册的可视化目录。

(4)足迹卡片及导游词精选：请依照景点顺序分类整理同学们的足迹卡片及导游词。

(5)游记展览板：请阅读同学们的游记，依照大家选择的写景顺序将游记分成不同类别，分类整理在游记展览板上。

【教学评价】

评价"活动二：我的红色之旅足迹之'手绘旅行路线图'"。

评价标准：

表 7-2-3　评价标准

评价标准	生生互评	教师评价
内容翔实		
路线清晰		
书写正确		
版面美观		

成果样例：

表 7-2-4　我的红色之旅足迹

红色之旅目的地	具体地址	行程规划	陪同人员	物品准备
圆明园	位于北京市海淀区清华西路 28 号。	乘坐 307 路公交车至中关村南站，换乘地铁 4 号线至圆明园站，步行 1000 米左右即可到达。	父母	公交卡、饮用水、纸笔、画夹、照相机或手机。

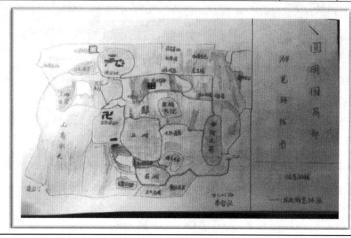

案例3　家乡爱国人物精神宣讲会
——体悟爱国精神的时代价值

【学生认知】

统编版语文教材五年级上册第四单元以"家国情怀"为主题，编排了精读课文《古诗三首》《少年中国说（节选）》《圆明园的毁灭》和略读课文《小岛》。单元课文从不同历史时期、关键任务、主要事件入手，以中华儿女薪火相传的"爱国情怀"为主线，共同构建了纵贯古今，横揽多维的爱国文化场域。《古诗三首》包含宋代诗人陆游的《示儿》、林升的《题临安邸》和清朝诗人龚自珍的《己亥杂诗》。三首古诗分别从收复失地、统一祖国、推行变革等方面共同指向先天下之忧而忧，后天下之乐而乐的"家国情怀"。《少年中国说（节选）》通过描绘少年中国的光辉前程，激励中国少年勇挑复兴中华的历史重任。《圆明园的毁灭》通过揭露侵略者野蛮行径，激发不忘国耻，振兴中华的历史责任感。略读课文《小岛》则通过对守岛战士坚韧品质的描绘，抒发热爱祖国的高尚情怀。

一、分析理解鉴赏不同题材隐匿的爱国情怀

从古至今，中国文人都善于将情感隐匿在景物、事件中含蓄地表达，这就给学生准确理解文字背后隐匿的情感设置了障碍。以古诗词为例，古代诗人善于使用意象和意境承载情感。因此，需要以单元涉及的文章为依托，学会分析文学作品表达的思想感情，并通过线上线下相结合的方式广泛收集资料，将课堂知识迁移至日常学习中，不断巩固发展自己的情感分析能力。

学生应首先意识到不同历史时期，爱国主义情怀的具体内涵在共同特征的基础上具有差异性表现。从中国古代到近现代，从五四运动到新中国成立，不同历史阶段因社会背景不同、作者个人经历区别，导致文学作品内隐的爱国情怀产生差异。因此，对于爱国主义情怀的理解应立足于特定背景下，具体作者的特定经历。在关照共性特征的基础上，兼纳个性特点。

二、传承文学作品中蕴含的爱国主义情怀

小学中高年级学生逐渐具备区分现象与本质、主要与次要、抽象与具体的能力，但思维方面仍具有较大成分的具体形象色彩。对于文字背后蕴含的抽象性思想情感的提取能力仍旧不足。对于不同文学作品中蕴含的文化元素和承载的爱国情怀的提取、分析存在一定障碍。因此，我们需要以课内文章为依托，为学生搭建学习支架，并采用课内外相结合的方式，促进学生学习经验的迁移运用。在具体的学习情境中，帮助学生体察爱国情怀、丰富认知经验、传承中华文化。

爱国情怀具有时代性，面对暗流涌动的国际政治环境，如何坚定自己的理想信念，成为树立爱国主义情怀的关键议题。因此，只有将当今国内、国际社会背景融入对文学作品的解读中，才能够真正实现对爱国主义情怀的宣传与传承，才能培养学生树立文化自觉、增强文化自信、开阔文化视野，推动中华民族实现伟大复兴。

【教学目标】

《完善中华优秀传统文化教育指导纲要》（2014 年）指出："开展以天下兴亡、匹夫有责为重点的家国情怀教育，着力引导学生深刻认识中国梦是每个人的梦，以祖国的繁荣为最大的光荣，以国家的衰落为最大的耻辱，增强国家认同，培养爱国情感，树立民族自信，形成为实现中华民族伟大复兴的中国梦而不懈努力的共同理想追求，培养青少年学生做有自信、懂自尊、能自强的中国人。""宣讲爱国人物的先进事迹及精神"主题活动设计体现了语文核心素养对"文化传承与理解"的要求。学生需要在深入理解不同体裁体现爱国主义情怀文学作品的基础上，增加对不同历史时期关键人物、关键事件内隐的爱国精神的理解，并能够通过叙述演讲等宣传方式传承爱国精神。

"宣讲爱国人物的先进事迹及精神"主题活动，不仅能够实现"培养爱国主义、集体主义、社会主义思想道德和健康的审美情趣"的课程目标，还能提升学生多维度的语文能力。对爱国人物先进事迹和精神的宣讲其中所蕴含的认知能力是"评价"。这是认知领域里教育目标的最高层次。这个层次的要求不是凭借直观的感受或观察的现象作出评判，而是理性地深刻地对事物本质的价值做出有说服力的判断，它综合内在与外在的资料、信息，作出符合客观事实的推断。

基于此，将活动目标确定如下：

1. 通过课文学习，了解不同历史时期、不同作者的爱国情怀，学习分析文章思想情感的方法。

2. 通过制作家乡爱国人物档案，了解不同时代背景下，爱国主义精神的不同表现形式。

3. 通过举办"家乡爱国人物精神宣讲会"，理解爱国主义精神的深刻内涵与现实意义，表达传承爱国精神的决心。

【教学过程】

近年来，感动中国人物评选、全国道德模范、五一劳动奖章等至高荣誉的评选，给我们在社会生活、道德培育等层面树立了学习的榜样。人物的先进事迹、道德行为都激励着我们不断自我完善。在表彰环节，通过宣读表彰词，让观众对人物的基本信息、关键事件、道德情操都有了全面的了解。表彰词不仅是对人物经历的概述，更是对其精神品质的宣扬。本单元需要设置学生通过撰写表彰词，将自己认为最能彰显爱国主义情怀的人物和事迹介绍、推荐给他人的情境任务。情境任务包含"爱国情怀初体验""制作爱国情怀人物档案卡""撰写爱国情怀表彰词"三个环节。

活动一：爱国情怀初体验

撰写表彰词的前提是了解何为爱国情怀，以及爱国情怀的具体表现。请完成以下任务，学会从不同历史时期的文学作品中理解思想情感，提炼爱国情怀的具体内涵。

本单元共有精读课文和略读课文共有四篇。分别是《古诗三首》《少年中国说(节选)》《圆明园的毁灭》和《小岛》。四篇文章涉及中国发展的各个历史阶段。请整理四部分文章的关键信息和体现的具体思想情感，填入表中。

表 7-3-1　课内文章思想情感梳理

课文	作者	历史时期	作者经历(主要事件)	关键句子	爱国情怀	提炼方法
《示儿》						
《题临安邸》						
《己亥杂诗》						
……						

活动二：制作家乡爱国情怀人物档案卡

通过学习《古诗三首》《少年中国说》《圆明园的毁灭》和《小岛》，我们初步掌握了理解文章思想情感的方法。在此基础上，从我国古代、近现代和当代人物中各选定一位与你家乡相关的具有爱国主义精神的人物。针对特定人物，制作"我家乡的爱国英雄"档案卡。人物的选择来自课内文章或课外拓展阅读资料，学习资源可以是体现爱国情怀的名家名作、人物传记、纪录片或电视综艺、影视作品、家乡与之相关的纪念场所等。

在课程资源学习过程中，请主动使用课上习得的思想情感分析方法，并自主搜集该人物的其他学习资源，以丰富档案卡内容。档案卡围绕文学作品内容、思想情感、所处时代特征、个人生命历程等维度具体展开，说说他们身上体现的爱国精神有怎样的异同。参观一处家乡与之相关的纪念场所，尝试从家乡的地理位置、历史渊源、文化习俗等角度分析共性爱国精神内涵的原因。

表 7-3-2　家乡爱国情怀人物档案卡

姓名		性别		照片
身份		年代		
爱国主义精神关键词				
资源				
时代特征				
主要事迹				
与家乡的关联				
爱国情怀具体阐释				

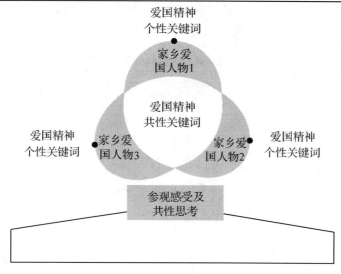

图 7-3-1　参观感受图

活动三：举办"家乡爱国人物精神宣讲会"

根据活动一中习得的分析文章思想情感的方法，结合活动二中整理归纳的关键信息，依照要求完成"古今爱国人物精神宣讲会"的筹备工作。

1. 制作"宣讲会"活动邀请

在活动二选定的三位家乡爱国人物基础上，通过对与人物相关的文学作品的分析、生平经历的了解，确定其爱国情怀的具体表现。以班级为单位，召开"家乡爱国人物精神宣讲会"活动。活动宣传阶段，需要在学校橱窗中张贴活动邀请，邀请全校师生参与此次活动。请你撰写不少于300字的活动预告。

图 7-3-2　邀请卡

2. 制作"宣讲会"手册

宣讲会手册的作用体现在两个方面：一是让大家了解本次宣讲会的主要意图；二是让观众了解宣讲会涉及人物的主要事迹。基于此要求，请拟定一条不多于8个字的活动标题和不多于20字的宣传标语，突出家乡特色，并放置在宣传手册的封面页。结合活动二中总结的关键内容为三个人物各撰写不少于200字的人物事迹简介。简介内容要涵盖人物档案卡中的主要维度。

图 7-3-3　"宣讲会"手册

3. 撰写颁奖词

颁奖词是对人物主要事迹、精神品格、道德情操的集中表达，通常采用现代诗的体例加以呈现，将浓郁的思想情感隐藏在有节奏、有韵律的文字背后。请你参照"感动中国"年度人物的颁奖词，模仿撰写你选定的三个人物的颁奖词。在撰写时，要注意人物事迹与颁奖词之间的对应关系，突出作为家乡后辈的骄傲和传承先辈爱国精神，振兴家乡和民俗的决定，还要观照语言与情感之间的联系。

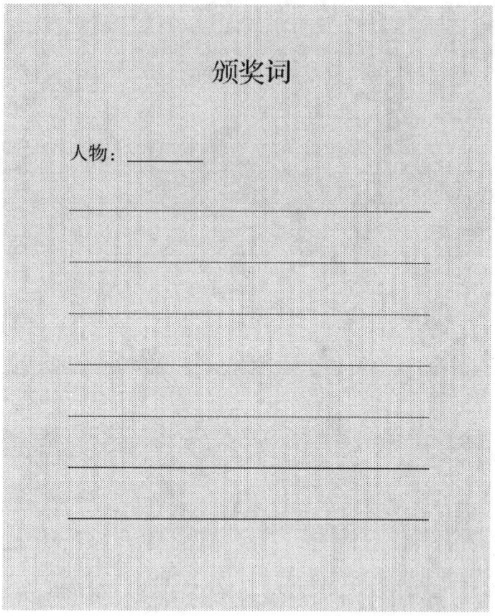

颁奖词

人物：_____

图 7-3-4　颁奖词

4. 绘制爱国人物宣传展板

宣讲会结束后，为了让更多同学和老师了解这些爱国人士的先进事迹和爱国情怀，学校决定在全校范围内开展爱国人物事迹展览活动，将每一位爱国人士的爱国精神和先进事迹制作成宣传展板，在学校一层大厅展览。请你综合上述活动成果，完成展板设计任务。

①选择人物照片：在网上搜索人物照片，照片选取要能够反映人物性格品质。

②人物事迹概述：在完成"人物简介"的基础上，进一步提取关键信息，撰写一则简短的人物事迹概述。

③时代少年誓言：作为家乡新时代少年的我们，要凭借自己的努力接过星星之火，致敬革命先烈，不负青春韶华。请仿照《少年中国说》，撰写一句时代少年誓言。

表 7-3-3　时代少年

人物姓名		人物照片
人物身份		
爱国事迹概括		
与家乡的联系		

颁奖词

少年誓言

【教学评价】

评价"活动三：古今爱国人物精神宣讲会"

评价标准：

表 7-3-4　评价标准

评价标准	学生自评	学生互评	教师评价
表现人物主要事迹			
体现爱国情怀			
语言表达准确流畅，具有诗意			
风格新颖，感染力强			

成果样例：

颁奖词

人物：毛相林

绝壁上打响了抗争命运的第一炮

山坡上种下了向往美好的第一棵苗

不信天

不认命

你这硬实的汉子

终于带着乡亲们爬出这井口

山到高处你是峰

路的尽头是家园

图 7-3-5　成果样例

【专家视点】

在体验性学习活动中厚植家国情怀

中华优秀传统文化是中华民族语言习惯、文化传统、思想观念、情感认同的集中体现，凝聚着中华民族普遍认同和广泛接受的道德规范、思想品格及价值取向，具有极为丰富的思想内涵。以爱国主义精神为核心的家国情怀一直是中华优秀传统文化的重要组成部分。

2014 年，教育部印发的《完善中华优秀传统文化教育指导纲要》中明确指出："加强对青少年学生的中华优秀传统文化教育，要以弘扬爱国主义精神为核心，以家国情怀教育、社会关爱教育和人格修养教育为重点，着力完善青少年学生的道德品质，培育理想人格，提升政治素养。"

2017 年，中共中央办公厅、国务院办公厅印发《关于实施中华优秀传统文化传承发展工程的意见》中提到的"天下兴亡、匹夫有责的担当意识，精忠报国、振兴中华的爱国情怀"等中华传统美德被列为实施中华优秀传统文化传承发展工程的主要内容之一。

2021年，教育部制定并颁布《中华优秀传统文化进中小学课程教材指南》，以《关于实施中华优秀传统文化传承发展工程的意见》等要求为指导，基于当前中小学中华优秀传统文化教育现状，重点围绕中华优秀传统文化进中小学课程教材"进什么、进多少、如何进"的问题，强化顶层设计。这份文件进一步指出："语文是落实中华优秀传统文化教育的核心课程，要全面体现中华优秀传统文化蕴含的核心思想理念、人文精神和传统美德，引导学生理解和热爱国家通用语言文字，体悟中华优秀传统文化中蕴含的爱国情怀、中华精神、荣辱观念，提高审美情趣，厚植中华文化底蕴，坚定文化自信。"

毋庸置疑，指导小学生积极主动地厚植兼怀家国天下的爱国情怀是语文课程落实中华优秀传统文化教育的应有之义。"厚植"的价值与意义不言而喻，只是对于成长中的小学生而言，家国天下、家国情怀这样的词语似乎还是太"高大上"。如何通过契合小学生年龄特征、认知水平及兴趣动机的语文学习方式，"润物细无声"地渗透家国情怀教育呢？本部分的三个案例给予我们丰富的启示。

一、依托统编小学语文教科书，汇集"家国情怀"的内涵

在语文课程中落实中华优秀传统文化教育，必然离不开相应的载体。语文教科书自然是首选资源。依托整套教科书，这里精选若干个教科书单元作为厚植家国情怀的学习素材：三年级上册第4单元、四年级上册第1单元、四年级下册第1单元和第5单元、五年级上册第4单元。仔细翻阅这几个单元，发现案例选择切入点的内容和方式均颇具匠心。

从内容来看，口语交际"名字里的故事"蕴含着中国人源远流长的姓氏文化，学生从猜测姓名的寓意入手了解自己熟悉而又陌生的家庭、家族，初探姓名背后的文化内涵，可谓是厚植家国情怀的生动起点。梳理并整合教科书中的写景散文、游记单元，由"学习按游览的顺序写景物"的习作任务巧妙延展出制作《红色文化之旅手册》，不失为"认真钻研教材，正确理解、把握教材内容，创造性地使用教材"的优质示范。紧扣单元人文主题"爱国情怀"，以"家乡爱国人物先进精神宣讲活动"整合教科书单元学习素材，设计系列学习活动，引领学生通过课文阅读与身边故事宣讲双渠道真切地感受爱国情怀并受到鼓舞，的确充分发挥了单元育人价值。

选好内容聚焦点是成功实施中华优秀传统文化教育的基本前提。不仅如此，确定内容聚焦点后，案例设计者对教科书相关素材的使用方式也非常灵活——"姓名文化发布会"只取教科书某一个单元的一部分；"制作《红色文化之旅手册》"则是跨单元整合；"家乡爱国人物先进精神宣讲活动"则完全以教科书单元设计为依托。既不脱离教科书，又不囿于教科书，因应育人目标侧重点的不同"创造性地使用教材"以达到最好的学习效果，这样的做法非常值得学习、借鉴。

内容聚焦点与使用方式确定后，案例设计者又结合课程标准解读、教科书内容研读等，从落实中华优秀传统文化教育的视角，对相关概念进行了具体阐述。例如，"姓名文化发布会"案例对姓名文化、姓氏的特征及文化内容、名字的特征及文化内涵三个概念予以清晰界定；"制作《红色文化之旅手册》"案例界定了红色文化和红色研学旅行两个概念；"家乡爱国人物先进精神宣讲活动"案例具体解释了爱国主义精神这个概念。实际上，概念解读并不是目的，设计者的用意在于详细阐释学习重点应该是什么，对学习内容的本质内涵予以澄清，从而帮助案例阅读者不仅"知其然，更知其所以然"。基于概念解读初步框定学习目标，必然会使学习活动的能力指向更清晰，在一定程度上保障了家国情怀教育与语文学习的紧密结合，充分体现了"工具性与人文性统一"的语文课程基本特点。

二、把握学生真实学习需求，设计体验性学习活动

引导并帮助学生厚植家国情怀，并不是以说教的方式将家国情怀的内涵灌输给学生们。"厚植"必须有合适的"土壤"，三位案例设计者不约而同地选择了基于学生真实学习需求设计体验性学习活动的实施路径。

(一)以学习需求澄清为基本前提

如前所述，概念解读部分，案例设计者依据课标和教科书，并参照相关文件精神，明确了学习重点，这是应然状态的目标厘定。而实施路径最终如何确定还必须依赖于对学生真实学习需求的准确把握。

对于姓名文化，三年级的学生有哪些已知经验？存在哪些认知盲点？设计者关注到学生在低年级曾经学习过《姓氏歌》，"但只是以识字为目的，简单认识了中国姓氏，对中国姓名背后代表的文化意蕴了解较少。对姓氏的来源没有溯源性的整体认知，对名字的用字也缺乏基于文化视角的深入了解。大部分同学没有认真了解过自己名字的由来以及其背后蕴藏的家族期许、民族文化。"由此，"增加对中国姓名文化的了解""理解并传承姓名蕴含的传统文化"被确定为"姓名文化发布会"活动设计的着力点。这样的思路——基于已知经验清晰定位学生能力的提升空间及着力点，非常值得借鉴。

"读万卷书，行万里路。"随着生活水平的提升，旅行已经成为当下很多小学生颇为重要的生活经验。敏锐捕捉到这一现象资源，设计者并未停留在现象本身，而是进一步揭示：四年级的学生已经不仅仅满足于"走马观花"看景色，更愿意去探索旅行景点负载的历史背景、人文知识、文化内涵，渴望着

"从自然之旅向文化之旅过渡"。与此同时，"由于学生缺少自主探究的能力以及系统、专业的指导"，旅行又总是停留在简单地欣赏，对相关文化内涵认识不深入，也不能丰富而有序地书写自己旅行中的所见所闻所感。依据对真实学情的深刻把握，设计者提出了体验红色文化研学、制作《红色文化旅游手册？的活动设想，旨在通过学习活动引领学生突破经验局限与能力短板。

(二)以体验性学习活动链为支撑

经由概念解读与需求分析，在语文学习中落实家国情怀教育的具体目标已然清晰可见，活动样例呼之欲出。命名为"成果样例"，充分体现了书稿编写者的美好期待：学习活动设计应该是丰富而开放的，这里仅提供一部分样例供读者们参考，样例的呈现旨在引发更多有创意、高品质的语文学习活动，从而保障中华优秀传统文化切实融入语文课程。

"成果样例"均由活动目标与活动过程两部分构成。经由概念解读、需求分析层层深入，此处呈现的活动目标是比较恰切的。实现这些目标，显然不能依赖一个独立的学习活动，而是需要一组共同指向目标达成、相互关联并持续推进的学习活动"链"来支撑。同时，厚植家国情怀绝不是一个说教、驯化的过程，必须以学生的主动参与、真实体验为基础；也就是说，这一组学习活动应以"体验"为本质属性，即所谓"体验性学习活动链"。

以活动设计最丰富的三年级"姓名发布会"为例，不难发现，设计者围绕活动目标呈现了由 4 个大活动、11 个子活动构成的完整的"体验性学习活动链"，如图 7-4-1 所示：

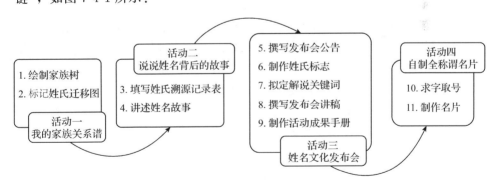

图 7-4-1　基于体验式学习活动链的"姓名发布会"活动流程设计图

在这一组活动的引领下，学生将从关注自己的名字、家族成员的名字、同姓人迁徙史出发，通过查阅资料、访谈父母亲友等多种方式，初步触摸中国人的姓名文化，建立起对"家国天下"的初步印象；通过完成绘制家族树、标记姓氏迁移图、填写姓氏溯源记录表、讲述姓名故事、制作姓氏标志、制作名片等具体且典型的体验性学习任务，学生对中国人的姓名文化传统产生真切的了解。看似头脑风暴产生的庞杂的活动其实是由一个由目标统摄的链式逻辑在支撑着。可以想见在这样的活动设计激发下，学生们将在完整的活动体验中持续产生丰富多彩的学习成果。一方面，这些成果真实记录了学生的学习过程；另一方面，围绕这些学习成果的陆续发布与分享交流，学生关于姓名文化的学习经验也会更加鲜活、丰厚。由此来看，以"体验性学习活动链"厚植家国情怀的实践是非常可行的。

四年级"制作《红色文化旅游手册》"案例，呈现的是由"跟着课本去旅行""我的红色之旅足迹""我是小小导游""汇编红色之旅手册"四个子活动构成的体验性学习活动链；五年级"家乡爱国人物精神宣讲会"案例，设计了"爱国情怀初体验""制作爱国情怀人物档案卡""撰写爱国情怀表彰词"的体验性学习活动链三个环节。在每一个案例中，若干学习活动之间互相关联、整体推进，充分体现了"语文课程是学习语言文字运用的综合性、实践性课程"这一课程本质属性。

通读三个案例，还会发现设计者都非常注意为每一个活动设计可视化的任务成果样态示例。例如，五年级"家乡爱国人物精神宣讲会"案例中，设计者呈现了课内文章思想情感梳理表、家乡爱国情怀人物档案卡、家乡爱国人物精神宣讲会活动邀请函、宣讲会手册、颁奖词以及爱国人物宣传展板等多样态的任务成果参考模板。这些设计示例，一方面提示我们可视化学习成果是构成学习活动不可或缺的关键要素；另一方面，这些常常令人眼前一亮的成果样态示例也为我们自行设计学习活动提供了丰富的工具资源。

三、收集学生真实表现证据，改进并优化活动样例

三份案例设计的最后，设计者们都提供了与体验性学习活动链相匹配的系列评价表。考虑到三份案例呈现的多为表现性学习任务，因此，活动效果的评价成为不可忽视的难点。基于表现性学习任务开发相应的评价量规，是表现性评价的关键技术，难度非常大。三位设计者并没有因为畏难而却步，而是依据自己当前的理解努力呈现了多个评价量表，这是特别值得肯定的。当然，这些评价量表还比较粗糙，在与活动目标保持一致性方面还需要仔细斟酌，评价维度与表现指标的确定与描述也还有待进一步细化。但是，我们不妨先参考这些评价量表收集学生在学习活动中的真实表现，然后依据学生的真实表现修订、完善现有的量规，进而改进并优化活动样例。

总之，从概念解读到需求澄清，再到活动样例，"家国天下"部分的三个案例为小学语文一线教师在语文课程中落实中华优秀传统文化提供了可参考、可借鉴且操作性极强的示范。这仅仅是一个开端，期待案例引发更多精彩的实践，期待未来更加丰富饱满的多样态、高品质设计案例。

（陈晓波，北京教育学院）